语易考

高考 日语听力教程

刘耿　黄勇 / 主编

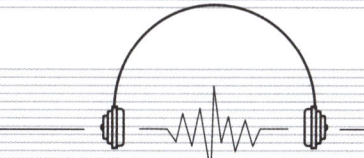

紧扣考纲　　命题科学

分类突破　　螺旋提升

全真模拟　　有效训练

湖南师范大学出版社

·长沙·

图书在版编目（CIP）数据

语易考．高考日语听力教程／刘耿，黄勇主编．—长沙：湖南师范大学出版社，2023.3

ISBN 978－7－5648－4367－0

Ⅰ．①语… Ⅱ．①刘… ②黄… Ⅲ．①日语—听说教学—高中—升学参考资料 Ⅳ．①G634.463

中国版本图书馆 CIP 数据核字（2021）第 204521 号

语易考·高考日语听力教程
Yu Yi Kao · Gaokao Riyu Tingli Jiaocheng

刘　耿　黄　勇　主编

◇出 版 人：吴真文
◇策划组稿：李　阳
◇责任编辑：李健宁　李　阳
◇责任校对：李永芳　刘　薇
◇出版发行：湖南师范大学出版社
　　　　　　地址／长沙市岳麓区　邮编／410081
　　　　　　电话／0731－88872256　0731－88873070
　　　　　　网址／https：//press.hunnu.edu.cn
◇经销：新华书店
◇印刷：湖南省美如画彩色印刷有限公司
◇开本：787 mm×1092 mm　1/16
◇印张：14.5
◇字数：450 千字
◇版次：2023 年 3 月第 1 版
◇印次：2023 年 3 月第 1 次印刷
◇书号：ISBN 978－7－5648－4367－0
◇定价：49.00 元

凡购本书，如有缺页、倒页、脱页，由本社发行部调换。
投稿热线：0731－88872256　微信：ly13975805626　QQ：1349748847

前言

《语易考·高考日语听力教程》属于"语易考"系列丛书之一。"语易考"系列丛书由高考日语一线教师对《普通高等学校招生全国统一考试大纲及考试说明》《普通高中日语课程标准》《义务教育日语课程标准》进行深入研究,并结合历年高考日语真题全面总结编写而成。

《语易考·高考日语听力教程》分为专题精讲、模拟练习两大部分。从高考考题分析、常考词汇积累、考试高频必备词汇记忆到解题技巧剖析、真题专题专练,再到实战练习,本书循序渐进,帮助读者系统而全面地复习高考考点,提高听力水平。

【本书内容】

第一部分专题精讲分析历年听力考试题型并归纳为八个专题。每个专题都由"题型分析""常见提问形式""常见词汇""必备句型和表达""真题示例""解题技巧""真题演练""真题练习""模拟练习"九个方面构成,帮助读者掌握解题要领,提升应考能力。

第二部分模拟练习包括 30 套全真模拟试卷,从简单到复杂,每套试题都附有参考答案与听力原文,帮助读者更好地理解和掌握专题知识,挑战具有一定难度的模拟题,提高日语口语交际能力。

【本书特色】

1. 紧扣大纲，循序渐进。

深入研究考纲，全面剖析真题。精选历年高考真题及模拟测试题，针对高中生的学习特性，循序渐进地讲解和训练。

2. 专题专练，有针对性。

将历年真题归纳为八大专题，每个专题都有针对性地解决相关考试重点与难点，并在练习过程中积累高频词汇以及常用口语表达形式。

3. 题目量大，实践性强。

每个专题配备真题练习与模拟练习各一套，另在第二部分配备30套模拟练习，全书共计46套模拟试题。每套试题都是一线教师多年研究和教学实践的成果。为了帮助读者掌握解题要领，每套题目都配有参考答案及听力原文。

在本书编写过程中，编者始终本着严谨、务实、科学的态度，参阅了大学日语四六级考试、日语专业四级考试、日本语能力测试（JLPT）、实用日本语鉴定考试（J.TEST）等国内外日语考试听力真题，根据高考日语考试要求，分析历年真题趋势而有所改编，在此对相关著作者表示感谢。本书日文部分由日本友人藤枝克己先生和筒井美贵女士审稿并倾情录音，在此对他们表示真挚的感谢！最后特别感谢湖南师范大学出版社编辑部主任李阳博士的精心策划！

希望本书能够帮助学习者在复习阶段查漏补缺，谙熟考点，掌握解题技巧，同时也期望能为中国的高中日语教学事业尽绵薄之力。本书编写如有疏漏之处，请日语教育界的专家、学者及广大读者批评指正。

编者

2023年3月

目 录

第一部分 专题精讲

专题一　いつ ……………………………… / 002
专题二　どこ ……………………………… / 022
专题三　だれ ……………………………… / 043
专题四　なに ……………………………… / 063
专题五　どうして、なぜ、なんで ……… / 083
专题六　どう、どのように ……………… / 104
专题七　何、どれ、どの ………………… / 124
专题八　いくつ、いくら、どのぐらい … / 145

第二部分 模拟练习

模拟练习1 ………………………………… / 166
模拟练习2 ………………………………… / 168
模拟练习3 ………………………………… / 170
模拟练习4 ………………………………… / 172
模拟练习5 ………………………………… / 174
模拟练习6 ………………………………… / 176
模拟练习7 ………………………………… / 178
模拟练习8 ………………………………… / 180
模拟练习9 ………………………………… / 182
模拟练习10 ……………………………… / 184
模拟练习11 ……………………………… / 186
模拟练习12 ……………………………… / 188

模拟练习 13 ·················· / 190
模拟练习 14 ·················· / 192
模拟练习 15 ·················· / 194
模拟练习 16 ·················· / 196
模拟练习 17 ·················· / 198
模拟练习 18 ·················· / 200
模拟练习 19 ·················· / 202
模拟练习 20 ·················· / 204
模拟练习 21 ·················· / 206
模拟练习 22 ·················· / 208
模拟练习 23 ·················· / 210
模拟练习 24 ·················· / 212
模拟练习 25 ·················· / 214
模拟练习 26 ·················· / 216
模拟练习 27 ·················· / 218
模拟练习 28 ·················· / 220
模拟练习 29 ·················· / 222
模拟练习 30 ·················· / 224

第一部分
专题精讲

八大专题精讲

真题专题汇总

仿真练习精练

专题一　いつ

一　题型介绍

　　本专题主要围绕时间的表达方式而展开。考查时间的表达方式的题型是高考听力中最常见的题型之一。考生需要注意录音中出现的时间表达，如时间点、时间段、年月日、季节等，尤其要注意读音特殊的单词。同时，考生也要能够根据每个季节代表性的事物来推断季节，如春季的樱花、秋季的红叶等。

二　常见提问形式

1. ～はいつですか。
2. ～は何曜日ですか／でしたか。
3. ～はいつ～ますか。
4. ～は何時に～ますか。
5. ～は何時から始まりますか。
6. ～はいつ時間がありますか。
7. ～は何日間ですか。
8. 今はどんな季節ですか。

三　常见词汇

1. 季节

季節（きせつ）①	季节	四季（しき）①	四季
春（はる）①	春天	夏（なつ）②	夏天
秋（あき）①	秋天	冬（ふゆ）②	冬天
桜（さくら）⓪	樱花	花見（はなみ）③	赏樱花
梅雨（つゆ）⓪	梅雨	花火大会（はなびたいかい）④	烟火大会
浴衣（ゆかた）⓪	浴衣	温泉（おんせん）⓪	温泉
紅葉（もみじ）①	红叶	雪（ゆき）②	雪

2. 月份

一月（いちがつ）④	一月	二月（にがつ）③	二月
三月（さんがつ）①	三月	四月（しがつ）③	四月
五月（ごがつ）①	五月	六月（ろくがつ）④	六月
七月（しちがつ）④	七月	八月（はちがつ）④	八月
九月（くがつ）①	九月	十月（じゅうがつ）④	十月
十一月（じゅういちがつ）⑥	十一月	十二月（じゅうにがつ）⑤	十二月
何月（なんがつ）①	几月		

3. 星期

月曜日（げつようび）③	星期一	火曜日（かようび）②	星期二
水曜日（すいようび）③	星期三	木曜日（もくようび）③	星期四
金曜日（きんようび）③	星期五	土曜日（どようび）②	星期六
日曜日（にちようび）③	星期天	何曜日（なんようび）③	星期几

4. 时间名词

朝（あさ）①	早上	午前（ごぜん）①	上午
昼（ひる）②	白天	午後（ごご）①	下午
夕方（ゆうがた）⓪	傍晚	夜（よる）①	晚上
昨夜（さくや）②	昨晚	週末（しゅうまつ）⓪	周末
月末（げつまつ）⓪	月末	年末（ねんまつ）⓪	年末
今朝（けさ）①	今早	夕べ（ゆうべ）⓪	昨晚

一昨日（おととい）③	前天	先々週（せんせんしゅう）⓪	上上周
昨日（きのう）②	昨天	先週（せんしゅう）⓪	上周
今日（きょう）①	今天	今週（こんしゅう）⓪	这周
明日（あした）③	明天	来週（らいしゅう）⓪	下周
明後日（あさって）②	后天	再来週（さらいしゅう）⓪	下下周
先々月（せんせんげつ）③	上上个月	一昨年（おととし）②	前年

（续表）

先月（せんげつ）①	上个月	去年（きょねん）①	去年
今月（こんげつ）⓪	这个月	今年（ことし）⓪	今年
来月（らいげつ）①	下个月	来年（らいねん）⓪	明年
再来月（さらいげつ）⓪	下下个月	再来年（さらいねん）⓪	后年

5. 日期

1日（ついたち）⓪	一号	2日（ふつか）⓪	二号
3日（みっか）⓪	三号	4日（よっか）⓪	四号
5日（いつか）⓪	五号	6日（むいか）⓪	六号
7日（なのか）⓪	七号	8日（ようか）⓪	八号
9日（ここのか）⓪	九号	10日（とおか）⓪	十号
11日（じゅういちにち）⓪	十一号	14日（じゅうよっか）①	十四号
20日（はつか）⓪	二十号	24日（にじゅうよっか）①	二十四号
31日（さんじゅういちにち）①	三十一号	何日（なんにち）①	几号

6. 时刻

1時（いちじ）②	一点	2時（にじ）①	两点
3時（さんじ）①	三点	4時（よじ）①	四点
5時（ごじ）①	五点	6時（ろくじ）②	六点
7時（しちじ）②	七点	8時（はちじ）②	八点
9時（くじ）①	九点	10時（じゅうじ）①	十点
11時（じゅういちじ）④	十一点	12時（じゅうにじ）③	十二点
何時（なんじ）①	几点		

1分（いっぷん）①	一分	2分（にふん）①	二分
3分（さんぷん）①	三分	4分（よんぷん）①	四分
5分（ごふん）①	五分	6分（ろっぷん）①	六分
7分（ななふん）②	七分	8分（はっぷん）①	八分
9分（きゅうふん）①	九分	10分（じゅっぷん／じっぷん）①	十分
30分（さんじゅっぷん／さんじっぷん）③	三十分	何分（なんぷん）①	几分

四 必备句型和表达

▶ **1. ～ほうがいい　最好……**

说明：前接动词"た形"，表示对他人的建议。

例句：なるべく早く出たほうがいいですよ。／最好是尽可能早点出门。

▶ **2. ～から始まる　从……开始……**

说明：から表示起点，前面接时间名词，表示开始的时间。

例句：学校は3月5日から始まるから、それまでには戻らないとね。／因为学校3月5日开始开学，在此之前要返校。

▶ **3. ～しか～ない　只……**

说明：しか和否定搭配，表示限定。

例句：それなら、家には20日しかいられませんね。／那样的话，在家只能待20天啊。

▶ **4. ～って　据说……，说是……**

说明：作为终助词，放在句末，表示传闻，相当于「そうだ」「という」。

例句：友達の会社なんか2週間だってさ。／听说朋友的公司有两周休假。

▶ **5. ～までに　在……之前**

说明：表示时间的截止。

例句：学校は3月5日から始まるから、それまでには戻らないとね。／因为学校3月5日开始开学，在此之前要返校。

五 真题示例

【例题】試験はいつですか。【2011年第1题】

　　A. 今週の水曜日　　　B. 来週の水曜日　　　C. 再来週の水曜日

【正解】B

【解析】由关键句"1週間延ばして、来週の水曜日になります"可知，考试推迟到下周三，因此答案选B。

【原文】

　　そろそろ試験です。この授業のテストは今週の水曜日にすると言いましたが、1週間延ばして、来週の水曜日になります。復習の時間が長くなりますが、よく

準備してください。

【重点词汇】
○そろそろ① 快要
○延ばす（のばす）② 延长
○準備（じゅんび）① 准备
○授業（じゅぎょう）① 上课
○復習（ふくしゅう）⓪ 复习

六 解题技巧

（1）认真听取会话中出现的时间表达，留意关联时间表达所涉及的内容，如上面的真题示例，会话中出现了 A、B、C 选项涉及的时间，但 A 和 C 属于干扰选项。

（2）根据关键句排除干扰选项，最终确定正确的时间选项。如上面真题示例，由"来週の水曜日になります"可知，"今週の水曜日""再来週の水曜日"均属于干扰选项，故排除 A、C，选择 B。

七 真题演练

第一节（共 3 小题）

听下面 3 段录音，每段录音后有 1 个小题，从题中所给的 A、B、C 三个选项中选出最佳选项。听完每段录音后，你将有 10 秒钟的时间回答该小题和阅读下一小题。每段录音仅读一遍。

1. 女の人の乗るバスは何時に出発しますか。【2012 年第 1 题】

　　A. 10 時 50 分　　　　B. 11 時　　　　C. 11 時 10 分

2. 男の人はいつ学校に戻ってきますか。【2007 年第 5 题】

　　A. 3 月 1 日前　　　　B. 3 月 5 日前　　　　C. 3 月 20 日前

3. 女の人の休みは何日間ですか。【2018 年第 7 题】

　　A. 4 日間　　　　B. 10 日間　　　　C. 2 週間

第二节（共 2 小题）

听下面 1 段录音，每段录音后有 2 个小题，从题中所给的 A、B、C 三个选项中选出最佳选项。听每段录音前，你将有时间阅读各个小题，每小题 5 秒钟；听完后，各小题将给出 5 秒钟的作答时间。每段录音读两遍。

4. 誰のためにプレゼンを用意しますか。【2013年第10題】

　　A. 女の人のために　　　B. 男の人のために　　C. お客さんのために

5. 何時に集合しますか。【2013年第11題】

　　A. 5時30分　　　　　　B. 5時40分　　　　　C. 6時30分

🎧 听【真题演练】录音，将下列会话补充完整。

1.

女：あのう、すみません。

男：はい。

女：駅に行くバスは（　　　）の出発ですか。

男：えー、（　　　）からですと、（　　　）の出発となります。

女：あ、そうですか。どうもありがとうございました。

2.

女：李さんは、この（　　　）は家に帰るの。

男：そうだね。（　　　）帰ってないから。

女：そうね。あんまり帰らないとご家族の方も心配するでしょう。で、いつまで向こうにいるの？

男：せっかくだから、長くいたいんだけど、学校は（　　　）から始まるから、それまでには戻らないとね。

女：それなら、家には（　　　）しかいられませんね。

男：ええ、そうなんだよ。

3.

女：今年は休み何日取れるの？

男：僕は（　　　）かな。

女：いいわね。そんなに長く取れるの。

男：もっと長い会社があるの。友達の会社なんか（　　　）だってさ。

女：へえ。夢みたい。羨ましい。

男：君は何日休める？

女：私は（　　　）の。

男：そうか。（　　　）か。気の毒だね。

4. 5.

女：田中さん、プレゼントを考えましたか。

男：プレゼント？誰の？

女：パーティーのお客さんのですよ。

男：あ、君のかと思ってた。

女：いいえ、違うわよ。

男：ところで、（　　　）のパーティーは何時からだったっけ？集合場所は？

女：パーティーは（　　　）からですけど、（　　　）に会社の玄関の前に集合します。（　　　）に出発するから遅れないでね。

男：はい、分かった。

🎧 听力原文及解析

1.

女：あのう、すみません。

男：はい。

女：駅に行くバスは（何時）の出発ですか。

男：えー、（今）からですと、（11時10分前）の出発となります。

女：あ、そうですか。どうもありがとうございました。

【正解】A

【解析】由关键句"11時10分前の出発となります"可知，女子出发的时间为11点差10分，即10点50分，故选A。

【重点词汇】

　　　○駅（えき）① 车站　　　　　　　○出発（しゅっぱつ）⓪ 出发

2.

女：李さんは、この（冬休み）は家に帰るの？

男：そうだね。（1年近く）帰ってないから。

女：そうね。あんまり帰らないとご家族の方も心配するでしょう。で、いつまで向こうにいるの？

男：せっかくだから、長くいたいんだけど、学校は（3月5日）から始まるから、それまでには戻らないとね。

女：それなら、家には（20日）しかいられませんね。

男：ええ、そうなんだよ。

【正解】B

【解析】由关键句"学校は3月5日から始まるから、それまでには戻らないとね"可知，男子3月5日开学之前会回学校，因此答案选B。

【重点词汇】
- ○冬休み（ふゆやすみ）③ 寒假
- ○帰る（かえる）① 回家
- ○家族（かぞく）① 家人
- ○学校（がっこう）⓪ 学校
- ○戻る（もどる）② 返回

3.

女：今年は休み何日取れるの？

男：僕は（10日ぐらい）かな。

女：いいわね。そんなに長く取れるの。

男：もっと長い会社があるの。友達の会社なんか（2週間）だってさ。

女：へえ。夢みたい。羨ましい。

男：君は何日休める？

女：私は（4日しかない）の。

男：そうか。（4日だけ）か。気の毒だね。

【正解】A

【解析】由女子说的"私は4日しかない"可知，女子只有4天假期，故答案选A。

【重点词汇】
- ○休み（やすみ）③ 休息，休假
- ○何日（なんにち）① 几天，几号
- ○取れる（とれる）② 能获得
- ○長い（ながい）② 长的
- ○夢（ゆめ）② 梦，梦想，理想
- ○羨ましい（うらやましい）⑤ 羨慕的，眼红的

○気の毒（きのどく）③ 可怜，悲惨

4. 5.

女：田中さん、プレゼントを考えましたか。
男：プレゼント？誰の？
女：パーティーのお客さんのですよ。
男：あ、君のかと思ってた。
女：いいえ、違うわよ。
男：ところで、（明日）のパーティーは何時からだったっけ？集合場所は？
女：パーティーは（6時半）からですけど、（5時半）に会社の玄関の前に集合します。（5時40分）に出発するから遅れないでね。
男：はい、分かった。

【正解】C 和 A

【解析】由"パーティーのお客さんのですよ"可知，礼物是给客人的，故第4题选C。由"5时半に会社の玄関の前に集合します"可知，集合时间是5点半，故第5题选A。

【重点词汇】

○プレゼント② 礼物　　　　　　○お客さん（おきゃくさん）⓪ 客人
○パーティー① 派对　　　　　　○ところで③ 可是
○集合（しゅうごう）⓪ 集合　　○玄関（げんかん）① 玄关
○出発（しゅっぱつ）⓪ 出发

八 真题练习

第一节（共7小题，每小题2分，满分14分）

听下面7段录音，每段录音后有1个小题，从题中所给的A、B、C三个选项中选出最佳选项。听完每段录音后，你将有10秒钟的时间回答该小题和阅读下一小题。每段录音仅读一遍。

1. 男の人は明日何時頃来ますか。【2014年第1题】

　　A. 9時頃　　　　　　B. 10時頃　　　　　　C. 10時半頃

2. 今はどんな季節ですか。【2019年第1题】

　　A. 春　　　　　　　B. 夏　　　　　　　　C. 秋

3. 女の人はいつ電話しますか。【2017年第3题】

  A. 4 日　　　　　　B. 5 日　　　　　　C. 6 日

4. 男の人はいつ時間がありますか。【2020年第1题】

  A. 今　　　　　　　B. 明日の午前　　　C. 明日の午後

5. 今日は何曜日ですか。【2009年第3题】

  A. 金曜日　　　　　B. 土曜日　　　　　C. 日曜日

6. 店は何時から始まりますか。【2009年第1题】

  A. 8:45　　　　　　B. 9:00　　　　　　C. 9:15

7. 今何時ですか。【2021年第1题】

  A. 4 時　　　　　　B. 5 時　　　　　　C. 5 時半

第二节（共8小题，每小题2分，满分16分）

听下面4段录音，每段录音后有2个小题，从题中所给的A、B、C三个选项中选出最佳选项。听每段录音前，你将有时间阅读各个小题，每小题5秒钟；听完后，各小题将给出5秒钟的作答时间。每段录音读两遍。

8. 実験は何時から始まりますか。【2021年第10题】

  A. 8 時　　　　　　B. 8 時半　　　　　C. 9 時

9. 男の人はこれからまずどうしますか。【2021年第11题】

  A. 売店へ行く。　　B. 銀行へ行く。　　C. 女の人にお金を借りる。

10. 女の人は毎日何時に起きますか。【2019年第8题】

  A. 5 時　　　　　　B. 7 時　　　　　　C. 9 時

11. 女の人は毎日どのように駅へ行きますか。【2019年第9题】

  A. バスで　　　　　B. 歩いて　　　　　C. 自転車で

12. 2人は何について話していますか。【2008年12题】

  A. 電車　　　　　　B. 仕事　　　　　　C. 通勤

13. 男の人は会社までどのぐらいかかりますか。【2008年13题】

  A. 1 時間　　　　　B. 1 時間半　　　　C. 2 時間

14. 燃えないゴミはいつ捨てますか。【2013年第12题】

  A. 今日　　　　　　B. 明日　　　　　　C. あさって

15. ビニール袋はどんなゴミですか。【2013年第13题】

  A. 資源ゴミ　　　　B. 燃えるゴミ　　　C. 燃えないゴミ

🎧 听力原文及解析

1.

女：佐藤さん、すみませんが、明日も9時ごろ来てください。

男：あのう、明日はちょっと用があって、10時ごろ、いや、10時半ごろになると思いますが。

女：ああ、そうですか。じゃ、10時半ごろお願いします。

男：はい、分かりました。じゃ、また明日。

【正解】C

【解析】由关键句"10時ごろ、いや、10時半ごろになると思いますが"可知，男子明天10点半左右去，故答案选C。

【重点词汇】

○明日（あした）③ 明天　　　　　○9時（くじ）① 9点
○10時（じゅうじ）① 10点　　　 ○〜頃（ごろ）① 左右

2.

女：お帰りなさい。京都はどうでしたか。

男：桜がきれいで、本当に感動しました。

【正解】A

【解析】由关键句"桜がきれいで"可以推断出现在是春天，故答案选A。

【重点词汇】

○桜（さくら）⓪ 樱花　　　　　○感動（かんどう）⓪ 感动

3.

女：おじいちゃん、行ってきます。

男：あさって、北京に着くのね。

女：はい。着いたら、すぐ電話します。

男：分かった。5日だな。

女：違うわ。今日は4日よ。だから、あさっては6日。

男：おお、そうか。じゃあ、あさって。

【正解】C

【解析】由关键句"違うわ。今日は４日よ。だから、あさっては６日"可知，6号打电话，故答案选C。

【重点词汇】
○ 4日（よっか）⓪ 四号　　　　○ 5日（いつか）⓪ 五号
○ 6日（むいか）⓪ 六号　　　　○ 明後日（あさって）② 后天

4.

女：課長、ちょっとご相談したいことがあるんですが。

男：今はちょっと…

女：明日はどうでしょうか。

男：明日の午前中も会議があるから、午後ならいいよ。

女：はい。分かりました。明日の午後お邪魔します。

【正解】C

【解析】由"今はちょっと…"可排除A。由"明日の午前中も会議があるから、午後ならいいよ"可知，明天上午有会议，下午的话就可以，故答案选C。

【重点词汇】
○ 相談（そうだん）⓪ 商量　　　○ 会議（かいぎ）① 会议
○ 午前（ごぜん）① 上午　　　　○ 午後（ごご）① 下午

5.

男：はい、鈴木です。

女：あの、青山ですが。こんな時間にすみません。

男：いえ、大丈夫ですよ。

女：もうお休みになっていましたか。

男：いいえ、明日は日曜日だから、遅く起きるつもりで、今日はまだ起きています。

女：あ、すみません。実は…

【正解】B

【解析】由关键句"明日は日曜日だから"可知，明天是星期日，所以今天是星期六，故答案选B。

【重点词汇】
○ お休みになる「寝る」的尊他语　　　○ 遅く（おそく）⓪ 很晚

○起きる（おきる）② 起床；醒　　　　○実は（じつは）② 其实

6.

女：店はまだ始まっていないようですね。

男：まだ9時になっていないですよ。今は確かに9時5分前ですね。

【正解】B

【解析】由"まだ9時になっていないですよ"可知，还没有到9点，即店9点才开始营业，故选B。

【重点词汇】

　　○まだ① 还，尚　　　　　　　　○始まる（はじまる）⓪ 开始
　　○前（まえ）① 前；以前；差

7.

男：もう5時半ですね。

女：なるべく早く出たほうがいいですよ。5時からもう車が多くなるから。

男：そうですね。

【正解】C

【解析】由关键句"もう5時半ですね"可知，已经5点半了，故答案选C。

【重点词汇】

　　○もう① 已经　　　　　　　　　○なるべく⓪ 尽可能
　　○早い（はやい）② 早

8. 9.

男：山本さん、明日の実験は8時半から始まるんだね。

女：ええ。実験のときはいつもより30分早いからね。白衣は準備した？あの白いお医者さんが着ている。

男：あ、そうか。あれ、買わなきゃいけないんだっけ。忘れてた。でも、売店で売っているでしょう。明日でも大丈夫だよね。

女：だめだめ。売店は9時からじゃない？

男：そうか。困ったなあ。白衣っていくら？

女：4000円でたりると思ったけど。あと、ゴムの手袋が要るの。それは300円よ。

男：ああ、お金が足りないかもしれない。銀行に行く時間あるかな。

女：今日中に買う？私5000円ならあるよ。

男：悪いけど、山本さん、借りてもいい？

女：うん、いいわよ。

【正解】B 和 C

【解析】由"明日の実験は8時半から始まるんですね"及女子的肯定回答可知，实验是从8点半开始，故第8题答案选B。由关键句"悪いけど、山本さん、借りてもいい"及女子的肯定回答可知，男子接下来会向女子借钱，故第9题答案选C。

【重点词汇】

○実験（じっけん）⓪ 实验　　　○いつも① 平时，经常

○白衣（はくい）① 白色的衣服；白大褂　　○準備（じゅんび）① 准备

○着る（きる）⓪ 穿　　　○売店（ばいてん）⓪ 小卖部

○足りる（たりる）⓪ 足够　　　○ゴム① 橡胶

○手袋（てぶくろ）② 手套　　　○要る（いる）⓪ 需要

○悪い（わるい）② 坏，不好　　　○借りる（かりる）⓪ 借

10. 11.

男：佐藤さんは朝早いですか。

女：ええ、7時ちょっと前に家を出るし、その前に子供のお弁当も作るから、5時には起きなくてはなりません。

男：ええ、会社は9時からでしょう。

女：ええ、うちは駅まで遠いんですよ。30分もかかるの。

男：駅までどうやって行くんですか。自転車？それともバス？

女：いや、実は、健康のために歩いているんです。

男：そうですか。きっといい運動になるでしょうね。

【正解】A 和 B

【解析】由"5時には起きなくてはなりません"可知，女子早上5点起床，故第10题答案选A，由"実は、健康のために歩いているんです"可知，女子每天步行到电车站，故第11题答案选B。

【重点词汇】

○弁当（べんとう）③ 便当　　　○起きる（おきる）② 起床

○自転車（じてんしゃ）② 自行车　　○それとも ③ 或者
○実は（じつは）② 其实　　　　○健康（けんこう）⓪ 健康
○歩く（あるく）② 走路，步行

12. 13.

女：やっと金曜日ですね。
男：ええ、明日は休みだから、楽になりますね。
女：お宅から会社までどのぐらい掛かりますか。
男：電車に乗っている時間は1時間、駅までは30分。
女：たいへんですね。
男：ええ。でも、2時間も掛けて通勤している人もいますよ。
女：そうですね。

【正解】C 和 B

【解析】由"2時間も掛けて通勤している人もいますよ"及女子问男子"お宅から会社までどのぐらい掛かりますか"可知，双方在谈论通勤，故第12题选C。由关键句"電車に乗っている時間は1時間、駅までは30分"可知，男子上班要花1.5个小时，故第13题选B。

【重点词汇】
○どのぐらい ③ 多久　　　　　　○掛かる（かかる）② 花费
○電車（でんしゃ）⓪ 电车　　　　○駅（えき）① 车站
○通勤（つうきん）⓪ 上下班，通勤

14. 15.

男：あのう、ごみはどうしますか。
女：まず、燃えるごみと燃えないごみに分けておいてくださいね。
男：はい。今日は捨てても大丈夫ですか。
女：今日はだめです。燃えるごみは明日ですが、燃えないごみは明後日です。
男：燃えないごみって、何ですか。
女：瓶とか缶とかのことですよ。
男：ビニール袋は？
女：ビニール袋は燃えるごみですよ。
男：あ、そうですか。

【正解】C 和 B

【解析】由"燃えないごみは明後日です"可知，不可燃垃圾是后天扔，故第 14 题选 C。由"ビニール袋は燃えるごみですよ"可知，塑料袋属于可燃垃圾，故第 15 题选 B。

【重点词汇】

○ごみ ② 垃圾　　　　　　　　　　○燃える（もえる）⓪ 可燃

○分ける（わける）② 分开,区分,划分　○捨てる（すてる）⓪ 丢弃

○明後日（あさって）② 后天　　　　○瓶（びん）① 瓶子

○缶（かん）① 罐子　　　　　　　　○ビニール袋（ビニールぶくろ）⑤ 塑料袋

九 模拟练习

第一节（共 7 小题,每小题 2 分,满分 14 分）

听下面 7 段录音,每段录音后有 1 个小题,从题中所给的 A、B、C 三个选项中选出最佳选项。听完每段录音后,你将有 10 秒钟的时间回答该小题和阅读下一小题。每段录音仅读一遍。

1. 男の人はいつ遊びに行きますか。

　　A. 日曜日　　　　　　B. 金曜日　　　　　　C. 土曜日

2. 英語の試験は何時に始まりますか。

　　A. 9 時　　　　　　　B. 14 時　　　　　　　C. 16 時

3. 二人は何時の新幹線に乗りますか。

　　A. 10 時半　　　　　　B. 11 時　　　　　　　C. 12 時

4. 女の人はこの会社に入って、何年目になりましたか。

　　A. 二年目　　　　　　B. 五年目　　　　　　C. 六年目

5. 男の人の休みは何日間ですか。

　　A. 七日間　　　　　　B. 十日間　　　　　　C. 十五日間

6. 男の人は毎日、何時間練習しましたか。

　　A. 1 時間　　　　　　B. 2 時間　　　　　　C. 3 時間

7. 女の人は今日何時まで働きますか。

　　A. 8 時　　　　　　　B. 9 時　　　　　　　C. 10 時

第二节（共 8 小题，每小题 2 分，满分 16 分）

听下面 4 段录音，每段录音后有 2 个小题，从题中所给的 A、B、C 三个选项中选出最佳选项。听每段录音前，你将有时间阅读各个小题，每小题 5 秒钟；听完后，各小题将给出 5 秒钟的作答时间。每段录音读两遍。

8. 期末試験はいつから始まりますか。

    A. 五日　　　　　　　　B. 六日　　　　　　　　C. 四日

9. 期末試験は何日間続きますか。

    A. 三日間　　　　　　　B. 四日間　　　　　　　C. 五日間

10. 新しいマンションは燃えないゴミはいつ捨てますか。

    A. 月曜日と水曜日　　　B. 火曜日と木曜日　　　C. 月曜日と火曜日

11. 新しいマンションは燃えるゴミはいつ捨てますか。

    A. 火曜日と金曜日　　　B. 月曜日と水曜日　　　C. 火曜日と木曜日

12. 今はどんな季節ですか。

    A. 春　　　　　　　　　B. 夏　　　　　　　　　C. 冬

13. 男の人はどんな季節が一番好きですか。

    A. 春　　　　　　　　　B. 夏　　　　　　　　　C. 冬

14. 男の人は毎日どのくらい野球をしますか。

    A. 30 分　　　　　　　　B. 1 時間　　　　　　　C. 2 時間

15. 女の人は毎日どのぐらいスポーツをしますか。

    A. 30 分　　　　　　　　B. 1 時間　　　　　　　C. 2 時間

🎧 听力原文及解析

1.

女：いつ上海から戻ってくるの？

男：金曜日に仕事が終わるから、家に帰るのは土曜日になるかな。

女：じゃあ、日曜日一緒に遊びに行こうか。

男：いいよ。

【正解】A

【解析】关键句：じゃあ、日曜日一緒に遊びに行こうか。/ 那星期天一起去玩吧。

2.

男：明日のテストだけど、何時に始まるの？

女：午前は9時から、午後は2時から始まるよ。

男：午前は数学？

女：そうだよ、午前は数学、午後は英語なんだよ。2時間かかるから、4時ぐらいに終わるかな。

男：分かった、ありがとうね。

【正解】B

【解析】关键句：①午後は2時から始まるよ。/ 下午两点开始哦。②午後は英語なんだよ。/ 下午是英语。

3.

女：まだなの？もう間に合わないよ。

男：はいはい、12時の新幹線なのに、何でこんなに早く出かけるんだよ。

女：ここから駅まで1時間もかかるし、30分ぐらい余裕を持たなきゃ。

男：分かった。じゃ、行こう。

【正解】C

【解析】关键句：12時の新幹線なのに、何でこんなに早く出かけるんだよ。/ 明明12点的新干线，为什么要出门这么早啊。

4.

女：田中さんは入社何年目ですか。

男：六年目ですよ。鈴木さんは？

女：私はまだ二年目です。

男：えっ、すごく落ち着いているから、きっと五、六年ぐらいの経験があるかと思いました。

【正解】A

【解析】关键句：私はまだ二年目です。/ 我才第二年。

5.

女：連休はどこかへ旅行に行く？

男：ええ、ヨーロッパに行ってみたいなあ。

女：えっ、休みは五日間しかないよ。遊ぶ時間が足りないでしょう。

男：連休の後も十日間の休暇を取ってるから、大丈夫だよ。

【正解】C

【解析】关键句：①休みは五日間しかないよ。/ 连休只有五天啊。②連休の後も十日間の休暇を取ってるから、大丈夫だよ。/ 因为连休之后请了10天假，没关系。

6.

女：絵がお上手ですね。どうやって練習していますか。

男：いいえ、まだまだですよ。毎日2時間ぐらい練習するだけです。

女：そうですか。すごいですね。

男：でも、もうすぐ期末試験ですから、昨日は1時間しか練習しなかったんです。

【正解】B

【解析】关键句：毎日2時間ぐらい練習するだけです。/ 每天只练习大概两个小时。

7.

男：もう8時だよ。そろそろ帰ろうか。

女：そうですね。明日から連休なので、今日中に仕事を終わらなくちゃ。後1時間ぐらいで終わりそうです。

男：じゃ、無理しないでね。お先に。

【正解】B

【解析】关键句：①もう8時だよ。/ 已经8点了。②後1時間ぐらいで終わりそうです。/ 之后大概还要1个小时可以做完。

8. 9.

男：もうすぐ期末試験だね。

女：そうだね。確か来週の月曜日からだね。

男：月曜日って、三日？

女：いいえ、月曜日は四日だよ。試験は四日から六日まで、三日間なんだ。

男：分かった、ありがとう。

【正解】C 和 A

【解析】关键句：試験は四日から六日まで、三日間なんだ。/ 考试从4号到6号，共3天。

10. 11.

女：最近、新しいマンションに引っ越したそうですね。どうですか。

男：ええ、会社に近くてよかったですけど、ゴミを捨てる時間が前のマンションと違って、困っているんですよ。

女：そうですか。確か、燃えるゴミは月曜日と水曜日で、燃えないゴミは火曜日と木曜日ですよね。

男：そうですね。前のマンションは火曜日と金曜日に燃えるゴミを捨てるので、よく間違えます。

【正解】B 和 B

【解析】关键句：燃えるゴミは月曜日と水曜日で、燃えないゴミは火曜日と木曜日ですよね。/ 可燃垃圾是星期一和星期三，不可燃垃圾是星期二和星期四啊。

12. 13.

男：九州旅行はどうでしたか。

女：楽しかったです。桜がきれいで、食べ物もとてもおいしかったですよ。

男：うらやましいですね。でも、僕はやっぱり夏が一番好きです。夏の花火大会、本当にきれいです。

【正解】A 和 B

【解析】关键句：①桜がきれいで、食べ物もとてもおいしかったですよ。/ 樱花很漂亮，食物也非常美味。②でも、僕はやっぱり夏が一番好きです。/ 但是，我还是最喜欢夏天。

14. 15.

男：李さんはどんなスポーツが好きですか。

女：水泳と野球をよくします。

男：そうですか。僕も野球が好きですよ。毎日 2 時間ぐらいします。

女：毎日 2 時間ですか。すごいですね。私は毎日水泳か野球をしますが、30 分でもう疲れます。

【正解】C 和 A

【解析】关键句：①僕も野球が好きですよ。毎日 2 時間ぐらいします。/ 我也很喜欢棒球，每天打两个小时。②私は毎日水泳か野球をしますが、30 分でもう疲れます。/ 我每天游泳或者打棒球，但是 30 分钟就已经很累了。

专题二　どこ

一　题型介绍

本专题从与地点、场所相关的日语表达出发，围绕疑问词"どこ"而展开。在历年高考日语真题中，考查地点、场所相关的题型出现频率很高，属于比较容易得分的题型。

二　常见提问形式

1. ～どこですか。
2. ～どこにいますか。
3. ～どこから来ましたか。
4. ～どこに書きましたか。
5. ～どこに置きましたか。
6. ～どこに忘れましたか。
7. ～どこへ行きましたか。
8. ～ご出身はどちらですか。
9. ～どこに勤めていますか。
10. ～どこで働いていますか。

三　常见词汇

1. 地点、场所

学校（がっこう）⓪	学校	食堂（しょくどう）⓪	食堂
キャンパス①	校园	寮（りょう）①	宿舍
教室（きょうしつ）⓪	教室	運動場（うんどうじょう）⓪	运动场
図書館（としょかん）②	图书馆	体育館（たいいくかん）④	体育馆
会議室（かいぎしつ）③	会议室	実験室（じっけんしつ）③	实验室
教員室（きょういんしつ）③	办公室	事務所（じむしょ）②	事务所
交番（こうばん）⓪	派出所	市役所（しやくしょ）②	市政府

（续表）

銀行（ぎんこう）⓪	银行	映画館（えいがかん）③	电影院
美術館（びじゅつかん）③	美术馆	博物館（はくぶつかん）④	博物馆
郵便局（ゆうびんきょく）③	邮局	広場（ひろば）①	广场
遊園地（ゆうえんち）③	游乐园	駐車場（ちゅうしゃじょう）⓪	停车场
動物園（どうぶつえん）④	动物园	植物園（しょくぶつえん）④	植物园
喫茶店（きっさてん）⓪③	咖啡馆	病院（びょういん）⓪	医院
公園（こうえん）⓪	公园	お手洗い（おてあらい）③	洗手间
空港（くうこう）⓪	机场	八百屋（やおや）⓪	蔬菜水果店
床屋（とこや）⓪	理发店	本屋（ほんや）①	书店
花屋（はなや）②	花店	売り場（うりば）⓪	卖场
ビル①	大楼	ショップ①	商店
トイレ①	厕所	コンビニ⓪	便利店
スーパー①	超市	デパート②	百货商店
アパート②	公寓	レストラン①	西餐馆
ホテル①	酒店		

2. 方位

上（うえ）⓪	上，上面	下（した）⓪	下，下面
前（まえ）①	前	後ろ（うしろ）⓪	后
左（ひだり）⓪	左	右（みぎ）⓪	右
中（なか）①	里边，内部	外（そと）①	外
横（よこ）⓪	横，旁边	そば①	旁边，附近
近く（ちかく）②	近处，附近	隣（となり）⓪	旁边，隔壁
東（ひがし）⓪	东	南（みなみ）⓪	南
西（にし）⓪	西	北（きた）⓪	北
周り（まわり）⓪	周围	向かい（むかい）⓪	对面，正对面
向こう（むこう）②	前面，对面（前方）	正面（しょうめん）③	正面
奥（おく）①	里头，内部	表（おもて）③	表面，外头
手前（てまえ）⓪	跟前，这边		

3. 主要国名

アメリカ⓪	美国	イギリス⓪	英国
インド①	印度	インドネシア④	印度尼西亚
イタリア⓪	意大利	エジプト⓪	埃及
オーストラリア⑤	澳大利亚	カナダ①	加拿大
韓国（かんこく）①	韩国	シンガポール④	新加坡
スペイン②	西班牙	タイ①	泰国
中国（ちゅうごく）①	中国	朝鮮（ちょうせん）⓪	朝鲜
ドイツ①	德国	日本（にほん）②	日本
ブラジル⓪	巴西	フランス⓪	法国
ベトナム⓪	越南	マレーシア②	马来西亚
モンゴル①	蒙古	ロシア①	俄罗斯

4. 日本主要地名

北海道（ほっかいどう）③	北海道	本州（ほんしゅう）①	本州
大阪（おおさか）⓪	大阪	京都（きょうと）①	京都
横浜（よこはま）⓪	横滨	名古屋（なごや）①	名古屋
神戸（こうべ）①	神户	奈良（なら）①	奈良
広島（ひろしま）⓪	广岛	長崎（ながさき）②	长崎
福岡（ふくおか）②	福冈	沖縄（おきなわ）⓪	冲绳
札幌（さっぽろ）⓪	札幌	仙台（せんだい）①	仙台

四 必备句型和表达

▶ **1. ～（よ）うと考える 想要……**

说明：表示说话人的想法。

例句：ハワイへ行こうと考えています。/ 我想去夏威夷。

▶ **2. ～たことがある 曾经……**

说明：表示曾经有过某种经历。

例句：もう行ったことがありますから。/ 因为我曾去过，所以……

▶ **3. すみませんが　打扰一下……**

说明：表示向他人请教或请求时使用，可以引起对方注意，免得说话唐突。

例句：すみませんが、この近くにコンビニがありますか。/ 打扰一下，这附近有便利店吗？

▶ **4. ～たらいい　表示劝诱和建议。**

说明：用于表示采用何种手段或方法才能获得好结果的场合，并要求对方提出建议或自己给对方提建议。用于询问时，可采用"どうしたらいいか"这种带有疑问词的形式。

例句：これからバスに乗るんですけど、どうしたらいいのでしょうか。/ 待会我要乘坐公交车，怎么办好呢？

▶ **5. ～といえば　说起……，提起……**

说明：表示提出话题，即提到某事物就马上联想到与此相关联的事物或人物。

例句：旅行といえば、僕はね、森のほうがいいな。/ 说起旅行，我觉得去森林挺好的。

五 真题示例

例题　コンビニはどこにありますか。【2012年第4题】

A. ビルの反対側の1階
B. 道の向こう側のビルの1階
C. 道のこちら側の1階

【正解】B

【解析】根据题目疑问词"どこ"以及选项可知，此题考点为地点、场所。选项比较复杂，三个选项中都出现了大楼和一层。由女子的提问"道のこっち側のビルですか"以及男子的回答"いいえ、反対です"可知，便利店在马路对面的大楼的一楼，故正确答案选B。

【原文】

女：あのう、すみませんが、この近くにコンビニがありますか。

男：コンビニですか。あ、あそこの高いビルが見えるでしょう？その1階がコンビニになっています。

女：道のこっち側のビルですか。

男：いいえ、反対です。

女：はい、分かりました。どうもありがとうございました。

【重点词汇】
○近く（ちかく）② 附近 ○コンビニ⓪ 便利店
○ビル① 大楼 ○見える（みえる）② 能看见
○道（みち）⓪ 道路 ○反対（はんたい）⓪ 相反

六 解题技巧

（1）熟读题干与选项，判断发生场景。首先，考生在读题干的时候将疑问词圈出来，可以判断听力内容的大致方向。其次，在读题的过程中，将不同的部分标记出来，以便在听听力的过程中集中精力确认每个选项正确与否。

（2）注意接续词。考生在听听力的过程中，有可能会听不清或者听不懂某一句话的意思，但如果后面内容中出现转折的接续词，如"でも""けれども"等，考生可以把重点放在接续词的后面。

七 真题演练

第一节（共3小题）

听下面3段录音，每段录音后有1个小题，从题中所给的A、B、C三个选项中选出最佳选项。听完每段录音后，你将有10秒钟的时间回答该小题和阅读下一小题。每段录音仅读一遍。

1. 女の人はかばんをどこに忘れましたか。【2013年第3题】

　　A. 駅　　　　　　B. バス　　　　　　C. 電車

2. 留学生はいつ、どこに着きますか。【2014年第7题】

　　A. 土曜日に大阪に着きます。

　　B. 日曜日に大阪に着きます。

　　C. 土曜日に名古屋に着きます。

3. 男の人は今どこに来ていますか。【2015年第1题】

　　A. デパート　　　　B. 友達の家　　　　C. 先生の研究室

第二节（共 2 小题）

听下面 1 段录音，每段录音后有 2 个小题，从题中所给的 A、B、C 三个选项中选出最佳选项。听每段录音前，你将有时间阅读各个小题，每小题 5 秒钟；听完后，各小题将给出 5 秒钟的作答时间。每段录音读两遍。

4. 電話番号はどこに書きますか。【2014 年第 10 题】
   A. 紙の左　　　　　B. 写真の下　　　　　C. 写真の上
5. 名前はどこに書きますか。【2014 年第 11 题】
   A. 紙の右　　　　　B. 写真の上　　　　　C. 電話番号の左

🎧 听【真题演练】录音，将下列会话补充完整。

1.

女：すみません。今降りた（　　　　）に忘れ物をしてしまいました。これから（　　　　）に乗るんですけど、どうしたらいいのでしょうか。

男：今、出た（　　　　）ですか。

女：はい、そうです。

男：（　　　　）は何ですか。

女：かばんですけど。

男：分かりました。すぐ次の（　　　　）に（　　　　）しますから、ええと、かばんの中に何が入っていますか。

女：テキストと辞書、それから携帯電話も。

2.

男：あ、田中さん。

女：はい。

男：（　　　　）日本に来る留学生のことなんだけど。

女：はい、何か？

男：（　　　　）より（　　　　）なって、（　　　　）に来ることになったんだ。そして、（　　　　）じゃなくて、（　　　　）に着くって。

女：ああ、そうですか。分かりました。

3.

男：（　　　）。劉です。

女：あ、劉さん、遠いところをよく（　　　）。うちの健太がいつも（　　　）になっております。

男：いいえ、僕の方こそお世話になっています。

女：どうぞ。（　　　）。

男：失礼します。

4.

男：この紙にお名前と電話番号を書いてください。

女：はい。あ、どこですか。

男：（　　　）の所に（　　　）がありますね。その写真のところに（　　　）を書いてください。

女：写真の（　　　）ですか。

男：いいえ、その（　　　）です。すみません。言い忘れました。

女：はい。名前は？

男：電話番号の（　　　）に書いてください。

女：はい、分かりました。

🎧 听力原文及解析

1.

女：すみません。今降りた（電車）に忘れ物をしてしまいました。これから（バス）に乗るんですけど、どうしたらいいのでしょうか。

男：今、出た（電車）ですか。

女：はい、そうです。

男：（忘れ物）は何ですか。

女：かばんですけど。

男：分かりました。すぐ次の（駅）に（連絡）しますから、ええと、かばんの中に何が入っていますか。

女：テキストと辞書、それから携帯電話も。

【正解】C

【解析】由"今降りた電車に忘れ物をしてしまいました"可知，女子把东西落在电车上了，故正确答案为C。

【重点词汇】

○降りる（おりる）② 下（车）　　○忘れ物（わすれもの）⓪ 遗忘的东西
○これから⓪ 现在，以后，将来　　○連絡する（れんらくする）⓪ 联系，联络
○入る（はいる）① 放入，进入　　○テキスト① 教科书，教材
○それから⓪ 然后

2.

男：あ、田中さん。

女：はい。

男：（日曜日）日本に来る留学生のことなんだけど。

女：はい、何か？

男：（予定）より（はやく）なって、（土曜日）に来ることになったんだ。そして、（名古屋）じゃなくて、（大阪）に着くって。

女：ああ、そうですか。分かりました。

【正解】A

【解析】由"予定よりはやくなって、土曜日に来ることになったんだ"可知，日本留学生来日本的时间比计划提前，改到了周六。再由"そして、名古屋じゃなくて、大阪に着くって"可知，地点由原来的名古屋改到了大阪。综合所知，正确答案为A。

【重点词汇】

○日曜日（にちようび）③ 星期日，星期天　　○予定（よてい）⓪ 预定
○土曜日（どようび）② 星期六　　○そして⓪ 然后；于是
○着く（つく）① 抵达，到达

3.

男：（ごめんください）。劉です。

女：あ、劉さん、遠いところをよく（いらっしゃいました）。うちの健太がいつも（お世話）になっております。

男：いいえ、僕の方こそお世話になっています。

女：どうぞ。（お上がりください）。

男：失礼します。

【正解】 B

【解析】 "ごめんください"一般用于在别人家门口敲门的时候。"どうぞ。お上がりください"则用于招呼客人进门时的表达。因此正确答案为B。

【重点词汇】

○遠い（とおい）⓪ 远，远的　　　　○いらっしゃる④ 来（尊他语）

○うち⓪ 我，我们　　　　　　　　　○世話（せわ）② 照顾；帮助

○上がる（あがる）⓪ 上

4. 5.

男：この紙にお名前と電話番号を書いてください。

女：はい。あ、どこですか。

男：（右）の所に（写真）がありますね。その写真のところに（電話番号）を書いてください。

女：写真の（上）ですか。

男：いいえ、その（下）です。すみません。言い忘れました。

女：はい。名前は？

男：電話番号の（左）に書いてください。

女：はい、分かりました。

【正解】 B 和 C

【解析】 第4题由"写真の上ですか""いいえ、その下です"可知，电话号码写在照片下，故正确答案为B。第5题由"電話番号の左に書いてください"可知，名字写在电话号码的左边，故正确答案为C。

【重点词汇】

○名前（なまえ）⓪ 名，姓名　　　　○所（ところ）⓪ 地方

○写真（しゃしん）⓪ 照片　　　　　○言い忘れる（いいわすれる）⑤ 忘说

八 真题练习

第一节（共7小题，每小题2分，满分14分）

听下面 7 段录音，每段录音后有 1 个小题，从题中所给的 A、B、C 三个选项中选出最佳选项。听完每段录音后，你将有 10 秒钟的时间回答该小题和阅读下一小题。每段录音仅读一遍。

1. 男の人はどこへ行こうと考えていますか。【2015 年第 4 题】
   A. ハワイ　　　　　B. ヨーロッパ　　　　　C. フランスとイギリス

2. 男の人は日本のどこへ行きましたか。【2016 年第 1 题】
   A. 東京　　　　　　B. 大阪　　　　　　　　C. 北海道

3. 女子学生は普通どこでアルバイトをしますか。【2016 年第 2 题】
   A. スーパー　　　　B. コンビニ　　　　　　C. レストラン

4. 交流会はどこで行いますか。【2017 年第 4 题】
   A. 東京　　　　　　B. 横浜　　　　　　　　C. 名古屋

5. 男の人と女の人は今どこにいますか。【2020 年第 5 题】
   A. 教室　　　　　　B. 本屋　　　　　　　　C. 図書館

6. 男の人はどこで本を買いましたか。【2020 年第 2 题】
   A. 本屋　　　　　　B. スーパー　　　　　　C. インターネット

7. 女の人は着物をどこから借りますか。【2021 年第 6 题】
   A. 着物教室　　　　B. 駅前の店　　　　　　C. 中田さんのお姉さん

第二节（共 8 小题，每小题 2 分，满分 16 分）

听下面 4 段录音，每段录音后有 2 个小题，从题中所给的 A、B、C 三个选项中选出最佳选项。听每段录音前，你将有时间阅读各个小题，每小题 5 秒钟；听完后，各小题将给出 5 秒钟的作答时间。每段录音读两遍。

8. 女の人はどこへ行きたいですか。【2016 年第 12 题】
   A. 本屋　　　　　　B. 商店街　　　　　　　C. 桜スーパー

9. 女の人はどのように目的地まで行きますか。【2016 年第 13 题】
   A. 本屋→商店街→目的地
   B. 地下鉄→本屋→目的地
   C. 商店街→地下鉄の駅→目的地

10. 男の人は明日どんな試験がありますか。【2018 年第 8 题】
    A. 物理　　　　　　B. 体育　　　　　　　　C. 日本語

11. 男の人は夏休みにどこへ行きたいですか。【2018年第9題】

　　A. 海　　　　　　　　B. 山　　　　　　　　C. 故郷

12. 男の人は第二外国語は何ですか。【2018年第12題】

　　A. 英語　　　　　　　B. ドイツ語　　　　　C. スペイン語

13. 男の人はどこで第二外国語を習いましたか。【2018年第13題】

　　A. 学校　　　　　　　B. スペイン　　　　　C. 外国語教室

14. 女の人は去年どこへ行きましたか。【2020年12題】

　　A. アメリカ　　　　　B. フランス　　　　　C. シンガポール

15. 男の人はどんなところが好きですか。【2020年13題】

　　A. 海　　　　　　　　B. 山　　　　　　　　C. 森

🎧 听力原文及解析

1.

女：もうすぐ夏休みですね。

男：ええ。

女：張さんはどこかへ行きますか。

男：はい、ハワイへ行こうと考えています。

女：いいですね。

男：鈴木さんは？

女：私はヨーロッパのほうですよ。

男：ええ、ヨーロッパですか。

女：はい。フランスとイギリスなんです。

【正解】A

【解析】由关键句"ハワイへ行こうと考えています"可知，男子想去夏威夷，故正确答案为A。

【重点词汇】

○もうすぐ③ 马上，将要　　　　○夏休み（なつやすみ）③ 暑假

○ハワイ① 夏威夷　　　　　　　○考える（かんがえる）③ 思考

○ヨーロッパ③ 欧洲　　　　　　○フランス⓪ 法国

○イギリス⓪ 英国

2.

女：この前、日本へ旅行に行ったそうですね。

男：そうです。日本の北海道へ。

女：東京や大阪へは行かなかったんですか。

男：ええ、もう行ったことがありますから。

【正解】C

【解析】由"日本の北海道へ"可知，男子之前去了北海道，故正确答案是C。

【重点词汇】

○旅行（りょこう）⓪ 旅行　　　　○北海道（ほっかいどう）③ 北海道

○大阪（おおさか）⓪ 大阪

3.

男：田中さん、日本の大学生はみんなアルバイトをするそうですか。

女：はい、ほとんどしますね。

男：普通、どこでするんですか。

女：そうですね。女子学生ならスーパー、男子学生はレストランやコンビニなどが多いですね。

【正解】A

【解析】男女两人在谈论日本大学生打工的事情，需要注意区分男女不同的打工地点。由"女子学生ならスーパー"可知，女学生一般在超市打工，故A为正确答案。

【重点词汇】

○みんな⓪ 全，都；大家　　　　○アルバイト③ 打工

○ほとんど② 几乎　　　　　　　○普通（ふつう）⓪ 普通，通常

4.

男：山田さん、来週の交流会は名古屋に変わったんだって？

女：交流会ですか。名古屋ではないですよ。お知らせでは横浜です。

男：あっ、ありがとう。東京に近くていいですね。

【正解】B

【解析】男子原以为交流会改在名古屋举行，但女子说"名古屋ではないですよ。お知らせでは横浜です"，由此可知交流会在横浜举行，故选项 B 为正确答案。

【重点词汇】
- 交流会（こうりゅうかい）③ 交流会　　○変わる（かわる）⓪ 改变
- お知らせ（おしらせ）⓪ 通知

5.

男：李さん、そろそろ教室へ行こうか。
女：ええ、その前、ちょっと本屋へ寄って、日本の歴史の本を買いたいですが。
男：歴史の本？この図書館にはないのか。
女：さっき調べましたが、ほしいのがないんです。
男：授業で使う物だろう？その本なら、僕貸してあげるよ。
女：ほんと？いいんですか。先輩。
男：今使わないから、よかったら、どうぞ。
女：わあ、嬉しい。

【正解】C

【解析】由"歴史の本？この図書館にはないのか"可知，两人现在在图书馆，故选 C。

【重点词汇】
- そろそろ① 就要，将要　　○寄る（よる）⓪ 顺便去，顺路到
- 歴史（れきし）⓪ 历史　　○調べる（しらべる）③ 查找
- 使う（つかう）② 使用　　○貸す（かす）⓪ 借，借出
- 先輩（せんぱい）⓪ 前辈　　○嬉しい（うれしい）③ 高兴

6.

女：新しい本を買ったんですか。
男：ええ、漫画の本です。
女：私もよくスーパーやインターネットで漫画の本を買っています。
男：そうですか。僕は本屋で買ったんです。

【正解】A

【解析】由关键句"僕はよく本屋で買ったんです"可知，男子经常在书店买书，故正确答案为 A。

【重点词汇】

○新しい（あたらしい）④ 新的　　　○漫画（まんが）⓪ 漫画
○インターネット⑤ 因特网　　　　　○本屋（ほんや）① 书店

7.

女：中田さん、私、日本の着物を着てみたいですが、お姉さんのを貸してもらえないでしょうか。

男：実は、姉には着物らしい着物はないですよ。駅前の店で借りたら？一回一万円ですけど。

女：ええ？一万円も？

男：あ、思い出した。この近くに着物の教室があるんですよ。そこで貸してもらったら安いですよ。千円だけだと。

女：それはいいですね。

【正解】A

【解析】由"あ、思い出した。この近くに着物の教室があるんですよ。そこで貸してもらったら安いですよ。千円だけだと"可知，男子想起附近有家和服培训班，去那里租借的话会便宜些，只需要1000日元。然后女子回答"それはいいですね"表示赞同，故选A。

【重点词汇】

○着物（きもの）⓪ 和服　　　　　○着る（きる）⓪ 穿
○駅前（えきまえ）③ 车站前面　　○借りる（かりる）⓪ 借，借入
○思い出す（おもいだす）④ 记起

8. 9.

女：すみません。

男：はい。何でしょうか。

女：ここに行きたいんですが、迷ってしまいまして…

男：ああ、桜スーパーですね。

女：そうです。

男：この道をずっと行くと、本屋が見えます。

女：本屋ですね。

男：ええ、そこから左に曲がると、地下鉄の駅と商店街がありますよ。商店街を通って

すぐです。

女：どうもありがとうございました。

【正解】C 和 A

【解析】女子迷路了，向男子问路。由"ああ、桜スーパーですね"可知，女子想去樱花超市，故第8题选C。男子给女子指路，由"ええ、そこから左に曲がると、地下鉄の駅と商店街がありますよ。商店街を通ってすぐです"可知，到达目的地的顺序为：本屋→地下鉄の駅と商店街→桜スーパー，故第9题选A。

【重点词汇】
○迷う（まよう）② 迷失；犹豫　　○道（みち）⓪ 道，道路
○ずっと⓪ 一直　　　　　　　　　○曲がる（まがる）⓪ 转弯
○商店街（しょうてんがい）③ 商店街，商业街
○通る（とおる）① 走过，通过

10. 11.

女：今日の日本語の試験は最後の試験ですよね。

男：いいえ、明日また体育の試験があるんだ。

女：あ、そう。体育も試験があるの？

男：うん。それから、物理の試験も昨日やっと終わった。一番苦手な科目ですね。

女：これからは楽しい夏休みね。故郷へ帰るの？

男：まだ決まっていない。海のある所へ行って見たいなあ。

女：山へ行かないの？

男：山はちょっと。

【正解】B 和 A

【解析】第10题由关键句"いいえ、明日また体育の試験があるんだ"可知，明天还有体育考试，故选B。第11题由关键句"まだ決まっていない。海のある所へ行って見たいなあ"可知，男子想去有海的地方看看，故选A。

【重点词汇】
○試験（しけん）② 考试，测验　　○最後（さいご）① 最后
○体育（たいいく）① 体育　　　　○物理（ぶつり）① 物理
○苦手（にがて）⓪ 不擅长　　　　○科目（かもく）⓪ 科目
○故郷（ふるさと）② 故乡　　　　○決まる（きまる）⓪ 决定，规定

12. 13.

女：木村さんが高校で習った外国語は英語ですか。

男：はい。英語のほかにドイツ語も少し習いました。

女：そうですか。私も英語のほかにスペイン語を少し習いました。

男：学校で習ったんですか。

女：いいえ。スペイン人の先生に習っていたの。木村さんのドイツ語は？

男：外国語教室に通って習ったんです。

【正解】B 和 C

【解析】第 12 题由关键句"英語のほかにドイツ語も少し習いました"可知，男子除了英语，还学习了一些德语，故选 B。第 13 题由"外国語教室に通って習ったんです"可知，男子的德语是在培训班学习的，故选 C。

【重点词汇】

○高校（こうこう）⓪ 高中　　　　○習う（ならう）② 学习
○外国語（がいこくご）⓪ 外语　　　○スペイン語（ご）⓪ 西班牙语
○ドイツ語（ご）⓪ 德语　　　　　　○通う（かよう）⓪ 来往，往返

14. 15.

男：今、外国へ旅行に行く中国人が多くなったね。

女：そうね。去年アメリカへ旅行したとき、中国人観光客がすごく多かったわ。

男：そう。アメリカへ行ったのか。聞いた話しではフランスもシンガポールもそうだって。

女：やっぱり生活が豊かになったのね。

男：旅行といえば、僕はね、森がいいな。自然が好きだから。佐藤さんは？

女：私も自然が大好きだわ。よく海や山へ行きます。

【正解】A 和 C

【解析】由女子对话中说"去年アメリカへ旅行したとき"可知，她去年去了美国，故第 14 题正确答案为 A。由"旅行といえば、僕はね、森がいいな"可知，男子一提到旅行，觉得去森林为好，故第 15 题正确答案为 C。

【重点词汇】

○アメリカ⓪ 美国　　　　　　　　○観光客（かんこうきゃく）③ 游客
○フランス⓪ 法国　　　　　　　　○シンガポール④ 新加坡

○生活（せいかつ）⓪ 生活　　　○豊か（ゆたか）① 富裕
○森（もり）⓪ 森林　　　　○自然（しぜん）⓪ 自然

九 模拟练习

第一节（共 7 小题，每小题 2 分，满分 14 分）

听下面 7 段录音，每段录音后有 1 个小题，从题中所给的 A、B、C 三个选项中选出最佳选项。听完每段录音后，你将有 10 秒钟的时间回答该小题和阅读下一小题。每段录音仅读一遍。

1. 二人は冬休みにどこへ行くつもりですか。
   A. 展覧館　　　　B. 美術館　　　　C. 博物館
2. 鈴木さんはどこへ行きましたか。
   A. 喫茶店　　　　B. 事務所　　　　C. コンビニ
3. 写真をどこについたらいいですか。
   A. 左　　　　　　B. 真ん中　　　　C. 右
4. 子供の服はどこで売っていますか。
   A. この建物の 5 階です。
   B. 隣の建物の 5 階です。
   C. 隣の建物の 6 階です。
5. 男の人は携帯をどこに忘れましたか。
   A. スーパー　　　B. 郵便局　　　　C. 電車
6. 男の人は日本のどこへ旅行に行きましたか。
   A. 奈良　　　　　B. 京都　　　　　C. 箱根
7. レストランはどこにありますか。
   A. 銀行の右側　　B. 銀行の向かい　C. 銀行の左側

第二节（共 8 小题，每小题 2 分，满分 16 分）

听下面 4 段录音，每段录音后有 2 个小题，从题中所给的 A、B、C 三个选项中选出最佳选项。听每段录音前，你将有时间阅读各个小题，每小题 5 秒钟；听完后，各小题将给出 5 秒钟的作答时间。每段录音读两遍。

8. 今は何時ですか。
   A. 11 時 55 分　　B. 12 時　　　　　C. 12 時 5 分

9. 二人は昼ご飯をどこで食べますか。
   A. 食堂　　　　　　　　B. レストラン　　　　　　C. 喫茶店
10. 男の人はどこが一番好きですか。
    A. 北京　　　　　　　　B. 広州　　　　　　　　　C. 上海
11. 女の人は今度の休みにどこへ行きたいですか。
    A. 上海　　　　　　　　B. 広州　　　　　　　　　C. 蘇州
12. 二人はどこで会うと約束しましたか。
    A. 北口　　　　　　　　B. 東口　　　　　　　　　C. 南口
13. 二人は何時に会いますか。
    A. 6時　　　　　　　　 B. 6時半　　　　　　　　 C. 7時
14. 女の人はどこから帰りましたか。
    A. 音楽教室　　　　　　B. テニス場　　　　　　　C. 運動場
15. テニス場はどこに近いですか。
    A. 会社　　　　　　　　B. 家　　　　　　　　　　C. 音楽教室

🎧 听力原文及解析

1.

男：もうすぐ冬休みだ。どこかへ行かない？

女：そうだね。博物館はどう？

男：去年は大和博物館に行ったから、今度は美術館に行こうか。

女：いいね。そうしよう。

【正解】B

【解析】关键句：今度は美術館に行こうか。/ 这次我们去美术馆吧。

2.

女：鈴木さんは？

男：あ、ちょっと喫茶店に行ってくるって、さっき会社を出ました。

女：そっか。じゃ、帰ってきたら事務室へ来るように伝えてね。

【正解】A

【解析】关键句：ちょっと喫茶店に行ってくるって。/（铃木说）去一趟咖啡馆。

3.

男：あのう、写真はどこにつければいいですか。

女：はい、写真ですね。こちらの紙におつけください。

男：左側ですか。それとも右側ですか。

女：真ん中でお願いします。

【正解】B

【解析】关键句：真ん中でお願いします。／麻烦您贴在正中央。

4.

男：すみません、スーツはどこですか。

女：6階です。

男：子供の服も6階ですか。

女：いいえ、5階です。隣の建物です。あちらからどうぞ。

【正解】B

【解析】关键句：いいえ、5階です。隣の建物です。／不，在旁边的建筑物的5楼。

5.

男：あれ？おかしい。携帯を確かにかばんに入れたんだけど。

女：どこかに置き忘れたんじゃないの？スーパーとか。

男：あ、そうだ。さっき郵便局に行って、そこの椅子に…

女：この前も電車に携帯を忘れたんじゃない。気をつけてね。

【正解】B

【解析】关键句：さっき郵便局に行って、そこの椅子に…／刚刚去了邮局，（手机落在了）邮局的椅子上。

6.

女：週末、日本の有名な町へ行ったそうですね。

男：そうです。奈良に行きました。

女：本当に日本の町が好きなんですね。京都や箱根は行かなかったんですか。

男：ええ、もう行ったことがありますから。

【正解】A

【解析】关键句：奈良に行きました。/ 去了奈良。

7.

女：すみません、近くにレストランはありますか。

男：ええ、ありますよ。この道をまっすぐ行って、右側に銀行が見えます。銀行の向かいにレストランがあります。

女：この道を真っ直ぐ行って、右側ですね。

男：ええ、右側に銀行が見えますから、すぐ分かると思いますよ。

【正解】B

【解析】关键句：銀行の向かいにレストランがあります。/ 银行的对面有家餐馆。

8. 9.

女：もう12時5分前ですね。

男：あっ、あの時計、5分遅れていますよ。

女：そうですか。田中さん、これから食堂へ行きますか。

男：いつも食堂ですね。今日は駅前の新しくできたレストランにいきましょう。

女：駅までは、ちょっと時間がかかりますね。隣の喫茶店はどう？近くていいですよ。

男：そうですね。じゃ、そうしましょう。

【正解】B 和 C

【解析】由"あの時計、5分遅れていますよ"可知，表慢了5分钟。根据女子的信息可知现在是12点差5分，即11点55分，慢5分钟，此时应该为12点，故第8题正确答案为B。女子提议去附近的咖啡馆，男子同意，所以两个人去咖啡馆吃饭，故第9题正确答案为C。

10. 11.

女：吉田さんは夏休みに中国を旅行したそうですね。

男：ええ、旅行が趣味ですから。

女：いいですね。中国のどの都市が一番好きですか。

男：そうですね。北京より広州の方が好きですけど、上海ほどではないんです。人も親切ですし、食べ物もすごく美味しいです。

女：そうですか。私はまだ一度も中国へ行ったことがないんです。今度の休みに蘇州に

行こうと考えています。

【正解】 C 和 C

【解析】 由"北京より広州の方が好きですけど、上海ほどではないんです"可知，虽然男子觉得比起北京自己更喜欢广州，但是这两个城市都不如上海，故第 10 题正确答案为 C。由"今度の休みに蘇州に行こうと考えています"可知，女子下次休息的时候打算去苏州，故第 11 题正确答案为 C。

12. 13.

男：明日どこで会う？

女：駅の改札口はどう？近いし。

男：改札口は確かに近いけど、いつも混んでいるよなあ。他にいいとこある？

女：北口も南口も遠いわよね。東口はどう？

男：いいよ。7時でいい？

女：仕事が6時に終わって、駅まで歩いて20ぐらいかかるから、6時半にしよう。

男：うん、そうしよう。

【正解】 B 和 B

【解析】 男子跟女子讨论见面地点。两人决定在车站东口见面，故第 12 题正确答案为 B。另外由"6時半にしよう"可知，两人6点半见面，故第 13 题正确答案为 B。

14. 15.

男：鈴木さん、こんばんは。音楽教室から帰ったんですか。

女：いいえ、この前までは音楽教室に行ってたんですけど。最近、ちょっと運動不足のせいか、体がだるくて。それで、先週からテニス場に通うことにしたんです。今帰ったところなんですよ。

男：そうですか。家から遠いですか。

女：ええ、家からちょっと遠いですが、会社から自転車で行くと15分で便利です。

【正解】 B 和 A

【解析】 由"先週からテニス場に通うことにしたんです。今帰ったところなんですよ"可知，上个礼拜女子决定打网球，现在刚刚回家，故第 14 题正确答案为 B。由"会社から自転車で行くと15分で便利です"可知，网球场从公司骑自行车过去的话，15分钟就到，很方便，故 15 题 A 为正确答案。

专题三　だれ

一　题型介绍

本专题主要围绕动作对象、人物关系、动作主体而展开。对人物的考查是高考听力中的高频考点之一。考生在做题过程中要注意关于人物的名词、说话双方的人物关系、动作的主体，并能从中获得关键信息。

二　常见提问形式

1. ～誰に電話をしますか。
2. 誰のために、～をしますか。
3. 誰と誰と話していますか。
4. ～誰と一緒に～をしますか。
5. 二人はどんな関係ですか。
6. 誰が～をしますか。
7. ～のは誰ですか。
8. 誰が～から来ましたか／来ますか。

三　常见词汇

1. 人称代词

私（わたし）⓪	我	僕（ぼく）①	我
あなた②	你	君（きみ）②	你
彼（かれ）①	他，男朋友	彼女（かのじょ）①	她，女朋友
誰（だれ）①	谁	どなた①	谁
どの方（どのかた）①	谁	どちら様（どちらさま）①	谁
男の子（おとこのこ）③	男子	女の子（おんなのこ）③	女子
あの人（あのひと）②	那个人	あの方（あのかた）④	那一位

2. 人物关系

父（ちち）②①	爸爸	お父さん（おとうさん）②	爸爸
母（はは）①	妈妈	お母さん（おかあさん）②	妈妈
叔父（おじ）⓪	叔父、舅父	叔父さん（おじさん）⓪	叔父、舅父
叔母（おば）⓪	姑妈、姨妈	叔母さん（おばさん）⓪	姑妈、姨妈
祖父（そふ）①	祖父、外祖父	お爺さん（おじいさん）②	祖父、外祖父
祖母（そぼ）①	祖母、外祖母	お婆さん（おばあさん）②	祖母、外祖母
姉（あね）②	姐姐	兄（あに）①	哥哥
妹（いもうと）④	妹妹	弟（おとうと）④	弟弟
妻（つま）①	妻子	奥さん（おくさん）①	夫人
夫（おっと）⓪	丈夫	ご主人（ごしゅじん）②	您丈夫，主人
娘（むすめ）③	女儿	息子（むすこ）⓪	儿子
両親（りょうしん）①	父母	祖父母（そふぼ）②	祖父母
上の子（うえのこ）④	年长的孩子	下の子（したのこ）④	年幼的孩子

3. 人物身份和职业

先生（せんせい）③	老师	学生（がくせい）⓪	学生
当番（とうばん）①	值日生	生徒（せいと）①	学生
先輩（せんぱい）⓪	前辈	後輩（こうはい）⓪	后辈
友達（ともだち）⓪	朋友	クラスメート④	同班同学
医者（いしゃ）⓪	医生	歌手（かしゅ）①	歌手
作家（さっか）⓪	作家	運転手（うんてんしゅ）③	司机
店長（てんちょう）①	店长	お客さん（おきゃくさん）⓪	顾客，客人
店員（てんいん）⓪	店员	会社員（かいしゃいん）③	公司职员
サラリーマン③	上班族	社長（しゃちょう）⓪	社长
警察（けいさつ）⓪	警察	ピアニスト③	钢琴家
アナウンサー③	播音员		

四 必备句型和表达

▶ **1. ～てもらう　请别人为自己做某事**

说明：表示请别人做某事，我或我方人员受益。疑问句要用可能态，即"ていただけませんか""てもらえませんか"。

例句：でも、クラスメートにいつも教えてもらうんです。/ 不过，我经常请同学教我。

▶ **2. ～てくれる　别人为我（我方）做某事**

说明：表示别人为我做某事，我或我方人员受益。

例句：でも、先輩が一緒に交番に出てくれたんです。/ 但是，学长陪我一起去了派出所。

▶ **3. ～たい　想做某事**

说明：接续动词ます形，表示第一人称想做某事。

例句：私も一度故郷へ帰りたいですね。/ 我也想回一次故乡。

▶ **4. ～てくる**

说明：空间上表示由远及近，或回到原点，时间上表示由过去到现在。

例句：サンドイッチ、買ってくる。その方がはやいし。/ 我买三明治回来，这样会快些。

▶ **5. ～じゃないか　……不是吗？……是不是……**

说明：表示说话人的推测，也可以表示反问语气。

例句：急に言われて、店も困るじゃないですか。/ 突然这么说，店里也很为难不是吗？

五 真题示例

例题　女の人は昨日誰に会いましたか。【2020年第3题】

　　A. 高校の王先生　　　　B. 中学校の王先生　　　　C. 小学校の王先生

【正解】B

【解析】由关键句"あの丸い顔をした中学校の王先生ですよ"可知，是中学的王老师，故答案选B。

【原文】

女：昨日買い物に行く途中、王先生に会いました。

男：王先生って、小学校の王先生ですか、それとも高校の王先生ですか。

女：ほら、あの丸い顔をした中学校の王先生ですよ。

【重点词汇】

○買い物（かいもの）⓪ 购物　　　○途中（とちゅう）⓪ 途中
○会う（あう）① 见面,遇见　　　○それとも③ 或者
○丸い（まるい）② 圆的　　　　　○顔（かお）⓪ 脸

六 解题技巧

（1）根据选项认真听取会话中出现的人物，如上面真题所示，会话中出现了A、B、C选项涉及的人物，但是A、C属于干扰项。

（2）根据关键句排除干扰选项，最终确定正确的人物选项。如上面真题所示，由"あの丸い顔をした中学校の王先生ですよ"可知，"小学的王老师""高中的王老师"均属于干扰项，故排除A、C，选择B。

七 真题演练

第一节（共3小题）

听下面3段录音，每段录音后有1个小题，从题中所给的A、B、C三个选项中选出最佳选项。听完每段录音后，你将有10秒钟的时间回答该小题和阅读下一小题。每段录音仅读一遍。

1. 誰が田舎から来ましたか。【2017年第1题】

　　A. 母　　　　　　　B. 男の人　　　　　　C. 女の人

2. 悩みを聞くのはだれですか。【2009年第5题】

　　A. 男の子　　　　　B. 女の子　　　　　　C. 女の子の弟

3. 明日、誰が中国に来るか。【2010年第1题】

　　A. 山田　　　　　　B. 佐藤　　　　　　　C. 鈴木

第二节（共2小题）

听下面1段录音，每段录音后有2个小题，从题中所给的A、B、C三个选项中选出最佳选项。听每段录音前，你将有时间阅读各个小题，每小题5秒钟；听完后，各小题将给出5秒钟的作答时间。每段录音读两遍。

4. 理恵さんは明日まず何をしますか。【2009年第12题】

　　A. 先生のところへ行く。　　B. 男の人に電話をする。　　C. 図書館へ行く。

5. 都合が悪かったら、理恵さんは誰に電話をしますか。【2009年第13題】

  A. 先生   B. 男の人   C. 女の人

🎧 听【真题演练】录音，将下列会话补充完整。

1.

男：これ、（　　　）です。よかったら、どうぞ。

女：ありがとう。

男：昨日、（　　　）が（　　　）から来ました。

女：そうですか。（　　　）も一度故郷へ帰りたいですね。

2.

男：（　　　）、何か（　　　）があるんですって。

女：ええ。そうなんです。すみませんが、ちょっと（　　　）やってくださいませんか。

男：ええ。（　　　）。

3.

男：（　　　）、（　　　）は明日（　　　）に戻ってくるそうですよ。

女：そうですか。

男：でも、今度は（　　　）と一緒じゃないんですが。

女：へえ？そうですか。

4.

男：もしもし、松本と申しますが、理恵さんいらっしゃいますか。

女：今ちょっと（　　　）おりまして、すぐ帰ると思いますけど、何かありましたら、伝えておきます。

男：じゃ、お願いします。

女：はい、どうぞ。

男：明日12時ごろ先生のところへ行く前に、図書館へ来るように（　　　）いただけますか。

女：先生のところへ行く前ですね。

男：ええ。それで、もし（　　　）が悪かったら、（　　　）の携帯に電話するように伝えていただけませんか。

女：はい、分かりました。

🎧 听力原文及解析

1.

男：これ、（お土産）です。よかったら、どうぞ。

女：ありがとう。

男：昨日、（母）が（田舎）から来ました。

女：そうですか。（私）も一度故郷へ帰りたいですね。

【正解】A

【解析】由男子说的"母が田舎から来ました"可知，是他妈妈从乡下过来了，因此答案选A。

【重点词汇】

　　○お土産（おみやげ）⓪ 特产，礼物　　○田舎（いなか）⓪ 乡下

　　○故郷（ふるさと）② 故乡

2.

男：（弟さん）、何か（悩み）があるんですって。

女：ええ。そうなんです。すみませんが、ちょっと（聞いて）やってくださいませんか。

男：ええ。（いいですよ）。

【正解】A

【解析】由女子说的"すみませんが、ちょっと聞いてやってくださいませんか"可知，女子请男子帮忙问她弟弟有什么烦恼，因此答案选A。

【重点词汇】

　　○弟（おとうと）④ 弟弟　　　　　　○悩み（なやみ）③ 烦恼

　　○聞く（きく）⓪ 听，聆听

3.

男：（山田さん）、（佐藤さん）は明日（中国）に戻ってくるそうですよ。

女：そうですか。

男：でも、今度は（鈴木さん）と一緒じゃないんですが。

女：へえ？そうですか。

【正解】B

【解析】由"佐藤さんは明日中国に戻ってくるそうですよ"可知，是佐藤回中国，故选 B。

【重点词汇】

○中国（ちゅうごく）① 中国　　○戻る（もどる）⓪ 回来

○一緒（いっしょ）⓪ 一起

4. 5.

男：もしもし、松本と申しますが、理恵さんいらっしゃいますか。

女：今ちょっと（出掛けて）おりまして、すぐ帰ると思いますけど、何かありましたら、伝えておきます。

男：じゃ、お願いします。

女：はい、どうぞ。

男：明日12時ごろ先生のところへ行く前に、図書館へ来るように（伝えて）いただけますか。

女：先生のところへ行く前ですね。

男：ええ。それで、もし（都合）が悪かったら、（ぼく）の携帯に電話するように伝えていただけませんか。

女：はい、分かりました。

【正解】C 和 B

【解析】由"明日12時ごろ先生のところへ行く前に、図書館へ来るように伝えていただけますか"可知，理惠明天去找老师之前，要先去图书馆，因此第4题答案选C。由男子说的"ぼくの携帯に電話するように伝えていただけませんか"可知，是让理惠给他打电话，因此第5题答案选B。

【重点词汇】

○申す（もうす）① 叫做　　　　　○いらっしゃる④ 在（敬语）

○出掛ける（でかける）③ 外出　　○伝える（つたえる）③ 传达

○図書館（としょかん）② 图书馆　○都合（つごう）⓪ 情况

○携帯（けいたい）⓪ 手机

八 真题练习

第一节（共 7 小题，每小题 2 分，满分 14 分）

听下面 7 段录音，每段录音后有 1 个小题，从题中所给的 A、B、C 三个选项中选出最佳选项。听完每段录音后，你将有 10 秒钟的时间回答该小题和阅读下一小题。每段录音仅读一遍。

1. 明日の当番はだれですか。【2011 年第 12 题】

　　A. わたし　　　　　　B. 王さん　　　　　　C. 李さん

2. だれがだれにビデオテープを借りましたか。【2002 年第 9 题】

　　A. 男の人は女の人に

　　B. 女の人は山本さんに

　　C. 女の人は男の人に

3. 分からないことは、ふだん誰に聞くのですか。【2015 年第 15 题】

　　A. 先生　　　　　　　B. 先輩　　　　　　　C. クラスメート

4. 誰が選んでくれたネクタイですか。【2003 年第 3 题】

　　A. 鈴木さん

　　B. 李さんのお母さん

　　C. 鈴木さんのご両親

5. この二人はどんな関係ですか。【2003 年第 6 题】

　　A. 友達　　　　　　　B. 先生と学生　　　　C. 上司と部下

6. これから電話に出るのは誰ですか。【2003 年第 10 题】

　　A. 田中部長　　　　　B. 山田さん　　　　　C. 伊藤さん

7. 来週の授業で発表するのは誰ですか。【2004 年第 9 题】

　　A. 女の人　　　　　　B. 男の人　　　　　　C. 男の人と女の人

第二节（共 8 小题，每小题 2 分，满分 16 分）

听下面 4 段录音，每段录音后有 2 个小题，从题中所给的 A、B、C 三个选项中选出最佳选项。听每段录音前，你将有时间阅读各个小题，每小题 5 秒钟；听完后，各小题将给出 5 秒钟的作答时间。每段录音读两遍。

8. 二人は昼ご飯をどこで何を食べますか。【2008年第10題】

　　A. 食堂でうどんを食べる。

　　B. 近くの店でうどんを食べる。

　　C. サンドイッチを買ってきて食べる。

9. だれとだれが話していますか。【2008年第11題】

　　A. 会社の同僚　　　　　B. 学校の友だち　　　　　C. お母さんと子ども

10. 会議は何曜日に変わったのか。【2010年第10題】

　　A. 月曜日　　　　　　　B. 火曜日　　　　　　　　C. 木曜日

11. 会議に欠席する人はだれか。【2010年第11題】

　　A. 鈴木　　　　　　　　B. 山下　　　　　　　　　C. 松田

12. だれとだれが話しているか。【2010年第8題】

　　A. 店の人と学生　　　　B. 先生と学生　　　　　　C. 医者と学生

13. 男の人はどうして女の人に頼んだのか。【2010年第9題】

　　A. 男の人が病気になったから

　　B. 女の人が病気になったから

　　C. 店員の1人が病気になったから

14. 明日だれが来ますか。【2011年第10題】

　　A. 親友　　　　　　　　B. 店長　　　　　　　　　C. 両親

15. 女の人はどうして謝りましたか。【2011年第11題】

　　A. 2日休むから

　　B. 田舎へ帰るから

　　C. 店に迷惑をかけるから

听力原文及解析

1.

男：今日の当番は誰ですか。

女：あっ、昨日は李さんでしたから、今日は私です。

男：王さんは？

女：王さんは明日です。

男：じゃ、いつもと同じように、まず床ですね。

女：ううん、そうですね。黒板を拭いてから床の掃除をしたいと思っていますが。

男：そうか。それもいいよ。その後机を並べてください。

女：はい、分かりました。

【正解】B

【解析】由"王さんは明日です"可知，明天是小王值日，因此答案选 B。

【重点词汇】

〇今日（きょう）① 今日　　　〇当番（とうばん）① 值日生
〇床（ゆか）⓪ 地板　　　　　〇黒板（こくばん）⓪ 黑板
〇拭く（ふく）⓪ 擦拭　　　　〇掃除（そうじ）⓪ 打扫
〇机（つくえ）⓪ 桌子　　　　〇並べる（ならべる）⓪ 排列

2.

女：これ、貸してくれてもいい？

男：もちろん、どうぞ。

【正解】C

【解析】由关键句"これ、貸してくれてもいい"可知，女子问男子是否可以借给她，男子进行了肯定回答，故答案选 C。

【重点词汇】

〇貸す（かす）⓪ 借出，借给　　〇もちろん② 当然

3.

男：この間、財布を落としたんですよ。

女：あら、そう。それは困ったでしょう。

男：でも、先輩が一緒に交番に出てくれたんです。そこで見つかりました。

女：よかったわね。授業はどう？難しい？

男：はい、よく分からないので、困ることもあります。でも、クラスメートにいつも教えてもらうんです。

女：いいお友達ができてよかったわね。

【正解】C

【解析】由"クラスメートにいつも教えてもらうんです"可知，遇到不懂的问题经常请教同学，因此答案选 C。

【重点词汇】

　　○財布（さいふ）⓪ 钱包　　　　　○落とす（おとす）② 丢失

　　○交番（こうばん）⓪ 派出所　　　○見つかる（みつかる）④ 被找到，被发现

　　○授業（じゅぎょう）① 上课　　　○クラスメート④ 同班同学

　　○教える（おしえる）④ 教

4.

女：きれいなネクタイですね。誰が買ったんですか。

男：鈴木さんです。ご両親が選んでくれたそうです。

【正解】C

【解析】由关键句"鈴木さんです。ご両親が選んでくれたそうです"可知，领带是铃木买的，由铃木的父母挑选的，故选C。

【重点词汇】

　　○ネクタイ① 领带　　　　　　　○選ぶ（えらぶ）② 挑选，选择

5.

女：作文は書きましたか。

男：はい。これです。

【正解】B

【解析】由关键句"作文は書きましたか"可知，是在问作文是否写了，故选项B"老师和学生"更符合该对话场景。

【重点词汇】

　　○作文（さくぶん）⓪ 作文

6.

男：もしもし、田中さんはいらっしゃいますか。

女：すみませんが、山田さんだけです。

男：お願いします。

【正解】B

【解析】由关键句"すみませんが、山田さんだけです"可知，现在只有山田在，故选B。

【重点词汇】

　　○いらっしゃる④ 在　　　　　　○だけ⓪ 只

7.

女：来週の授業で発表しますね。

男：ええ、もとは一緒に発表することができますが。

女：君一人でも成功できると信じています。

【正解】B

【解析】由"君一人でも成功できると信じています"可知，上课发表的人只有男子，故选B。

【重点词汇】

○授業（じゅぎょう）① 上课　　○一緒（いっしょ）⓪ 一起

○信じる（しんじる）③ 相信

8. 9.

女：昼ご飯はどうしよう。

男：近くの店へ食べに行くか。うどんか、ギョーザ。

女：サンドイッチ、買ってくる。その方がはやいし。

男：でも、私は今日ちょっとうどんを食べたい。

女：だったら、食堂でいいじゃない。

男：でも、学校の食堂はちょっとなあ。

女：じゃ、外に行こうか。

男：うん。

【正解】B 和 B

【解析】女子开始提议"买三明治回来吃"和"在食堂吃"，男子都没同意。女子最后说"じゃ、外に行こうか"及男子肯定回答可知，两人最后是在外面吃饭，因此第8题答案选B。由"学校の食堂はちょっとなあ"可知，两人是在学校，因此第9题答案选B。

【重点词汇】

○近く（ちかく）② 近处，附近　　○店（みせ）② 店

○うどん⓪ 乌冬面　　○ギョーザ⓪ 饺子

○サンドイッチ④ 三明治　　○学校（がっこう）⓪ 学校

○食堂（しょくどう）⓪ 食堂　　○外（そと）① 外面

10. 11.

女：鈴木さん、来週の会議のことなんですが。

男：あ、すみません。火曜日でしたっけ。

女：木曜日に変わったんです。

男：あ、はい。

女：それで、松田先生は出席されますけど、遅れて2時半ごろいらっしゃるんですが、山下先生は欠席ということです。

男：はい、分かりました。

【正解】C 和 B

【解析】由"木曜日に変わったんです"可知，会议改到了周四，因此第10题答案选C。由"山下先生は欠席ということです"可知，山下老师缺席，因此第11题答案选B。

【重点词汇】

　　〇火曜日（かようび）② 星期二　　〇木曜日（もくようび）③ 星期四
　　〇変わる（かわる）③ 变化　　　　〇出席（しゅっせき）⓪ 出席
　　〇欠席（けっせき）⓪ 缺席

12. 13.

男：伊藤さん、ちょっと相談があるんだけど。

女：はい、何でしょうか。

男：実は、うちの店員が1人、病気で入院してしまったんだ。それで、かわりにもう一日アルバイトをお願いできないかな。

女：いつですか。

男：今度の日曜日なんだけど。

女：ああ、日曜日ですか。

男：忙しい？

女：ええ、ちょっと。レポートを書かなければ…

【正解】A 和 C

【解析】由"うちの店員""アルバイト""レポート"等关键词可知，会话双方是店长和学生，因此第12题答案选A。由"うちの店員が1人、病気で入院してしまったんだ。それで…"可知，男子之所以拜托女子是因为有一个店员生病住院了，因此第13题答案选C。

【重点词汇】

　　〇相談（そうだん）⓪ 商量　　　　〇実は（じつは）② 其实，原来

○店員（てんいん）⓪ 店员　　○病気（びょうき）⓪ 生病
○入院（にゅういん）⓪ 住院　　○それで⓪ 因此
○かわりに⓪ 代替

14. 15.

女：あのう、店長、お願いがあるんですが。

男：はい、何ですか。

女：明日休ませていただけないでしょうか。

男：えっ？

女：実は明日、両親が田舎から来るんです。それで…

男：急に言われて、店も困るじゃないですか。

女：すみません。

男：今回だけだよ。

【正解】C 和 C

【解析】由"実は明日、両親が田舎から来るんです"可知，明天女子的父母亲从乡下来，因此第14题答案选C。由"急に言われて、店も困るじゃないですか"可知，女子道歉是因为自己突然请假给店里添了麻烦，因此第15题答案选C。

【重点词汇】

○店長（てんちょう）① 店长　　○お願い（おねがい）⓪ 拜托
○両親（りょうしん）① 父母　　○田舎（いなか）⓪ 乡下
○困る（こまる）② 为难　　○今回（こんかい）① 这次
○だけ⓪ 只

九 模拟练习

第一节（共7小题，每小题2分，满分14分）

听下面7段录音，每段录音后有1个小题，从题中所给的 A、B、C 三个选项中选出最佳选项。听完每段录音后，你将有10秒钟的时间回答该小题和阅读下一小题。每段录音仅读一遍。

1. 明日、誰が日本に来ますか。

　　A. 小林さん　　　　B. 山本さん　　　　C. 田中さん

2. 目の小さい人は誰ですか。

  A. 父   B. 姉   C. 弟

3. 週末、映画を見に行くのは誰ですか。

  A. 女の人   B. 男の人   C. 男の人と女の人

4. 男の人は今、何になりたいですか。

  A. 医者   B. サラリーマン   C. 作家

5. 誰が会議に遅れますか。

  A. 小林さん   B. 山本先生   C. 田中先生

6. 誰と誰が話していますか。

  A. 先生と生徒   B. 父と娘   C. 友達同士

7. 女の人は誰と旅行に行くことになりましたか。

  A. 友達   B. 親と兄   C. 友達と兄

第二节（共8小题，每小题2分，满分16分）

  听下面4段录音，每段录音后有2个小题，从题中所给的A、B、C三个选项中选出最佳选项。听每段录音前，你将有时间阅读各个小题，每小题5秒钟；听完后，各小题将给出5秒钟的作答时间。每段录音读两遍。

8. 男の人は誰に怒られましたか。

  A. 先生   B. 弟   C. 母

9. 男の人は今、誰と住んでいますか。

  A. 母   B. 父   C. 兄

10. 肩が痛いのは誰ですか。

  A. 男の子   B. 女の子   C. 医者

11. 男の人は何が難しくないと言っていますか。

  A. 文学   B. 経済学   C. 小説

12. 女の人が見ている人は誰ですか。

  A. 男の妻   B. 男の妹   C. 男の娘

13. 女の人の職業は何ですか。

  A. 医者   B. 作家   C. 記者

14. 携帯を取りに行くのは誰ですか。

  A. 男の人   B. 女の人   C. ほかの人

15. 男の人が苦手なスポーツは何ですか。

　　A. 水泳　　　　　　　　B. テニス　　　　　　　　C. 卓球

🎧 听力原文及解析

1.

男：小林さん、山本さんは明日日本に戻ってくるそうですよ。

女：そうですか。

男：でも、今度は田中さんと一緒じゃないんですが。

女：へえ？そうですか。

【正解】B

【解析】关键句：小林さん、山本さんは明日日本に戻ってくるそうですよ。/ 小林，听说山本明天回日本啊。

2.

女：これはご家族の写真ですか。

男：ええ、そうです。

女：この方は？

男：父です。

女：背が高いですね。隣の目が大きい人は？

男：弟です。父は目が小さいですけど。全然似てないってよく言われますよ。

女：この方はお姉さんですか。すごくきれい、優しそうな方ですね。

【正解】A

【解析】关键句：父は目が小さいですけど。/ 父亲眼睛很小。

3.

女：今週の土曜日、一緒に映画を見に行かない？

男：ちょっと用事があるので、家を出たくないんだ。

女：へえ、そうなんだ。

男：まだ仕事が終わってないんだ。今日はだめ。

女：分かったわよ。一人で見に行くから。

【正解】A

【解析】关键句：分かったわよ。一人で見に行くから。/ 知道了，我一个人去看。

4.

男：将来の夢は何ですか。

女：弁護士になれたらかっこいいなと思っていますが。

男：確かに。弁護士は正義感が強いし、かっこいい職業ですね。私は小さい頃、作家になりたかったんですが、今は普通のサラリーマンになれたら十分満足ですよ。

【正解】B

【解析】关键句：今は普通のサラリーマンになれたら十分満足ですよ。/ 现在如果能成为普通的上班族就很满足了。

5.

女：小林さん、来週の会議のことなんですが。

男：あ、すみません。火曜日でしたっけ。

女：水曜日に変わったんです。

男：あ、はい。

女：それで、山本先生は出席されますけど、遅れて2時半ごろいらっしゃるんですが、田中先生は欠席ということです。

男：はい、分かりました。

【正解】B

【解析】关键句：山本先生は出席されますけど、遅れて2時半ごろいらっしゃるんですが。/ 山本老师虽然出席，但是会迟到，两点半左右来。

6.

男：レポートはまだ終わっていない？

女：うん。なんとか今日中に提出しなくちゃ。

男：勉強も大事だけど、ご飯も食べないとだめだよ。お母さんがせっかく作ってくれたから。

女：分かった。後で行くよ。

【正解】B

【解析】关键句：勉強も大事だけど、ご飯も食べないとだめだよ。お母さんがせっかく作ってくれたから。/ 虽然学习也很重要，但是不吃饭也不行啊。你妈特意给你做了饭。

7.

女：来週友達と北海道へ旅行に行くけど、お兄ちゃんも一緒に行かない？
男：僕は友達と約束があったから、無理だよ。お母さんとお父さんに聞いてみたら？
女：仕事があるから、無理だって。
男：しょうがないなあ…友達に聞いてみる、約束はあとにして。
女：楽しみ！

【正解】C

【解析】关键句：しょうがないなあ…友達に聞いてみる、約束はあとにして。/ 没办法啊，我问一下朋友，把约定延后。

8. 9.

女：また怒られたの？
男：そうなんだよ。
女：どうしたの？
男：遊んでばかりで、全然家事を手伝ってくれないって。
女：あらら、それは怒られてもおかしくないわ。ところで、お父さんも一緒に住んでいる？
男：実は、父は最近、転勤で東京にいる。今は私と母だけ。
女：ああ、そうですか。

【正解】C 和 A

【解析】关键句：今は私と母だけ。/ 现在只有我和妈妈。

10. 11.

男：昨日肩が痛くなってさ、お医者さんに診てもらったんだ。
女：どうだった？
男：たぶん疲れてたからかなあ。最近勉強しすぎかも、休めばすぐ治るらしい。
女：よかった。何を読んでるんですか。
男：経済学の本。
女：すごいですね。こんなに難しいものを読むなんて。

男：専門は経済学ですから、そんなに難しくないよ。むしろ、小説や文学の方が僕にとって分かりにくい。

【正解】A 和 B

【解析】关键句：①昨日肩が痛くなってさ、お医者さんに診てもらったんだ。/ 昨天肩膀疼，去看了医生。②専門は経済学ですから、そんなに難しくないよ。/ 专业是经济学，不那么难哦。

12. 13.

女：あそこの方、奥さんじゃないの？誰かと話してるみたい。

男：あ、うちの娘だ。こんなところで何をしてるんだ。

女：ああ、娘さんですか。今は学生ですか。

男：ええ、湘南大学の学生です。専門は木村さんと同じ、文学です。

女：そうですか。

男：ところで、新しい作品、うまくいってますか。

女：ええ、だいぶ進んできました。

男：どんな物語ですか。

女：一人のお爺さんと一匹の猫の話です。

男：おもしろそうな感じ。楽しみですね。

【正解】C 和 B

【解析】关键句：①あ、うちの娘だ。/ 啊，是我女儿。②ところで、新しい作品、うまくいってますか。/ 话说回来，新作品进展顺利吗？③一人のお爺さんと一匹の猫の話です。/ 是一个老爷爷和一只猫的故事。

14. 15.

女：来週のスポーツ大会の件ですけど、テニスの試合に参加しますか。

男：ぜひ参加させてください。

女：了解です。健君はスポーツが上手ですよね。どのスポーツが好きですか。

男：そんなに上手ではないよ。卓球ならそこそこできると思います。水泳ちょっと苦手です。

女：そうですか。これからどうするつもりですか。ご飯を食べに行かない？

男：うう、行く。あ、しまった！携帯を家に忘れた。今日は大事な面接の連絡が来るんって。

女：えっ、どうしよう。

男：困ったなあ。取りに行くしかないか。

女：代わりに取りに行ってあげてもいいけど、今日の夕食、おごってもらえるよね。

男：分かった。ありがとう。

【正解】B 和 A

【解析】关键句：①代わりに取りに行ってあげてもいいけど、今日の夕食、おごってもらえるよね。／我代你去取手机，但是今天晚饭你请客哦。②水泳ちょっと苦手です。／不太擅长游泳。

专题四　なに

一　题型介绍

本专题涉及与事件、动作相关的日语表达。听力内容一般是在闲暇生活、工作等场景中展开。在历年高考日语真题中，对此类型的题目进行考查时，A、B、C三个选项要么是动作，如"家に帰る""映画を見る"等，要么是适用于题干动词的名词，如"読書""スポーツ""掃除""パーティー"等。

二　常见提问形式

1. ～（これから / まず）何をしますか。
2. ～何をしていますか / しましたか。
3. ～何をしなければなりませんか。
4. ～どんなことをしましたか。
5. ～どんなパーティー / ことがありますか。
6. ～はどうしようとしていますか。
7. ～何をしに行きますか。

三　常见词汇

1. 动作、事件

行く（いく）⓪	去, 走	出かける（でかける）⓪	出门, 外出
迎える（むかえる）⓪	迎接	帰る（かえる）①	回来
見る（みる）①	看, 观看	聞く（きく）⓪	听；问
出る（でる）①	出来；到达	話す（はなす）②	说
飛ぶ（とぶ）⓪	飞	読む（よむ）①	读
休む（やすむ）②	休息	待つ（まつ）①	等待
働く（はたらく）⓪	工作	走る（はしる）②	跑

（续表）

来る（くる）①	来	頼む（たのむ）②	拜托，请求
食べる（たべる）②	吃	見送る（みおくる）⓪③	目送
起きる（おきる）②	起床；醒着	出す（だす）①	拿出，取出；寄；提交
習う（ならう）②	学习	立つ（たつ）①	站立
座る（すわる）⓪	坐	通う（かよう）⓪	来往
泳ぐ（およぐ）②	游泳	誘う（さそう）⓪	邀请
過ごす（すごす）②	度过	悩む（なやむ）②	烦恼
借りる（かりる）⓪	借进	貸す（かす）⓪	借出
パーティー①	聚会，派对	アルバイト③	打工
ハイキング①	远足	テスト①	测试

2. 时间

今（いま）①	现在	前回（ぜんかい）①	上次
前（まえ）①	前	この前（このまえ）③	上次，前次，最近
夏休み（なつやすみ）③	暑假	休み（やすみ）③	休息

3. 顺序

まず①	首先	最初（さいしょ）⓪	最初，起先
最近（さいきん）⓪	最近	始め（はじめ）⓪	开始，开头
第一（だいいち）①	第一	そして⓪	然后，于是
次に（つぎに）②	其次，接着	それから⓪	其次，还有
その後（そのご）⓪	以后，后来	最後（さいご）①	最后，最终

四 必备句型和表达

▶ **1. 〜かもしれない　也许……，有可能……**

说明：表示说话人可能性不高的推测。

例句：病院へ行っているかもしれないから。／因为有可能去了医院。

▶ **2. 〜ませんか　一起……吧，不……吗？**

说明：邀请对方一起做某事或者劝导对方进行某种行为时使用。

例句：ついでに葉書を買ってきてくれませんか。/ 可以顺便帮我买张明信片回来吗？

▶ 3. ～かな　……啊，……吗？

说明：表示感叹、疑问或愿望。

例句：王さんは休みですね。病気かな。/ 小王休息，生病了吗？

▶ 4. ～て / てください　请……

说明：表示轻微命令。

例句：ちょっと待って。/ 请等一下！

▶ 5. ～ようにする　要做到……，设法做到……

说明：表示为了实现某种状态而做某事。

例句：それについて質問をするようにしてください。/ 尽量就此提问。

五　真题示例

例题　2 人はこれからまず何をしますか。【2021 年第 2 题】

　　A. 病院へ行く。　　　B. 王さんの家へ行く。　　　C. 王さんに電話をかける。

【正解】C

【解析】本题问的是两人接下来先做什么。小王没有来上课，女子询问老师之后得知小王感冒了。男子建议去探访。由 "行く前に電話したほうがいいわよ" 可知，去之前打个电话的好，故正确答案选 C。这道题出现了很多干扰项，要抓住重点动词及表达时间先后的词，准确排除干扰项。

【原文】

男：王さん、今日休んでたね。病気かな。

女：先生に聞いたら、風邪らしいって。

男：お見舞いに行こうかな。一緒に行かない？

女：ええ、でも、行く前に電話したほうがいいわよ。病院へ行っているかもしれないから。

男：そうだね。

【重点词汇】

〇病気（びょうき）⓪　病，疾病　　　　〇風邪（かぜ）⓪　感冒，伤风

〇お見舞い（おみまい）⓪　探望　　　　〇かもしれない⑤　可能，也许

六 解题技巧

（1）阅读题目，熟悉每个选项的读音，找准关键词。从题目"まず"分析可能与事件先后顺序有关。

（2）找关键句需要结合选项进行判断，需特别注意转折和否定的表达形式。

七 真题演练

第一节（共3小题）

听下面3段录音，每段录音后有1个小题，从题中所给的A、B、C三个选项中选出最佳选项。听完每段录音后，你将有10秒钟的时间回答该小题和阅读下一小题。每段录音仅读一遍。

1. 男の人はこれからまず何をしますか。【2008年第2题】

　　A. 売店に行く。　　　B. パンを食べる。　　　C. コーヒーを飲む。

2. 男の人は今何をしていますか。【2018年第5题】

　　A. 髪を切っている。　B. 運動をしている。　　C. 写真を撮っている。

3. 女の人は何をしていますか。【2013年第4题】

　　A. 笑って返事をしています。

　　B. 手を振って返事しています。

　　C. 大声で叫んで返事しています。

第二节（共2小题）

听下面1段录音，每段录音后有2个小题，从题中所给的A、B、C三个选项中选出最佳选项。听每段录音前，你将有时间阅读各个小题，每小题5秒钟；听完后，各小题将给出5秒钟的作答时间。每段录音读两遍。

4. この練習の目的はなんですか。【2008年第14题】

　　A. 上手に話すため　　B. 上手に質問をするため　　C. 上手に人の話を聞くため

5. この練習では、聞く人は何をしますか。【2008年第15题】

　　A. 質問をする。　　　B. 話をする。　　　C. 話を他の人に伝える。

🎧 听【真题演练】录音，将下列会话补充完整。

1.

女：田中さん、（　　　）がないですね。どうしたんですか。
男：夕べ、（　　　）で2時にやっと帰ったので、（　　　）てしかたがないんだ。
女：朝ご飯はちゃんと食べましたか。
男：まだ。（　　　）で我慢する。
女：だめだめ。おなかが空いた時に、コーヒーなんて、体に悪いですよ。（　　　）でも食べてからコーヒーにすれば。
男：分かった分かった。今パンと牛乳を（　　　）から、それでいいだろ？
女：いってらっしゃい。

2.

女：この写真のように（　　　）してください。
男：はい。（　　　）のはお嫌いですか。
女：そうでもないけど、友達がみんな（　　　）だし、（　　　）の時はさっぱりしていて。
男：はい、分かりました。

3.

男：あれっ、（　　　）なのか。
女：いいえ、向こうが（　　　）から、こうして（　　　）してるだけ。
男：何だ。君は先から手を（　　　）、本当に馬鹿だね。笑われるよ。

4.5.

男：今日はコミュニケーションの（　　　）をしましょう。コミュニケーションと言っても、これは、主に（　　　）ほう、つまり、人の話を（　　　）に聞くための練習です。まず、グループに分かれて、1人3分ずつ、あることについて話してもらいます。その間、聞いている人は「あなたの話をちゃんと聞いていますよ」ということを示すために、相手の（　　　）うなずいたりしてください。相手の話が終わったら、聞いていた人は（　　　）をしてください。この時、（　　　）

人が一番（　　　）としたことをまとめて、それについて質問をするようにしてください。

🎧 听力原文及解析

1.

女：田中さん、（元気）がないですね。どうしたんですか。

男：夕べ、（アルバイト）で2時にやっと帰ったので、（眠く）てしかたがないんだ。

女：朝ご飯はちゃんと食べましたか。

男：まだ。（コーヒー）で我慢する。

女：だめだめ。おなかが空いた時に、コーヒーなんて、体に悪いですよ。（パン）でも食べてからコーヒーにすれば。

男：分かった分かった。今パンと牛乳を（買ってくる）から、それでいいだろう？

女：いってらっしゃい。

【正解】A

【解析】由"おなかが空いた時に、コーヒーなんて、体に悪いですよ。パンでも食べてからコーヒーにすれば"和"今パンと牛乳を買ってくるから、それでいいだろう"可知，女子建议男子吃面包后再喝咖啡，男子说现在就去买面包和牛奶回来，故选择A。

【重点词汇】
- 夕べ（ゆうべ）⓪ 昨晚
- 眠くてしかたがない 非常困
- ちゃんと⓪ 端正，规规矩矩
- 我慢（がまん）① 忍受
- だめ⓪ 不行
- お腹が空く 肚子饿
- 体に悪い 对身体不好
- パン① 面包
- 牛乳（ぎゅうにゅう）⓪ 牛奶

2.

女：この写真のように（短く）してください。

男：はい。（長い）のはお嫌いですか。

女：そうでもないけど、友達がみんな（短い髪）だし、（運動）の時はさっぱりしていて。

男：はい、分かりました。

【正解】A

【解析】题目问的是男子在做什么。原文中开头就出现了关键句"短くしてください"，后面又出现"短い髪"，可以推断出会话进行的场所是理发店，所以选 A。

【重点词汇】

○髪（かみ）⓪ 头发　　　　　○運動（うんどう）⓪ 运动

○さっぱり③ 利落，爽快

3.

男：あれっ、（知り合い）なのか。

女：いいえ、向こうが（手を振っている）から、こうして（返事）してるだけ。

男：何だ。君は先から手を（上げていて）、本当に馬鹿だね。笑われるよ。

【重点词汇】

○知り合い（しりあい）⓪ 相识　　○手を振る（てをふる）挥手

○手を上げる（てをあげる）举手　　○返事（へんじ）③ 答应，回答

【正解】B

【解析】由关键句"向こうが手を振っているから、こうして返事してるだけ"可知，因为对方挥手，所以女子挥手回应，故答案选 B。

4. 5.

男：今日はコミュニケーションの（練習）をしましょう。コミュニケーションと言っても、これは、主に（聞く）ほう、つまり、人の話を（上手）に聞くための練習です。まず、グループに分かれて、1 人 3 分ずつ、あることについて話してもらいます。その間、聞いている人は「あなたの話をちゃんと聞いていますよ」ということを示すために、相手の（目を見て）うなずいたりしてください。相手の話が終わったら、聞いていた人は（質問）をしてください。この時、（話した）人が一番（伝えよう）としたことをまとめて、それについて質問をするようにしてください。

【正解】C 和 A

【解析】由关键句"つまり、人の話を上手に聞くための練習です"可知，这是为了让人擅长倾听的练习，故第 4 题正确答案为选项 C。在会话中我们还听到"聞いている人は「あなたの話をちゃんと聞いていますよ」ということを示すために、相手の目を見てうなずいたりしてください。相手の話が終わったら、聞いていた人は質問をしてください"。听者为了表示"我在听你说"，要看着对方的眼睛点头。对方说完后，听者请提问。故得

知在做听者时首先要看着对方眼睛点头，对方结束讲话后你需要提问。第 5 题选项中没有看着对方眼睛点头的选项，只有 A 项是提问，故选 A。

【重点词汇】

○コミュニケーション④ 沟通，交流　　○主に（おもに）① 主要，多半

○グループ② 小组　　　　　　　　　○分かれる（わかれる）③ 分开；区分

○その間（そのあいだ）⓪ 就在这时　○示す（しめす）②⓪ 出示，表示

○相手（あいて）③ 对手，对方　　　○うなずく③⓪ 点头，首肯

○伝える（つたえる）⓪ 传达，转告　○まとめる③ 集中；做完

八 真题练习

第一节（共 7 小题，每小题 2 分，满分 14 分）

听下面 7 段录音，每段录音后有 1 个小题，从题中所给的 A、B、C 三个选项中选出最佳选项。听完每段录音后，你将有 10 秒钟的时间回答该小题和阅读下一小题。每段录音仅读一遍。

1. 男の人はどんなことをしましたか。【2014 年第 2 题】

　A. 聞違い電話をしました。

　B. 鈴木さんの家に電話をしました。

　C. 高橋さんの電話番号を聞きました。

2. 女の人は男に何を頼みましたか。【2011 年第 5 题】

　A. 荷物の整理　　　B. アパート探し　　　C. 引越しの手伝い

3. 男の人はこれから何をしますか。【2014 年第 5 题】

　A. りんごを用意します。

　B. りんごを持って帰ります。

　C. りんごをすぐに食べます。

4. 男の人はこれから何をしますか。【2005 年第 5 题】

　A. テープレコーダーを 5 台返す。

　B. テープレコーダーを 5 台借りてもらう。

　C. テープレコーダーが借りられるかどうか聞く。

5. 女の人は夏休みに何をしましたか。【2012年第5题】

　　A. 国へ帰った。

　　B. 暑い国へ旅行にいった。

　　C. 日本の涼しいところへ行った。

6. 男の人はこれから何をしますか。【2012年第6题】

　　A. 掃除をする。　　　B. テレビを見る。　　　C. 机の上を片付ける。

7. タケシさんは今何をしていますか。【2012年第7题】

　　A. 寝ている。　　　B. 勉強している。　　　C. テニスの練習をしている。

第二节（共8小题，每小题2分，满分16分）

听下面4段录音，每段录音后有2个小题，从题中所给的A、B、C三个选项中选出最佳选项。听每段录音前，你将有时间阅读各个小题，每小题5秒钟；听完后，各小题将给出5秒钟的作答时间。每段录音读两遍。

8. 女の子はあした何をしますか。【2009年第10题】

　　A. 友達を迎えに行く。　B. 先生に会いに行く。　C. 論文を発表する。

9. 男の人はいつ発表しますか。【2009年第11题】

　　A. きょう　　　　　B. あした　　　　　C. 来週の月曜日

10. 女の人はこれから何をしますか。【2017年第12题】

　　A. 掃除をする。　　　B. お茶をいれる。　　　C. 鈴木さんの家に行く。

11. 男の人はまず何をしますか。【2017年第13题】

　　A. 果物を買う。　　　B. ごみを出す。　　　C. お客さんを迎える。

12. 男の人はどの国へ行きますか。【2018年第10题】

　　A. アメリカ　　　　　B. イギリス　　　　　C. オーストラリア

13. 男の人はその国へ何をしに行きますか。【2018年第11题】

　　A. 留学に行く。　　　B. 仕事に行く。　　　C. 父に会いに行く。

14. 先生の本は今どこにありますか。【2012年第8题】

　　A. 先生のところ　　　B. 鈴木さんのところ　　　C. 佐藤さんのところ

15. 鈴木さんはこれから何をしますか。【2012年第9题】

　　A. 先生に本を返す。

　　B. 図書館から本を借りる。

　　C. 佐藤さんから本を借りる。

听力原文及解析

1.

女：はい。

男：もしもし。田中と申しますが、鈴木さんのお宅でしょうか。

女：は？

男：あのう、鈴木さんのお宅じゃありませんか。

女：高橋ですけど。

男：あ、番号間違えました。どうも失礼しました。

女：いいえ。

【正解】A

【解析】由关键句"あ、番号間違えました。どうも失礼しました"可知，男子打错了电话，故答案选 A。

【重点词汇】

　　○お宅（おたく）⓪ 家，府上　　　　○番号（ばんごう）③ 号码

　　○間違える（まちがえる）③ 弄错

2.

女：林さん、ちょっと、いい？

男：うん。何？

女：あのう、新しいアパートが見つかったんだけど。

男：あ、そう。

女：引っ越し、手伝ってもらえない？

男：いいよ。

女：ありがとう。助かるわ。

【正解】C

【解析】由"引っ越し、手伝ってもらえない"可知，女子请男子帮忙搬家，故此题的正确答案为 C。

【重点词汇】

　　○アパート② 公寓　　　　　　　　○見つかる（みつかる）⓪ 找到

○引っ越し（ひっこし）⓪ 搬家　　○手伝う（てつだう）③ 帮忙，帮助

○助かる（たすかる）③ 得救，脱险

3.

男：じゃあ、そろそろ失礼します。

女：ちょっと、待って。自分の庭のリンゴだけど、持って帰って。

男：ええ、嬉しいな。リンゴ、大好きなんですよ。

女：すぐ用意するからね。

男：すみません。

【正解】B

【解析】题目问的是男子之后做什么。女子对男子说把苹果拿回家吧，男子表示非常喜欢苹果。那接下来的行为就是带苹果回家，所以选B。

【重点词汇】

○リンゴ⓪ 苹果　　　　　　　○用意（ようい）① 准备

4.

女：あっ、それからテープレコーダーのほうなんですが。

男：うん。

女：これもセンターのが借りられるんじゃないかと。

男：あ、そうだね。じゃ、センターにはぼくから聞いておくよ。5台だったね。

女：はい、そうです。よろしくお願いします。

【正解】C

【解析】由"じゃ、センターにはぼくから聞いておくよ"可知，男子说他去问下租借中心，所以选C。

【重点词汇】

○テープレコーダー⑤ 磁带录音机　　○センター① 中心

○借りる（かりる）⓪ 借用

5.

男：リンナさんは、夏休みに国へ帰りましたか。

女：いいえ、帰りませんでした。

男：じゃあ、アルバイトでもしたんですか。
女：いいえ、両親が来て一緒に日本の北の方へ行きました。私の国は一年中暑いですから。
男：どうでしたか。
女：とても涼しくて、よかったです。

【正解】C

【解析】由"とても涼しくて、よかったです"可知，女子和父母一起去了凉爽的地方，故选 C。

【重点词汇】
　　○両親（りょうしん）① 父母　　　○一緒に（いっしょに）⓪ 一起
　　○暑い（あつい）② 热　　　　　　○涼しい（すずしい）③ 凉快，凉爽

6.

男：お母さん、忙しそうだね。僕もちょっと手伝うか。掃除を。
女：いいんだよ。もうすぐ終わるから。
男：そう。じゃあ、テレビ見ていい？
女：あっ、そっちの机の上を片付けてからはどう？
男：はい、分かった。

【正解】C

【解析】由关键句"そっちの机の上を片付けてからはどう"可知，男子接下来收拾桌子，故正确选项为 C。

【重点词汇】
　　○もうすぐ ③ 马上，将要　　　　○片付ける（かたづける）④ 整理
　　○手伝う（てつだう）③ 帮忙，帮助　○掃除（そうじ）⓪ 打扫

7.

男：タケシは今晩もテニスの練習？
女：いえ、もう寝てますよ。
男：えっ、まだ7時だよ。
女：明日大事なテストがあるから、10時に起きて、朝まで勉強するって。
男：ああ、そう。

【正解】A

【解析】由关键句"もう寝てますよ"可知，タケシ已经睡了，故正确选项为 A。

【重点词汇】

○今晩（こんばん）① 今晩　　　　○テニス① 网球
○練習（れんしゅう）⓪ 练习　　　○大事（だいじ）⓪ 重要
○テスト① 测试，考试

8. 9.

女：鈴木さん、すみませんが、明日の発表には出られなくなって。
男：どうして？
女：明日午前10時に、空港まで中国人の友達を迎えに行きますから。
男：あ、そうですか。
女：木村先生に電話でお話したら、私の発表は来週の月曜日に変えてくださいました。
男：はい。それで。
女：先生は「明日は鈴木さんに発表してもらおう」とおっしゃっていましたので、よろしくお願いします。
男：はい、分かりました。

【正解】A 和 B

【解析】由关键句"明日午前10時に、空港まで中国人の友達を迎えに行きますから"可知，女子明天上午10点，要去机场迎接从中国来的朋友，所以第8题选A。由"先生は「明日は鈴木さんに発表してもらおう」とおっしゃっていましたので、よろしくお願いします"可知，明天铃木发表，故第9题选B。

【重点词汇】

○発表（はっぴょう）⓪ 发表　　　○出る（でる）① 出去，参加
○どうして① 为什么　　　　　　　○空港（くうこう）⓪ 机场
○迎える（むかえる）⓪ 迎接　　　○変える（かえる）⓪ 改变，变更
○おっしゃる③ 说，讲，叫

10. 11.

女：あなた、鈴木さんが今、家に来ると言っていましたよ。もう駅に着いたって。
男：ほんとう？じゃあ、部屋を掃除しなきゃ。

女：それは私がやりますから、迎えに行ってよ。

男：そうだね。ついでに果物でも買ってこようか。

女：お茶とお菓子があるから、果物はいいわ。それより、まずごみを出して？

男：はーい。

【正解】A 和 B

【解析】男子说"部屋を掃除しなきゃ"，由女子回答"それは私がやります"可知，女子要打扫房间，故第 10 题选 A。由"それより、まずごみを出して"可知，男子先扔垃圾，故第 11 题选 B。

【重点词汇】

○～なきゃ＝なければならない 必须　　○ついでに⓪ 顺便，顺手
○果物（くだもの）② 水果，鲜果　　○お茶（おちゃ）⓪ 茶
○お菓子（おかし）② 点心，糕点　　○ゴミを出す 扔垃圾

12. 13.

女：山田さん、来年からイギリスへ行くんですって、本当ですか。

男：はい。最初はイギリスかオーストラリアか、ずいぶん迷っていたんだけど…

女：アメリカへ行く人もけっこう多いようですが…留学ですか。

男：はい。

女：イギリスが特に好きですか。

男：そうだね。父の仕事の関係で、僕は小さいころ、そこに２年間住んでいたから、それが懐かしくて、懐かしくて、ぜひもう１度行って見たいんだ。

女：いいですね。私も外国へ留学に行きたいなあ。

【正解】B 和 A

【解析】女子问男子是否去英国，男子回答"はい"，故第 12 题选 B。女子问是否也去留学，男子也回答"はい"，故第 13 题选 A。

【重点词汇】

○イギリス⓪ 英国　　　　　　　　　○最初（さいしょ）⓪ 最初
○ずいぶん① 非常，太　　　　　　　○オーストラリア⑤ 澳大利亚
○アメリカ⓪ 美国　　　　　　　　　○けっこう① 很，非常
○特に（とくに）① 特别　　　　　　○関係（かんけい）⓪ 关系
○懐かしい（なつかしい）④ 怀念

14. 15.

男：先生、今ちょっとよろしいですか。

女：あ、鈴木さん。いいですよ。

男：この間、授業で紹介してくださった『文化の歴史』という本を貸していただけませんか。

女：あ、あの本ですか。佐藤さんに貸しましたよ。

男：そうですか。

女：佐藤さんが読み終わったら、佐藤さんから借りてください。あっ、図書館にもあると思いますよ。

男：そうですか。じゃあ、今から図書館へ行って探してみます。どうもありがとうございます。

【正解】C 和 B

【解析】由关键句"あの本ですか。佐藤さんに貸しましたよ"可知，那本书借给佐藤了，故第 14 题选 C。由"今から図書館へ行って探してみます"可知，男子接下来要去图书馆里找找，故第 15 题选 B。

【重点词汇】

○よろしい ③ 好，行，可以　　　　○紹介（しょうかい）⓪ 介绍

○文化（ぶんか）① 文化　　　　　○歴史（れきし）⓪ 历史

○貸す（かす）⓪ 借出　　　　　　○借りる（かりる）⓪ 借入

○探す（さがす）⓪ 查找

九 模拟练习

第一节（共 7 小题，每小题 2 分，满分 14 分）

听下面 7 段录音，每段录音后有 1 个小题，从题中所给的 A、B、C 三个选项中选出最佳选项。听完每段录音后，你将有 10 秒钟的时间回答该小题和阅读下一小题。每段录音仅读一遍。

1. 女の子は明日の午後、何をしますか。

　　A. 映画を見ます。　　　　B. 掃除します。　　　　C. 勉強します。

2. 皆さんは初めに何をしますか。

　　A. 公園で遊ぶ。　　　　B. 切符を買う。　　　　C. 映画を見る。

3. これから男の人は何をしますか。

　　A. ご飯を入れる。　　　B. 窓を開ける。　　　　C. 洗濯する。

4. 女の人はこれから何をしますか。

　　A. 先生に聞いてみる。　B. 友達に教えてもらう。　C. 自分でやってみる。

5. 学生は、これから何をしますか。

　　A. 宿題を書きます。　　B. 作文を書きます。　　C. 宿題を出します。

6. 男の子はこれからどうしますか。

　　A. 会社に行く。　　　　B. 資料を準備する。　　C. 家に帰る。

7. 女の人はこれから何をしますか。

　　A. 掃除する。　　　　　B. 買い物する。　　　　C. 仕事をする。

第二节（共 8 小题, 每小题 2 分, 满分 16 分）

听下面 4 段录音,每段录音后有 2 个小题,从题中所给的 A、B、C 三个选项中选出最佳选项。听每段录音前,你将有时间阅读各个小题,每小题 5 秒钟；听完后,各小题将给出 5 秒钟的作答时间。每段录音读两遍。

8. 女の人は誰と映画を見ましたか。

　　A. 両親

　　B. お姉さんと両親

　　C. お姉さんと両親とお兄さん

9. 男の人は先週何をしましたか。

　　A. 映画を見ました。

　　B. 病院へ行きました。

　　C. 家で掃除をしました。

10. 二人は誰のためにプレゼントを選んでいますか。

　　A. お姉さん　　　　　B. お母さん　　　　　C. お兄さん

11. 最後、何にしますか。

　　A. スカートと帽子

　　B. 帽子とマフラー

　　C. スカートとマフラー

12. この学生は何冊借りましたか。

　　A. 7冊　　　　　　　　B. 2冊　　　　　　　　C. 5冊

13. この学生は図書館で何をしましたか。

　　A. 本に名前を書きました。

　　B. 本と雑誌を借りました。

　　C. 紙に本の名前を書きました。

14. 学生はなにについて勉強しますか。

　　A. 日本の建物　　　　　B. パソコン　　　　　　C. 必要な本

15. 先生が話しています。学生は初めに何をしますか。

　　A. クラスで勉強する。　B. パソコンで調べる。　C. 本を借りる。

🎧 听力原文及解析

1.

男：明日の午後、一緒に映画を見に行きますか。

女：すみません、わたしはちょっと…

男：忙しいですか。

女：ええ、午前は洗濯したり、部屋の掃除をしたりします。午後は勉強します。来週はテストがあります。

男：そうですか。残念ですね。

【正解】C

【解析】关键句：午後は勉強します。／下午学习。

2.

女：皆さん、こんにちは。この森の公園で遊ぶ前に、映画を見ながら勉強します。この公園では切符が要りますから、初めに切符を買ってきてください。それから、映画を見ましょう。

【正解】B

【解析】关键句：この公園では切符が要りますから、初めに切符を買ってきてください。／这个公园需要票，请先买票来。

3.

女：ただいま。

男：お帰り。ご飯、食べる。

女：ありがとう。

男：先、ご飯を入れるから、ちょっと待ってて。

女：あ、ごめん。窓開けて。今日は風が気持ちいいから。じゃあ、ご飯は私入れるわ。

【正解】B

【解析】关键句：あ、ごめん。窓開けて。/ 啊，请开一下窗。

4.

男：先週の宿題はできましたか。

女：ええと、ちょっとわからないところがあって、教えていただけませんか。

男：いいですが、宿題が終わりましたか。

女：いいえ、難しいですから。友達にも聞いてもらったんですが、やっぱりわからないんです。

男：そうですか。じゃ、まず、自分で書いてみてください。

【正解】C

【解析】关键句：まず自分で書いてみてください。/ 首先自己试着写一下。

5.

男：皆さん、こんにちは。授業を始めますよ。今日は作文について勉強しましょう。まず、授業を始める前に、昨日の宿題をここに出してください。

【正解】C

【解析】关键句：まず、授業を始める前に、昨日の宿題をここに出してください。/ 首先，上课之前，请把昨天的作业交到这里。

6.

女：山田さん、どこへ行くんですか。家に帰りますか。

男：いいえ、明日の会議の資料が準備できなかったので、今会社に行きます。

【正解】A

【解析】关键句：明日の会議の資料が準備できなかったので、今会社に行きます。/ 明天的会议资料没有准备好，所以我现在去公司。

7.

男：お母さん、今何時？

女：いまか。もう10時になるよ。

男：あ、大変だ。今日は学校にいかなきゃ。午前は部活動があってそのままじゃ、間に合わないな。

女：いつ？私はあとでスーパーに買い物に行くけど、その後、車で学校に送ります。

男：10時半です。助かった、お母さん、ありがとう。

【正解】B

【解析】关键句：私はあとでスーパーに買い物に行くけど、その後、車で学校に送ります。/ 我等会要去超市买东西，然后开车送你去学校。

8. 9.

女：先週家族と面白い映画を見ました。

男：いいですね。お姉さんと見ましたか。

女：ええ、ちょうど姉は休みですから、両親も一緒。

男：そうですか。お兄さんは？

女：兄は家にいませんでした。

男：なるほど、私も映画を見たかったんだけど。熱があって、病院へ行きました。

女：ええ、大丈夫ですか。

男：ありがとう、今はもう大丈夫ですよ。

女：よかったですね。

【正解】B 和 B

【解析】由关键句"ちょうど姉は休みですから、両親も一緒"和"兄は家にいませんでした"可知，女子和父母还有姐姐看了电影，故第8题选B。由关键句"熱があって、病院へ行きました"可知，男子发烧去了医院，故第9题选B。

10. 11.

女：お姉さんの誕生日プレゼント、どうしようか。

男：最近スカートが好きみたいよ。

女：スカートか。長いのがいいよね。

男：そうよ、後はそれに合う帽子？

女：帽子はちょっと、この前もう買ったじゃない。マフラーはどう？

男：うん、そうしよう。

【正解】A 和 C

【解析】由关键句"お姉さんの誕生日プレゼント、どうしようか"可知，两人为姐姐挑选生日礼物，故第 10 题选 A。由关键句"スカートか。長いのがいいよ""マフラーはどう"以及男子的肯定回答可知，第 11 题答案选 C。

12．13．

男：すみません、この本を借りたいです。

女：学生証を見せてください。

男：はい。

女：はい、では、ここに名前とクラスを書いてください。

男：はい、書きました。この 7 冊を貸してください。

女：ああ、学生は 5 冊までです。

男：そうですか。では、この 2 冊は借りません。

女：分かりました、では、こちらの本は一ヶ月、雑誌は 2 週間で返してくださいね。

男：はい、分かりました。

【正解】C 和 B

【解析】由关键句"学生は 5 冊までです"可知，学生最多借 5 本，故第 12 题选 C。由关键句"こちらの本は一ヶ月、雑誌は 2 週間で返してくださいね"可知，这边的书本一个月内归还，杂志两周内归还，故第 13 题选 B。

14．15．

男：今日は、日本の建物について勉強します。クラスで勉強する前に、パソコンで調べてみましょう。それから、図書館に行って、必要な本を借りてください。そして、教室に戻って話し合います。

【正解】A 和 B

【解析】由关键句"今日は、日本の建物について勉強します"可知，今天学习日本建筑物，故第 14 题选 A。由关键句"勉強する前に、パソコンで調べてみましょう"可知，学习之前，试着通过电脑查找，故第 15 题选 B。

专题五　どうして、なぜ、なんで

一　题型介绍

"どうして、なぜ、なんで"是询问原因的疑问词。高考日语听力几乎每年都会有考查原因、理由的题目。从历年高考日语听力真题来看，主要集中考查做某件事情的原因或理由，选项中会有表示原因的表达方式，如"～から""～ため"等。需要考生结合原因、理由相关的表达形式来获取解题信息。

二　常见提问形式

1. ～どうして～のですか。
2. ～なぜ～です／ますか。
3. なんで～のか。
4. なぜ～ませんか。
5. ～理由／原因／目的はなんですか。

三　常见词汇

1. 原因

なぜ①	为什么	どうして①	为什么
それとも③	或者	それで⓪	因此
そこで⓪	因此	だから①	因此
そのため⓪	因此	その結果（そのけっか）⓪	结果
理由（りゆう）⓪	理由	原因（げんいん）⓪	原因
なぜなら①	是因为……	というのは①	是因为……

2. 状态

形容词(反义词)

うまい②	好吃的；顺利	まずい②	难吃的

（续表）

高い（たかい）②	高	低い（ひくい）②	低
多い（おおい）①	多	少ない（すくない）③	少
新しい（あたらしい）④	新	古い（ふるい）②	旧
大きい（おおきい）③	大	小さい（ちいさい）③	小
遠い（とおい）⓪	远	近い（ちかい）②	近的
広い（ひろい）②	广阔,宽敞	狭い（せまい）②	狭窄的
悪い（わるい）②	坏的,不好	いい①	好的
暖かい（あたたかい）④	暖和的;有爱心	涼しい（すずしい）③	凉的,凉快的
賑やか（にぎやか）②	热闹的	静か（しずか）①	安静的
好き（すき）②	喜欢	嫌い（きらい）⓪	讨厌
面白い（おもしろい）④	有趣的	つまらない③	无聊的
得意（とくい）②	擅长	苦手（にがて）⓪	难对付,不擅长

其他

困る（こまる）②	困扰	いろいろ⓪	各种各样
環境（かんきょう）⓪	环境	有難い（ありがたい）④	难得的
寂しい（さびしい）③	寂寞的,冷清的	痛い（いたい）②	痛的
邪魔（じゃま）⓪	妨碍	普通（ふつう）⓪	一般,普通
残念（ざんねん）⓪	遗憾;后悔	～に向（む）いている	适合
大切（たいせつ）⓪	重要的	病気（びょうき）⓪	生病
大好き（だいすき）①	最喜欢,很喜欢	無駄（むだ）⓪	没用,浪费
大丈夫（だいじょうぶ）③	没关系	寂しい（さびしい）③	寂寞的
急に（きゅうに）⓪	突然	危ない（あぶない）③	危险
忙しい（いそがしい）④	忙,忙碌	いけない③	不好;不行

3. 程度

もっと①	更加	一番（いちばん）⓪	第一,最
なかなか⓪	相当;怎么也（不）	大変（たいへん）⓪	非常
ぜんぜん⓪	完全（不）	ずっと⓪	……得多;一直
よく①	经常	とくに①	特别

（续表）

ほとんど②	几乎	ずいぶん①	相当，非常
あまり⓪	（不）太	かなり①	颇，相当
それほど⓪	（没有）那么	そんなに⓪	那么，那样
たまに⓪	偶尔	めったに①	难得，罕见，稀少
時々（ときどき）⓪	有时		

四 必备句型和表达

▶ 1.～から／～ので 因为……

说明：表示原因。

例句：今日は雨が降るそうだから、自転車はやめようかしら。／今天听说要下雨，还是不要骑自行车了吧。

▶ 2.～のだ／んだ・～のです／んです 解释说明（原因）

说明：表示说明语气，解释原因等，可翻译成"因为……"或不翻译。"んだ／んです"为口语形式。

例句：すぐ出掛けなくちゃいけないんだよ。／因为我必须要马上出门啊。

▶ 3.～て／～なくて 因为（不）……

说明：句子中顿形式，带有轻微的表原因的语气。

例句：あまり面白くなくて、5カ月くらいでやめました。／因为不太有趣，5个月左右就放弃了。

▶ 4.～なくてはいけない・～なければいけない 必须……，不得不……

说明：表示以法律法规、社会习惯、道德规范等为依据，指出必须是那样的或必须那样做。口语形式是分别为"なくちゃ"和"なきゃ"。

例句：来週までにレポートを出さなければならないんだけど、なかなか進まなくて、困っているんだ。／下周之前必须交报告，但是迟迟没有进展，很苦恼。

▶ 5.～過ぎる（すぎる） 过度……

说明：表示程度或者动作过度。

例句：最近アルバイトをしすぎて、疲れているのよ。／最近打了太多的工，一直都很累啊。

五 真题示例

例题 男の人はどうして食べながら新聞を読んでいますか。【2021年第5题】

　　A. 習慣だから　　　　B. すぐ出かけるから　　　　C. 母の話を聞かないから

【正解】B

【解析】题目问的是男子为什么一边吃饭一边看报纸。仅从选项的意思无法推断出线索，因此要特别注意对话里面表示原因的句型。表示原因的句型有"～から／～ので、～のだ／んだ、～のです／んです"等，因此由关键句"うん、でもすぐ出掛けなくちゃいけないんだよ"可知，原因是"すぐ出かける"，所以正确答案选B。

【原文】

女：太郎、食べながら新聞を読むのは良くないの。

男：もうちょっとだけ。

女：食べてからゆっくり読めばいいのに。

男：うん、でもすぐ出掛けなくちゃいけないんだよ。

【重点词汇】

○ちょっとだけ⓪　稍微　　　　　　　○ゆっくり③　慢慢地

○出掛ける（でかける）⓪　出门

六 解题技巧

（1）阅读选项标记关键词。一般考查原因的题目，选项看起来都可能是正确答案，因此要善于抓住对话中的关键信息缩小正确选项的范围。考生在听听力前，可以事先把选项中的关键词圈出来，当听到关键词，就要关注它的前后文是否有包含答案的关键句。比如上一题的"新聞""読む"都是关键词，然后要听它的后文有没有出现表示原因、理由的表达形式。

（2）对话中包含答案（原因）的关键句一般都会有表示原因的句型，如"～から、～ので、～のだ／んだ、～のです／んです"等。

七 真题演练

第一节（共3小题）

听下面3段录音，每段录音后有1个小题，从题中所给的A、B、C三个选项中选出最佳选

项。听完每段录音后,你将有10秒钟的时间回答该小题和阅读下一小题。每段录音仅读一遍。

1. 2人はどうして自転車で行かないのですか。【2011年第7題】

   A. バスが来るから　　B. 雨が降るそうだから　　C. 地下鉄もこんでいるから

2. 女の人はどうしてケーキを注文しないのですか。【2008年第1題】

   A. 痩せたいから

   B. ケーキの種類が少ないから

   C. ケーキはおいしくないから

3. 男の人はなぜコーヒーを飲みますか。【2008年第4題】

   A. 休みたいから　　B. 続けて勉強したいから　　C. テストに落ちたから

第二节（共2小题）

听下面1段录音,每段录音后有2个小题,从题中所给的A、B、C三个选项中选出最佳选项。听每段录音前,你将有时间阅读各个小题,每小题5秒钟；听完后,各小题将给出5秒钟的作答时间。每段录音读两遍。

4. 男の人は会社までどのぐらいかかりますか。【2014年第12題】

   A. 30分　　　　　　B. 1時間　　　　　　C. 1時間以上

5. なぜ多くの会社員が時間をかけて通勤していますか。【2014年第13題】

   A. 電車が便利だから

   B. 市内から遠くなると家が安いから

   C. 広くて環境のいいところに住みたいから

🎧 听【真题演练】录音,将下列会话补充完整。

1.

女：今日は（　　　　）そうだから、（　　　　）はやめようかしら。

男：うん、危ないからね。でも、（　　　　）はやめたほうがいいよ。この時間はなかなか来ないから。

女：（　　　　）も込んでいるわよね。どうしようかしら。

2.

男：（　　　　）でも食べましょうか。

女：いいわね。ケーキ大好き。

男：この店のケーキは（　　　）ですよ。
女：そうですね。いろんな（　　　）があって、でも、やっぱりやめます。（　　　）から。

3.

女：また飲むの、（　　　）は？
男：うん。夕べ歴史の（　　　）で、ずっと朝まで起きていたんだ。飲まないと午後の（　　　）は（　　　）んだ。

4. 5.

女：木村さんは会社まで（　　　）かかりますか。
男：（　　　）ぐらいかな。
女：近いですね。
男：会社の人たちはみんなうらやましいんですよ。ほとんど遠いところから来ますから。
女：1時間以上も電車で（　　　）している人が多いそうですね。
男：みんな遠くても広くて（　　　）ところに住みたいでしょう。

🎧 听力原文及解析

1.

女：今日は（雨が降る）そうだから、（自転車）はやめようかしら。
男：うん、危ないからね。でも、（バス）はやめたほうがいいよ。この時間なかなか来ないから。
女：（地下鉄）も込んでいるわよね。どうしようかしら。

【正解】B

【解析】由关键句"雨が降るそうだから、自転車はやめようかしら"可知，不骑自行车是因为下雨，故选B。

【重点词汇】
　○自転車（じてんしゃ）⓪② 自行车　　○危ない（あぶない）③ 危险
　○止める（やめる）⓪ 放弃，停止　　○なかなか⓪（后接否定）怎么也不……

2.

男：（ケーキ）でも食べましょうか。

女：いいわね。ケーキ大好き。

男：この店のケーキは（美味しい）ですよ。

女：そうですね。いろんな（種類）があって、でも、やっぱりやめます。（太る）から。

【正解】A

【解析】由关键句"やっぱりやめます。太るから"可知，女子是因为怕发胖才不点蛋糕，故选A。

【重点词汇】

　　○美味しい（おいしい）③ 好吃的　　○色んな（いろんな）⓪ 各种各样的

　　○やっぱり③ 果然，还是　　　　　　○太る（ふとる）② 发胖

3.

女：また飲むの、（コーヒー）は？

男：うん。夕べ歴史の（復習）で、ずっと朝まで起きていたんだ。飲まないと午後の（テスト）は（困る）んだ。

【正解】B

【解析】由关键句"飲まないと午後のテストは困るんだ"可知，不喝咖啡继续复习的话，下午的考试就会感觉困难，故选B。

【重点词汇】

　　○復習（ふくしゅう）⓪ 复习　　　　○起きる（おきる）② 起床，不睡

　　○困る（こまる）② 困扰

4. 5.

女：木村さんは会社まで（どのぐらい）かかりますか。

男：（30分）ぐらいかな。

女：近いですね。

男：会社の人たちはみんなうらやましいんですよ。ほとんど遠いところから来ますから。

女：1時間以上も電車で（通勤）している人が多いそうですね。

男：みんな遠くても広くて（環境のいい）ところに住みたいでしょう。

【正解】A 和 C

【解析】由"30分ぐらいかな"可知，第4题选A。由"みんな遠くても広くて環境のいいところに住みたいでしょう"可知，第5题正确答案为C。

【重点词汇】

○通勤（つうきん）⓪ 通勤，上下班　　○遠い（とおい）⓪ 远的

○広い（ひろい）② 宽广的　　　　　　○環境（かんきょう）⓪ 环境

○住む（すむ）① 住

八 真题练习

第一节（共 7 小题，每小题 2 分，满分 14 分）

听下面 7 段录音，每段录音后有 1 个小题，从题中所给的 A、B、C 三个选项中选出最佳选项。听完每段录音后，你将有 10 秒钟的时间回答该小题和阅读下一小题。每段录音仅读一遍。

1. 女の人どうして元気がないのですか。【2019 年第 3 题】

    A. 疲れているから　　　B. 悩みがあるから　　　C. 体の具合が悪いから

2. お母さんはなぜごちそうを作りましたか。【2016 年第 4 题】

    A. お父さんの誕生日ですから

    B. 今日はいいことがありましたから

    C. おじいさんが食事に来てくれますから

3. 男の人はどうして引っ越したのか。【2010 年第 4 题】

    A. 家族が増えたから

    B. 前のアパートが遠かったから

    C. 前のアパートがにぎやかだったから

4. 女の人の母さんはどうして犬を飼いますか。【2008 年第 7 题】

    A. お父さんは犬が好きだから

    B. 一人で寂しいと思っているから

    C. 生まれた犬をもらう人がいないから

5. 男の人はどうして頭が痛いですか。【2018 年第 3 题】

    A. 風邪をひいたから

    B. レポートが進まないから

    C. よく寝られなかったから

6. 男の人のお母さんはどうしてマリアさんが来るのを楽しみにしているのですか。
【2005年第8題】

　　A. マリアさんが外国のお客さんだから

　　B. 男の人には妹さんしかいないから

　　C. 男の人は男兄弟だから

7. 男の人はどうして英語の会話教室に通っていますか。【2019年第7題】

　　A. 将来のために役立つから

　　B. 若いうちに勉強したいから

　　C. 外国人と会話ができるようになりたいから

第二节（共8小题，每小题2分，满分16分）

听下面4段录音，每段录音后有2个小题，从题中所给的A、B、C三个选项中选出最佳选项。听每段录音前，你将有时间阅读各个小题，每小题5秒钟；听完后，各小题将给出5秒钟的作答时间。每段录音读两遍。

8. 男の人はどうして会社をやめたいのですか。【2017年第14題】

　　A. 課長にしかられたから

　　B. 嫌なことを言われたから

　　C. 仕事がおもしろくないから

9. 男の人はこの会社に入ってどのぐらい経っていますか。【2017年第15題】

　　A. 3年　　　　　　B. 4年　　　　　　C. 5年

10. 女の人は何をしていますか。【2013年8題】

　　A. テニスをしています。

　　B. テレビを見ています。

　　C. マラソンをしています。

11. 男の人はどうして体の具合が悪いのですか。【2013年9題】

　　A. 怪我をしたから　　B. 走っていないから　　C. 風邪を引いたから

12. わたしの町には何がありますか。【2013年第14題】

　　A. 大きい港　　　　B. 自動車工場　　　　C. 自動車の部品工場

13. どうしてたくさんの人が遠くから私の町へ来るのですか。【2013年第15題】

　　A. おいしい魚を食べたいから

　　B. おいしい牛肉を買いたいから

　　C. 有名なビールを飲みたいから

14. どうして多くの人がカードを使いますか。【2016年第14題】

  A. お金を盗む人がいないですから

  B. お金を無駄に使いたくないですから

  C. 財布にお金がなくても、買い物ができますから

15. 男の人はなぜカードを使いませんか。【2016年第15題】

  A. 銀行には貯金がないですから

  B. カードはお金を無駄に使いやすいですから

  C. カードは便利ですが、落としやすいですから

🎧 听力原文及解析

1.

男：田中さんは最近、ちょっと元気がなさそうですね。体の具合でも悪いんですか。

女：いいえ、病気なんかじゃないのよ。

男：で、何かに悩んでいるんですか。

女：実はね。最近アルバイトをしすぎて、疲れているのよ。

男：あー、そうですか。アルバイトで疲れたのか。気を付けてね。

【正解】A

【解析】会话中男子猜测了两个原因，即"体の具合でも悪いんです"和"何かに悩んでいる"，女子都否认了。由女子的回答"実はね。最近アルバイトをしすぎて、疲れている"可知，女子最近打工过度而疲惫，故正确答案为A。

【重点词汇】

  ○具合（ぐあい）⓪ 状況　　　　○疲れる（つかれる）③ 疲労

  ○アルバイト③ 打工　　　　　　○悩む（なやむ）② 烦恼

2.

子：わあ、美味しそう。母ちゃん、どうしてごちそう？

母：当ててごらん。

子：誰かの誕生日？それとも、何かいいことでもあったの？

母：いいえ、おじいちゃんが一緒に食事をしてくれるの。

子：ほんとう。嬉しい。

【重点词汇】

○ご馳走（ごちそう）⓪ 款待，宴请　　　○当てる（あてる）⓪ 猜

○それとも③ 或者　　　　　　　　　　○食事（しょくじ）する⓪ 吃饭

【正解】C

【解析】由"おじいちゃんが一緒に食事をしてくれるの"可知，是因为爷爷要来一起吃饭，故选项C为正确答案。

3.

女：引っ越したそうですね。

男：ええ、先週引っ越したんです。前のアパートは近くて、静かでよかったんですが、子供が生まれて、ちょっと狭くなったんです。

【正解】A

【解析】由"子供が生まれてちょっと狭くなったんです"可知，因为生了小孩，感觉家里有点小了，所以搬家，故答案选A。

【重点词汇】

○引っ越し（ひっこし）⓪ 搬家　　　○生まれる（うまれる）⓪ 出生

○狭い（せまい）② 狭窄的

4.

男：最近、お母さんは、元気？

女：ええ、おかげさまで。父と2人で楽しくやっているみたいよ。それにうちの母、最近、犬を飼うことにしたのよ。

男：え、犬？どうして？

女：近所の人は1人で寂しいからって犬を飼っているの。その犬に子供が生まれたんだけど、もらってくれる人が見つからないんですって。

男：ふーん、そうか。

【正解】C

【解析】由关键句"もらってくれる人が見つからないんですって"可知，之所以养狗，是因为邻居家的狗生了小狗找不到人领养。前面说邻居养狗是因为他一个人很寂寞，而不是母亲寂寞，故正确选项为C。

【重点词汇】
　　○犬を飼う（いぬをかう）⓪ 养狗　　○寂しい（さびしい）③ 寂寞的
　　○もらう（もらう）⓪ 要，得到　　○見つかる（みつかる）③ 找到
　　○おかげさまで⓪ 托您的福

5.

女：王さん、元気がないね。どうかしたの？
男：頭が痛い。もう…
女：風邪でも引いたの？それとも、よく寝られなかったの？
男：いや、来週までにレポートを出さなければならないんだけど、なかなか進まなくて、困っているんだ。

【正解】B
【解析】男子说头疼，女子用"それとも"例举两个原因，男子用"いや"进行否定，即可排除A和C，由关键句"来週までにレポートを出さなければならないんだけど、なかなか進まなくて、困っているんだ"可知，男子下周之前必须交报告，但是迟迟没有进展，所以很苦恼，故选项B正确。

【重点词汇】
　　○元気（げんき）① 精神，精力　　○頭（あたま）⓪ 头
　　○レポートを出す 提交报告　　○進む（すすむ）② 进展

6.

男：あ、昨日、家の母がね。
女：うん。
男：また来てくださいって言ったのに、マリアさんちっとも来ないって言ってたよ。
女：そう？でも、ほんとうにお邪魔してもいいのかしら。
男：うん。うちは女の子がいないから、けっこう楽しみにしているみたいだよ。
女：ほんとう？
男：うん。

【正解】C
【解析】由"うちは女の子がいないから、けっこう楽しみにしているみたいだよ"可知，因为男子家里没有女儿，所以很期待女孩的到来，故选择C。

【重点词汇】

○また② 另，又
○邪魔（じゃま）⓪ 打扰；拜访
○子（こ）① 孩子
○楽しみ（たのしみ）③ 期待

○ちっとも③（后接否定）一点也不，总不……
○女（おんな）③ 女性
○けっこう① 相当

7.

女：鈴木さんは英語の会話教室に通っているんだって。

男：ええ、まあ。

女：若いうちに、いろいろ勉強したほうがいいですね。将来のためにも。

男：いや。実は、外国人の方に道を聞かれてね。答えられなくて、恥ずかしかった。

女：それで？

男：ええ、英語でコミュニケーションできるようにしないと。

【正解】C

【解析】文中男子说"実は"提出真实原因是"被外国人问路，自己答不上来感到羞愧"。男子认为必须努力做到能用英语进行交流，故答案选C。

【重点词汇】

○答える（こたえる）③ 回答
○外国（がいこく）⓪ 外国
○ないと＝ないといけない　必须

○実は（じつは）② 其实
○道を聞く　问路
○恥ずかしい（はずかしい）④ 羞耻的

8. 9.

女：会社をやめたいって、どうしたの。

男：やっぱり、向いていないんだ。

女：何言っているの。また、課長に叱られたの？それとも、誰かに嫌なことを言われたの。

男：そうじゃないんだ。仕事がぜんぜん面白くないから。

女：ここに入って、まだ3年でしょ？そんなにはやくやめちゃだめよ。4年か5年ぐらいやってみたら？

男：そうだね。

【正解】C 和 A

【解析】女子询问男子辞职原因，男子一开始说"やっぱり、向いていないんだ"，没有

说出真正原因。由后文的"仕事がぜんぜん面白くないから"可知，真正的原因是觉得工作无趣，故第8题选C正确。由"ここに入って、まだ3年でしょ"可知，男子进公司3年了，故第9题选A。

【重点词汇】

- 向く（むく）① 适合
- それとも ③ 或者
- 全然（ぜんぜん）⓪ 完全，根本
- まだ ① 还（没有）；更加
- 叱る（しかる）⓪② 责骂
- 嫌（いや）② 讨厌的
- 面白い（おもしろい）④ 有趣的

10. 11.

男：何を見ていますか。

女：テニスです。

男：そう。テニスが好きですか。

女：ええ、スポーツ番組なら何でも。山田さんはどんなスポーツがすきですか。

男：マラソンです。毎日走っています。

女：じゃ、今日も走ったのでしょうね。

男：いや、走っていません。

女：走ってない？どうして。けがでもしたんですか。

男：いいえ、風邪を引いて、体の具合はよくないんです。

女：そうですか。それはそれは、お大事に。

【正解】B 和 C

【解析】由开头的"何を見ていますか""テニスです"以及后面的"スポーツ番組"可知，女子正在电视上看网球比赛，故第10题选B。由男子后面说的"風邪を引いて、体の具合はよくないんです"可知，男子是因为感冒身体不舒服，故第11题选C。

【重点词汇】

- テニス① 网球
- 番組（ばんぐみ）⓪ 节目
- 走る（はしる）② 跑步
- 風邪を引く 感冒
- 具合（ぐあい）⓪ 情况,情形
- スポーツ②（体育）运动
- マラソン⓪ 马拉松
- 怪我（けが）⓪ 受伤
- 体（からだ）⓪ 身体
- お大事（だいじ）に⓪ 请保重

12. 13.

男：私の町には大きい港があります。昔は魚がおいしいことで、たいへん有名でしたが、最近は近くの町に自動車工場とその部品の工場ができたため、魚より車で有名な港となりました。でも、私の町でもっと知られているのは牛肉です。牛にビールを飲ませるので、柔らかくておいしい肉になります。値段が高いのですが、遠くからたくさんの人が買いに来ます。

【正解】A 和 B

【解析】由"私の町には大きい港があります"可知，我住的城市有很大的港口，故第12题选A。由"私の町でもっと知られているのは牛肉です"及"値段が高いのですが、遠くからたくさんの人が買いに来ます"可知，很多人从很远的地方来这里买牛肉，故第13题选B。

【重点词汇】

○港（みなと）⓪ 港口　　　　　　○部品（ぶひん）⓪ 零件，部件
○知る（しる）⓪ 知道　　　　　　○牛肉（ぎゅうにく）⓪ 牛肉
○遠く（とおく）⓪ 远处　　　　　○もっと① 更加

14. 15.

男：今はカードの時代ですね。銀行に貯金があれば、手にはお金がなくても、買い物ができますし、お金をたくさん持つより、カードのほうが便利です。お金を持っていると落とすこともあれば、盗まれることもありますから。こんなに便利なカードですが、問題がないわけではありません。カードだと、お金を使ったという感覚があまりないので、無駄にお金を使ってしまう原因にもなります。ですから、私はほとんどカードを使わないようにしています。

【正解】C 和 B

【解析】前半段讲述了卡的便利之处，后半段讲述了用卡问题，故第14题选C。而男子说他平时尽量不用卡，原因在于"お金を使ったという感覚があまりないので、無駄にお金を使ってしまう原因にもなります"，故第15题选B。

【重点词汇】

○貯金（ちょきん）⓪ 存款　　　　○落とす（おとす）② 丢掉，遗失
○盗む（ぬすむ）② 偷　　　　　　○無駄（むだ）⓪ 没用，浪费

○使う（つかう）② 使用　　　　　　○感覚（かんかく）⓪ 感觉
○原因（げんいん）⓪ 原因

九 模拟练习

第一节（共7小题，每小题2分，满分14分）

听下面7段录音，每段录音后有1个小题，从题中所给的A、B、C三个选项中选出最佳选项。听完每段录音后，你将有10秒钟的时间回答该小题和阅读下一小题。每段录音仅读一遍。

1. 女の人はなぜ疲れていますか。
    A. 子育てが大変だから
    B. 仕事が忙しいから
    C. 風邪を引いたから

2. 男の人はどうして自転車で通勤していますか。
    A. 家が近いから　　　B. 運動したいから　　　C. 環境にやさしいから

3. 男の人はどうして遅刻しましたか。
    A. 遅くまで電話していたから
    B. 体の調子が悪かったから
    C. 寝すぎたから

4. 女の人はなぜ友達の誘いを断りましたか。
    A. カラオケが好きじゃないから
    B. テストの復習をしたいから
    C. 男の人と一緒に行きたくないから

5. 男の人はなぜ運転が苦手ですか。
    A. 車に酔いやすいから
    B. 道に迷いやすいから
    C. 車が怖いと思っているから

6. 男の人はどうして泳ぐことを始めましたか。
    A. 泳ぐことが好きだから
    B. 体力をつけたいから
    C. ストレスを解消したいから

7. 男の人はなぜ北海道に行きたいのですか。

　　A. 海鮮料理が食べたいから　　B. スキーしたいから　　C. 観光したいから

第二节（共 8 小题，每小题 2 分，满分 16 分）

听下面 4 段录音，每段录音后有 2 个小题，从题中所给的 A、B、C 三个选项中选出最佳选项。听每段录音前，你将有时间阅读各个小题，每小题 5 秒钟；听完后，各小题将给出 5 秒钟的作答时间。每段录音读两遍。

8. 男の人と女の人がタクシーで帰る理由は何ですか。

　　A. 地下鉄が混んでいるから

　　B. タクシーの方が速いから

　　C. もう遅いから

9. 今は何時ですか。

　　A. 6時です。　　　　　　　B. 16時です。　　　　　　C. 9時です。

10. 男の人はいつから中国語を勉強し始めましたか。

　　A. 先月から　　　　　　　B. 先週から　　　　　　　C. 先日から

11. 男の人は今どうして中国語を勉強していますか。

　　A. 中国へ旅行に行きたいですから

　　B. 単位を取りたいですから

　　C. 頑張りたいですから

12. 男の人が広島に行った理由は何ですか。

　　A. 観光したから　　　　　B. 出張したから　　　　　C. リラックスしたから

13. 今はどの季節ですか。

　　A. 春　　　　　　　　　　B. 夏　　　　　　　　　　C. 秋

14. 女の人はどうしてジョギングを始めましたか。

　　A. 痩せたいから

　　B. 朝早く起きたいから

　　C. よく寝たいから

15. 女の人は今朝早く起きるのに慣れていますか。

　　A. はい、慣れています。

　　B. いいえ、慣れていません。

　　C. 分かりません。

听力原文及解析

1.

男：もしもし、今朝は大丈夫だったの？ひどい雨だったから、心配してたんだよ。

女：心配かけて、ごめんね。

男：なんかちょっと疲れてるように聞こえるんだけど。仕事が忙しいの？

女：ううん、子育てが大変で最近あんまり寝てないんだ。

男：そうか、あまり無理しないでね。

【正解】A

【解析】关键句：子育てが大変で最近あんまり寝てないんだ。/ 因为管教孩子太辛苦了，最近没怎么睡。

2.

女：木村さんはいつも何で来ていますか。

男：僕は毎日自転車で通勤しています。

女：えっ、結構遠いんじゃないですか。木村さんのお宅は。

男：確かに少し時間がかかりますが、これで毎日運動できるのも悪くないと思って。

女：そうなんですか。それに環境にもやさしいですね。

男：ああ、そこまでは考えていませんが。

【正解】B

【解析】关键句：確かに少し時間がかかりますが、これで毎日運動できるのも悪くないと思って。/ 确实会花一点时间，但是通过这样每天就能运动，我觉得也不错。

3.

女：なんで遅刻したんですか。

男：すみません。起きたら、お腹が痛くて。

女：またお腹なの？今週で3回目ですよ。

男：実は昨日の夜、遅くまで友達と電話していたので、朝起きられなくて…

【正解】A

【解析】关键句：実は昨日の夜、遅くまで友達と電話していたので、朝起きられなく

て…/ 其实是因为昨晚我跟朋友打电话到很晚，早上起不来。

4.

男：週末カラオケに行こうか。

女：ごめん、来週テストがあるから。

男：えっ、テストは先週で終わったんじゃない。カラオケが苦手なの？

女：ええ、カラオケはあまり…

【正解】A

【解析】关键句：①えっ、テストは先週で終わったんじゃない。カラオケが苦手なの？/ 诶，考试上周不就结束了吗？你不喜欢卡拉OK吗？②ええ、カラオケはあまり…/ 嗯，卡拉OK我不太……

5.

女：翔太くんって運転が苦手なの？

男：まあ。

女：車に酔いやすい体質なの？

男：そうでもないけど。

女：もしかして道に迷いやすい？

男：違うよ。子どもの時に交通事故にあったから、車が怖くなって。

女：へえ、そうだったんだね。

【正解】C

【解析】关键句：子どもの時に交通事故にあったから、車が怖くなって。/ 小时候，遭遇了交通事故，所以觉得车很可怕。

6.

女：最近山田さんがよく泳いでるって聞いたけど。

男：うん、別に好きってわけじゃなくて、体力をつけようと思って。

女：いいね。ストレス解消にもなるしね。

男：そうかもね。

【正解】B

【解析】关键句：別に好きってわけじゃなくて、体力をつけようと思って。/ 并不是特

别喜欢，我想要增强自己的体力。

7.

女：もうすぐ冬休みだね。どこかへ遊びに行く予定はある？

男：今回は北海道に行くつもり。

女：いいね、私も行きたい。やっぱり北海道といえば、海鮮料理よね。

男：それもあるね。実は、今回はスキーに行きたいんだ。

女：へえ、私高い所はだめなんだ。

男：それは残念だね。

【正解】B

【解析】关键句：実は、今回はスキーに行きたいんだ。／其实我这次想去滑雪。

8. 9.

男：もう6時だから、そろそろ帰ろうか。

女：そうね。

男：じゃ、タクシーを呼ぶか。

女：今はラッシュで道が混んでいるから、地下鉄で帰ろう。

男：地下鉄も人でいっぱいじゃないの？

女：それもそうね。じゃ、やっぱりタクシーに乗ろうか。

【正解】A 和 A

【解析】关键句：①もう6時だから、そろそろ帰ろうか。／已经6点了，要回去了吧。②地下鉄も人でいっぱいじゃないの？／地铁不也是人满为患吗？

10. 11.

女：最近中国語を勉強する人が多いね。

男：実は、僕も先月から中国語の勉強を始めたんだ。

女：へえ、すごいね。あ、確かいつか中国に旅行に行きたいって言ってたよね。

男：ええ。でも今は単位を取りたいので、中国語にしたんだ。

女：それでもすごいよ。私も頑張らないと。

【正解】A 和 B

【解析】关键句：①実は、僕も先月から中国語の勉強を始めたんだ。／其实我也从上个

月开始学中文了。②でも今は単位を取りたいので、中国語にしたんだ。/ 但是我现在是因为想拿学分所以选了中文。

12. 13.

女：週末どこか行った？

男：うん、広島に行ってきたよ。

女：観光に行ったの？ちょうど紅葉の季節だよね。

男：いや、会社の新拠点が広島にあるから、出張に行ったんだ。

女：そうなんだ。せっかくだから、もうちょっとリラックスできたらよかったのに。

【正解】B 和 C

【解析】关键句：①いや、会社の新拠点が広島にあるから、出張に行ったんだ。/ 不是，公司的新据点在广岛，所以去出差了。②ちょうど紅葉の季節だよね。/ 正好是红叶的季节啊。

14. 15.

男：最近ジョギングを始めたの？

女：うん、ここ数カ月で、結構太ったから、ダイエットしなくちゃ。

男：そうなの？ぜんぜん見えないけどね。でも、朝は苦手じゃないの？

女：うん、最初は大変だったけど、今はもう慣れてきた。夜早めに寝るようにしてるの。

【正解】A 和 A

【解析】关键句：①結構太ったから、ダイエットしなくちゃ。/ 我胖了相当多，所以必须得减肥了。②今はもう慣れてきた。夜早めに寝るようにしてるの。/ 现在已经变得习惯了。我一直坚持晚上比较早睡觉。

专题六　どう、どのように

一　题型介绍

　　本专题主要是针对关于疑问词"どう・どのように"而展开。根据历年高考真题统计情况来看，考查的形式主要集中在以下几个方面。一是方式、方法。主要是会话中两个人谈论的某个事件用什么样的方法来解决，有时候还会以"何で"的形式出现。在做题过程中需要注意前后是顺接关系还是逆接关系，以此来获取关键信息。二是想法、意图。题目中会直接或间接地给出说话人的想法，理解说话人的想法和意图将影响对整篇文章的理解。三是推断结论。一般考查的形式为对某件事情的推断推测。

二　常见提问形式

1. ～どうですか。
2. ～どうしますか。
3. ～どうやっていきますか。
4. ～どうすればいいですか。
5. ～どうしたらいいでしょうか。
6. ～どうなりますか。
7. ～どう思いますか。
8. ～どう言っていますか。
9. ～どうすることにしますか。
10. ～どのように行きますか。

三　常见词汇

1. 交通工具

車（くるま）⓪	车	列車（れっしゃ）⓪	列车，火车
汽車（きしゃ）①	火车	電車（でんしゃ）⓪	电车
自転車（じてんしゃ）②	自行车	自動車（じどうしゃ）②	汽车
地下鉄（ちかてつ）⓪	地铁	新幹線（しんかんせん）③	新干线

（续表）

船（ふね）①	船	飛行機（ひこうき）②	飞机
バス①	公交车	タクシー①	出租车
オートバイ③	摩托车	歩いて（あるいて）②	步行

2. 出行相关

名词

チケット②	票	切符（きっぷ）⓪	票
自動販売機（じどうはんばいき）⑥	自动贩卖机	改札口（かいさつぐち）④	检票口
パスポート③	护照	ビザ①	签证
禁煙席（きんえんせき）③	禁烟席	喫煙席（きつえんせき）③	吸烟席
出口（でぐち）①	出口	入り口（いりぐち）⓪	入口
エスカレーター④	手扶电梯	エレベーター③	升降梯
横断歩道（おうだんほどう）⑤	人行道	信号（しんごう）⓪	红绿灯
交差点（こうさてん）③	十字路口	荷物（にもつ）①	行李
時刻表（じこくひょう）⓪	时刻表	ホーム①	站台
乗客（じょうきゃく）⓪	乘客	航空便（こうくうびん）⓪	空运
船便（ふなびん）⓪	海运	宅配便（たくはいびん）⓪	宅急便，快递

动词

乗る（のる）⓪	乘坐	乗り換える（のりかえる）③	换乘
乗り過ごす（のりすごす）④	坐过站	降りる（おりる）②	下（车），下来
曲がる（まがる）⓪	转弯	渡る（わたる）⓪	渡，过
歩く（あるく）②	走，步行	走る（はしる）②	跑，奔跑
着く（つく）①	到达，抵达	運転する（うんてんする）⓪	开，驾驶
出発する（しゅっぱつする）⓪	出发	予約する（よやくする）⓪	预约

四 必备句型和表达

▶ 1. ～のに　明明……却……，虽然……但是……

　　说明：后项是出乎意料或违背常识的。伴有说话人责备、不满、诧异等语气和心情。

例句：学校に行く時間なのに、自転車がなくなって。／虽然到了要去学校的时间，但是自行车不见了。

▶ **2. ～（よ）うと思います　想……**

说明：表示说话人自己想做某种事情的意愿、打算。

例句：午後はまず友達と食事をして、それから、映画を見ようと思います。／下午首先和朋友吃饭，然后想看电影。

▶ **3. ～ことができます　能……**

说明：前面常接动词原形。表示有能力做某事。

例句：このカードを使うと、自転車の鍵を開けて使うことができます。／使用这张卡可以打开自行车钥匙。

▶ **4. ～（さ）せていただきます　请允许……**

说明：请求对方允许自己做某事。

例句：まだほかに行くところもありますので、これで失礼させていただきます。／我还有其他要去的地方，请允许我就这样失陪了。

▶ **5. ～といい　就好……**

说明：表示说话人积极地向对方提出建议并认为那样做最妥当或者是最好的选择，而且会得到理想的结果。

例句：いつもこうだといいですね。／要是一直都是这样就好了。

五 真题示例

例题　女の人はどのように学校へ行きますか。【2019年第6题】

　　A. バスで　　　　　　B. 地下鉄で　　　　　　C. 自転車で

【正解】B

【解析】根据题目以及选项我们得知此题是关于交通工具的考查，此类题目通常3个选项都会出现，我们在听听力的过程中需要逐一排除。由男人"それよりも、この通りを10分ぐらい歩けば地下鉄の駅があるよ"及女人的回答"それにしましょう"可知，女人坐地铁去学校。

【原文】

女：あの、学校に行く時間なのに、自転車がなくなって。

男：そうですか。それはそれは。学校に遅れたら大変だね。

女：そうなんですよ。バスで行きたいですけど、どこで乗ればいいんですか。
男：それよりも、この通りを10分ぐらい歩けば地下鉄の駅があるよ。
女：あ、それは良かった。それにしましょう。

【重点词汇】
○自転車（じてんしゃ）② 自行车　　○遅れる（おくれる）⓪ 迟到；慢
○大変（たいへん）⓪ 不得了　　　　○通り（とおり）⓪ 道路，马路
○歩く（あるく）② 走，步行

六 解题技巧

（1）标记题干中的疑问词。考生在做题的时候把疑问词标记出来，就可以明白出题的大致方向。比如由真题示例题干中的疑问词"どのように"可知，题目是对方式方法的考查。

（2）根据疑问词以及选项判断发生场景。真题示例中，由疑问词"どのように"和选项中出现的"バス""地下鉄""自転車"可知，此题是对交通工具的考查。

（3）注意否定、转折以及比较句型。听力过程中，考生应能灵活运用否定、转折以及比较句型来锁定正确答案。

七 真题演练

第一节（共3小题）

听下面3段录音，每段录音后有1个小题，从题中所给的A、B、C三个选项中选出最佳选项。听完每段录音后，你将有10秒钟的时间回答该小题和阅读下一小题。每段录音仅读一遍。

1. 男の人はこれからどうしますか。【2021年第3题】
　　A. 車で帰る。　　　B. 電車で帰る。　　　C. バスで帰る。
2. ケーキはどうなりましたか。【2021年第4题】
　　A. 2つ残っている。　B. 1つも残っていない。　C. 1つしか残っていない。
3. 工場見学の日に男の子はどうしますか。【2016年第6题】
　　A. 1人で行動します。
　　B. 直接工場に行きます。
　　C. みんなと一緒に行動します。

第二节（共 2 小题）

听下面 1 段录音，每段录音后有 2 个小题，从题中所给的 A、B、C 三个选项中选出最佳选项。听每段录音前，你将有时间阅读各个小题，每小题 5 秒钟；听完后，各小题将给出 5 秒钟的作答时间。每段录音读两遍。

4. この自転車を使うためにはどうすればいいですか。【2021 年第 14 題】

　　A. 自転車のかぎを開けてもらう。

　　B. 2000 円払って、カードをもらう。

　　C. 使いたいときに、カードをもらう。

5. 利用者は自転車の使い方について、どう思っていますか。【2021 年第 15 題】

　　A. 自分の自転車と変わらないので、便利だ。

　　B. 自分の自転車になったので、便利だ。

　　C. 買い物にしか使えないので、不便だ。

🎧 听【真题演练】录音，将下列会话补充完整。

1.

男：あ、もう 11 時。そろそろ帰らなくちゃ。

女：もう（　　　　）んですか。明日は日曜日で、休みでしょう。

男：ええ、それはそうですが、でも（　　　　）がなくなりますから。

女：えっ？今日は（　　　　）じゃないんですか。

男：ええ、今日は雪だから、（　　　　）で来ました。

女：あ、そうですか。では、今日はこれで。

2.

女：あれ？ケーキは？（　　　　）あるはずだけど。

男：一つは太郎が食べたよ。もう一つは（　　　　）。

女：あれ？変ね。あ、あなたの顔に（　　　　）が（　　　　）いるわよ。

男：ははは、ごめんごめん。

3.

女：明日は自動車工場見学をしますから、8 時 45 分までに（　　　　）に来てください。

男：先生、何時ごろ工場に（　　　）か。
女：10時ごろ着きます。
男：ぼくの家は工場に（　　　）から、その時間に工場の（　　　）で待っていてもいいでしょうか。
女：工場見学も（　　　）ですから、はじめから（　　　）してください。
男：はい、分かりました。

4.5.

男：東京のあるマンションでは自転車を置く場所が少ないため、自転車が20台用意されて、誰でも（　　　）ことになりました。その（　　　）を使いたい人はまず、1年分のお金を2000円マンションの人に払って、カードを受け取ります。このカードを使うと、自転車の鍵を開けて使うことができます。利用する人は使いたいときにいつでも使えるので、自分の自転車と（　　　）。（　　　）で使う程度なら、これで十分だと話しています。

🎧 听力原文及解析

1.

男：あ、もう11時。そろそろ帰らなくちゃ。
女：もう（帰る）んですか。明日は日曜日で、休みでしょう。
男：ええ、それはそうですが、でも（電車）がなくなりますから。
女：えっ？今日は（車）じゃないんですか。
男：ええ、今日は雪だから、（電車）で来ました。
女：あ、そうですか。では、今日はこれで。

【正解】B

【解析】由"それはそうですが、でも電車がなくなりますから"可知，如果再不去乘车，电车就会没有了，男子接下来去坐电车回家，故正确答案为B。

【重点词汇】

○そろそろ① 就要，快要　　　○なくなる⓪ 尽，完
○車（くるま）⓪ 车，小汽车　　○雪（ゆき）② 雪

2.

女：あれ？ケーキは？（二つ）あるはずだけど。

男：一つは太郎が食べたよ。もう一つは（知らない）。

女：あれ？変ね。あ、あなたの顔に（ケーキ）が（付いて）いるわよ。

男：ははは、ごめんごめん。

【正解】B

【解析】由关键句"一つは太郎が食べたよ。もう一つは知らない"可知，一个被太郎吃掉了，另一个不知道去哪了，由后文可知是被男子吃掉了，所以选 B。

【重点词汇】

　　〇ケーキ① 蛋糕　　　　　　〇一つ（ひとつ）② 一个
　　〇二つ（ふたつ）③ 两个　　〇変（へん）① 奇怪，异常

3.

女：明日は自動車工場見学をしますから、8時45分までに（学校）に来てください。

男：先生、何時ごろ工場に（着きます）か。

女：10時ごろ着きます。

男：ぼくの家は工場に（近い）から、その時間に工場の（入り口）で待っていてもいいでしょうか。

女：工場見学も（授業）ですから、はじめから（一緒に行動）してください。

男：はい、分かりました。

【正解】C

【解析】由关键句"はじめからいっしょに行動してください"可知，老师从一开始就要求大家一起行动，故选 C。

【重点词汇】

　　〇見学（けんがく）⓪ 参观学习　　〇工場（こうじょう）③ 工厂
　　〇着く（つく）① 到达　　　　　　〇授業（じゅぎょう）① 课程
　　〇入り口（いりぐち）⓪ 入口　　　〇はじめ⓪ 开始，开头
　　〇行動（こうどう）⓪ 行动，行为

4. 5.

男：東京のあるマンションでは自転車を置く場所が少ないため、自転車が20台用意さ

れて、誰でも（使える）ことになりました。その（自転車）を使いたい人はまず、1年分のお金を2000円マンションの人に払って、カードを受け取ります。このカードを使うと、自転車の鍵を開けて使うことができます。利用する人は使いたいときにいつでも使えるので、自分の自転車と（変わらない）。（買い物）に使う程度なら、これで十分だと話しています。

【正解】B 和 A

【解析】由"まず、1年分のお金を2000円マンションの人に払ってカードを受け取るんです"可知，要向公寓的人支付一年2000日元的费用并领取卡片钥匙，所以第4题选B。第5题由关键句"利用する人は使いたいときにいつでも使えるので、自分の自転車と変わらない。買い物で使う程度なら、これで十分だと話しています"可知，使用者认为：想使用的人随时都可以使用，所以和自己的自行车没有区别，而且买东西什么的用它足够了，因此选项A为正确答案。

【重点词汇】
○マンション① 高级公寓　　　　　○置く（おく）⓪ 放置
○場所（ばしょ）⓪ 场所　　　　　○用意（ようい）① 准备
○受け取る（うけとる）③ 接，收　○開ける（あける）② 开，打开
○変わる（かわる）⓪ 改变　　　　○程度（ていど）① 程度

八 真题练习

第一节（共7小题，每小题2分，满分14分）

听下面7段录音，每段录音后有1个小题，从题中所给的A、B、C三个选项中选出最佳选项。听完每段录音后，你将有10秒钟的时间回答该小题和阅读下一小题。每段录音仅读一遍。

1. 女の子はどう思っていますか。【2006年第6题】
　　A. ぜひ行きたい。　　B. 行きたい。　　C. あまり行きたくない。

2. ここはどうですか。【2005年第2题】
　　A. いつも静かだ。　　B. きょうだけ静かだ。　C. きょう静かじゃない。

3. 男の人はどうしましたか。【2006年第3题】
　　A. 3時に電話をするのを忘れた。
　　B. 3時に一度電話をしたのを思い出した。

C. 4時に電話をするのを忘れた。

4. 男の人はこれからどうしますか。【2006年第4題】

　　A. 女の子に辞書を返す。

　　B. 渡辺さんに辞書を返す。

　　C. 渡辺さんに電話する。

5. 明日の天気はどうですか。【2011年第2題】

　　A. 雨　　　　　　B. 曇り　　　　　　C. 晴れ

6. 男の人はこれからどうしますか。【2011年第3題】

　　A. 女の子の家に残ります。

　　B. 女の子の家に入ります。

　　C. ほかのところへ行きます。

7. 女の人はこれからどうしますか。【2011年第4題】

　　A. 留学します。　　B. 病院に勤めます。　　C. まだ決まっていません。

第二节（共8小题，每小题2分，满分16分）

听下面4段录音，每段录音后有2个小题，从题中所给的A、B、C三个选项中选出最佳选项。听每段录音前，你将有时间阅读各个小题，每小题5秒钟；听完后，各小题将给出5秒钟的作答时间。每段录音读两遍。

8. 明日の予定はどうなっていますか。【2015年第10題】

　　A. 寝坊→映画→食事　　B. 寝坊→食事→映画　　C. 食事→映画→寝坊

9. 2日目の予定はどうなっていますか。【2015年第11題】

　　A. 食事をします。

　　B. 海へ行って、泳ぎます。

　　C. 大学のプールで泳ぎます。

10. 入学試験はどうでしたか。【2017年第10題】

　　A. 難しかった。　　B. 易しかった。　　C. 苦しかった。

11. 女の人はなぜ悔しいのですか。【2017年第11題】

　　A. 服の色が悪かったから

　　B. あいさつをしなかったから

　　C. 言葉の使い方がよくなかったから

12. 田中さんは今どこにいますか。【2012年第12題】

   A. 京都にいる。   B. 東京にいる。   C. 自分の家にいる。

13. 男の人はこれからどうしますか。【2012年13題】

   A. 田中先生が帰ってくるのを待つ。

   B. 改めて田中先生の家に電話する。

   C. 田中先生の携帯電話に電話をかける。

14. 女の人はどこで買い物をしましたか。【2018年第14題】

   A. 公園   B. デパート   C. スーパー

15. 男の人は帽子をどう思っていますか。【2018年第15題】

   A. 高い。   B. 安い。   C. 高くも安くもない。

🎧 听力原文及解析

1.

男：温泉でも行きましょうよ。

女：また今度ね。

【正解】C

【解析】由"また今度ね"可知，女子不想去，故选C。

【重点词汇】

   ○温泉（おんせん）⓪ 温泉   ○今度（こんど）① 这次；下次

2.

男：今日はすいていますね。

女：ええ。ほんとうに静かですね。

男：ねえ。いつもこうだといいですね。

女：そうね。

【正解】B

【解析】由"いつもこうだといいですね"可知，平时并不像今天这样安静，所以选B。

【重点词汇】

   ○空く（すく）⓪ 有空闲   ○本当（ほんとう）⓪ 真正；实在

   ○静か（しずか）① 安静的

第一部分　专题精讲

3.

男：あ、3時に電話するんだった。

女：そう？もう4時よ。はやく電話したら。

男：うん、そうする。

【正解】A

【解析】由"あ、3時に電話するんだった"可知，男子忘记3点打电话，故选A。

【重点词汇】

　　○電話（でんわ）⓪ 电话　　　　　○はやく① 早；快，迅速

4.

女：田中さん。渡辺さんがね、辞書返してって。

男：えっ、何のことかなあ。

女：さあ、そう伝えてくれって頼まれただけだから…

男：そう。じゃ、電話してみるよ。

【正解】C

【解析】由"じゃ、電話してみるよ"可知，男人接下来打电话，故正确答案选C。

【重点词汇】

　　○返す（かえす）① 归还，返还　　　○伝える（つたえる）⓪ 转达；告诉
　　○頼む（たのむ）② 委托；请求

5.

男：昨日は1日中降っていましたね。

女：そうですね。明日は晴れるでしょう。

男：天気予報では、雨だそうです。

女：また降るの？嫌ですね。

【正解】A

【解析】女子推测"明日は晴れるでしょう"，但是男子说"天気予報では、雨だそうです"，故选A。

【重点词汇】

　　○晴れる（はれる）② 放晴，晴　　　○天気予報（てんきよほう）④ 天气预报
　　○雨（あめ）① 下雨，雨天

6.

女：さあ、どうぞお上がりください。

男：あのう、まだほかに行くところもありますので、これで失礼させていただきます。

女：まあ、そうおっしゃらずに、どうぞ。

男：本当に申し訳ないんですが、今日は…

女：そうですか。

【正解】C

【解析】由"まだほかに行くところもありますので、これで失礼させていただきます"可知，男人还有其他要去的地方，故选 C。

【重点词汇】

　　○ほかに ⓪ 另外　　　　　　　　○失礼（しつれい）② 失礼的；不能奉陪

　　○おっしゃる ⓪ 说，讲「言う」的敬语　○申し訳（もうしわけ）ない ⑤ 对不起

7.

女：これからどうするの？

男：病院に勤めるんだよ。

女：それはよかったわね。頑張ってね。

男：うん、ありがとう。君は？

女：私は仕事をしないで、留学することにしたの。

男：そう。それもいいね。

【正解】A

【解析】由"私は仕事をしないで、留学することにしたの"可知，女子选择不工作而是去留学，因此选 A。

【重点词汇】

　　○勤める（つとめる）③ 任职,工作　　○頑張る（がんばる）③ 加油,坚持

　　○仕事（しごと）⓪ 工作　　　　　　○留学（りゅうがく）⓪ 留学

8. 9.

女：明日から三日間休みですね。何をする予定ですか。

男：1日目の明日は昼まで寝ようと思います。

女：そうですか。午後は？

第一部分　专题精讲　115

男：午後はまず友達と食事をして、それから、映画を見ようと思います。
女：二日目はゆっくり休みますか。
男：いいえ、泳ぎに行きたいんですが。
女：海へですか。
男：いや、大学のプールでです。

【正解】B 和 C

【解析】由"明日は昼まで寝ようと思います"可知，男子明天想要睡到中午，然后由"午後はまず友達と食事をして、それから、映画を見ようと思います"可知，下午首先去吃饭，然后看电影，因此第 8 题正确答案为 B。由"いいえ、泳ぎに行きたい""大学のプールでです"可知，男子第二天想去大学的游泳池游泳，因此第 9 题正确答案为 C。

【重点词汇】
〇予定（よてい）⓪ 预定　　　〇午後（ごご）① 下午
〇食事（しょくじ）⓪ 吃饭，进餐　　〇ゆっくり③ 有余地，舒适
〇泳ぐ（およぐ）② 游泳　　〇海（うみ）① 海，海洋
〇プール① 游泳池

10. 11.

男：入学試験はどうだった？
女：失敗しちゃったのよ。
男：どんなこと、聞かれた？
女：質問は簡単だったけど。
男：じゃあ、服の色とか言葉遣いとかで？
女：ううん、部屋を出る時にあいさつをしなかったの。
男：じゃあ、そのまま？
女：はあ、悔しかった。

【正解】B 和 B

【解析】由"質問は簡単だったけど"可知，女子虽然考试失败了但觉得问题都很简单，因此第 10 题选 B。男子问"じゃあ、服の色とか言葉使いとかで？"，女子说"ううん、部屋を出る時にあいさつをしなかったの""はあ、悔しかった"，由此可知女子后悔的是离开房间时没有打招呼，因此第 11 题选 B。

【重点词汇】
- ○入学（にゅうがく）⓪ 入学
- ○質問（しつもん）⓪ 问题，疑问
- ○挨拶（あいさつ）① 寒暄语
- ○失敗（しっぱい）⓪ 失败
- ○言葉遣い（ことばづかい）④ 说法
- ○悔しい（くやしい）③ 悔恨的

12．13．

女：はい、田中でございます。

男：東京国際大学の鈴木ですけど。

女：あ、鈴木さん。主人がいつもお世話になっております。

男：いいえ、こちらこそ。あの、田中先生はいらっしゃいますでしょうか。

女：実は仕事で京都へ出張しておりますけれど。

男：あっ、そうですか。

女：お急ぎでしたら、主人の携帯番号を申し上げますから、それにおかけになってください。

男：ああ、助かります。どうもありがとうございます。

【正解】A 和 C

【解析】男子打电话去田中老师家，田中老师的夫人接的电话。告知男子田中老师因工作去京都出差了，所以第12题的正确答案为 A。紧接着田中老师的夫人说，如果紧急的话，可以拨打田中老师的电话。并由男子讲的"ああ、助かります。どうもありがとうございます。"可知，接下来男子要给田中老师打电话，故第13题选 C。

【重点词汇】
- ○国際（こくさい）⓪ 国际
- ○世話（せわ）② 照顾；帮忙
- ○急ぐ（いそぐ）② 着急，赶紧
- ○申し上げる（もうしあげる）⑤ 说，讲（言う的自谦语）
- ○助かる（たすかる）③ 得救，脱险
- ○主人（しゅじん）① 丈夫
- ○出張（しゅっちょう）⓪ 出差

14．15．

男：きれいだね。どこで買った？

女：公園の前のスーパーで買ったのよ。

男：えっ？スーパーでもこんなきれいな帽子を売っているのか？デパートのより安い？

女：ええ。5千円だったの。

男：ちょっと高くない？僕は少し高いと思うけど。

女：でも、気に入っているから。

【正解】C 和 A

【解析】由"公園の前のスーパーで買ったのよ"可知，帽子是在公园前的超市买的，故第 14 题选 C。男子说"僕は少し高いと思うけど"可知，男子觉得帽子有点贵，故第 15 题选 A。

【重点词汇】

○公園（こうえん）⓪ 公园　　　　○帽子（ぼうし）⓪ 帽子

○売る（うる）⓪ 卖，销售　　　　○安い（やすい）② 便宜的

○少し（すこし）② 有点，稍微　　○気に入る（きにいる）⓪ 称心

九 模拟练习

第一节（共 7 小题，每小题 2 分，满分 14 分）

听下面 7 段录音，每段录音后有 1 个小题，从题中所给的 A、B、C 三个选项中选出最佳选项。听完每段录音后，你将有 10 秒钟的时间回答该小题和阅读下一小题。每段录音仅读一遍。

1. 明日の天気はどうなりますか。

　　A. 晴れ→雨→雪　　　B. 晴れ→雪→雨　　　C. 雨→晴れ→雪

2. お母さんは子供たちにどう言っていますか。

　　A. テレビを消さなくてもいいです。

　　B. 勉強してから、テレビを見たほうがいい。

　　C. 二つのことを一緒にしてはいけません。

3. 二人はこれからどうやって帰りますか。

　　A. 電車　　　　　　　B. タクシー　　　　　C. バス

4. この町の人口はどのように変化しましたか。

　　A. 少し増えた。　　　B. 少し減った。　　　C. ぜんぜん変わらなかった。

5. 女の人はどのように連絡をとっていますか。

　　A. 女の人はよく友達に手紙を書きます。

B. 女の人は友達からよく電話をもらいます。

C. 二人はよくメールで連絡します。

6. 男の人はどのように疲れをとっていますか。

 A. 睡眠を取る。   B. 散歩をする。   C. マラソンをする。

7. 走った後はまずどうしたらいいですか。

 A. 5分ぐらい座ります。

 B. 水を飲みます。

 C. ゆっくり歩きます。

第二节（共8小题，每小题2分，满分16分）

听下面4段录音，每段录音后有2个小题，从题中所给的A、B、C三个选项中选出最佳选项。听每段录音前，你将有时间阅读各个小题，每小题5秒钟；听完后，各小题将给出5秒钟的作答时间。每段录音读两遍。

8. 会議は何時からですか。

 A. 4時   B. 5時   C. 6時

9. 女の人はどう思っていますか。

 A. 大嫌いだと思っている。

 B. してもいいと思っている。

 C. しなくてもいいと思っている。

10. 男の人は今日どうやって駅まで行きましたか。

 A. バス   B. 車   C. 自転車

11. 今はどんな季節ですか。

 A. 春   B. 夏   C. 冬

12. 部屋はどうなっていますか。

 A. トイレは水が出ない。

 B. シャワーは水が出ない。

 C. シャワーはお湯が出ない。

13. 女の人はこれからどうしますか。

 A. 部屋を変える。

 B. トイレの修理を頼む。

 C. シャワーの修理をする。

14. 男の人は、歯を磨いた後で朝ご飯を食べると、どうなると言っていますか。

 A. 歯が丈夫になる。

 B. 朝ご飯をたくさん食べてしまう。

 C. 朝ご飯がおいしくなくなる。

15. 今日、男の人はどうしましたか。

 A. 歯を磨いたあとで朝ご飯を食べました。

 B. 雑誌を読みながら歯を磨きました。

 C. 朝ご飯を食べた後で歯を磨きました。

听力原文及解析

1.

男：明日の天気はどうですか。

女：天気予報では、午前中はいい天気だそうですよ。

男：午後は？

女：午後は雨だけど、夕方には雪が降ると言っていましたよ。

【正解】A

【解析】关键句：①天気予報では、午前中はいい天気だそうですよ。/ 据天气预报报道，上午天气不错。②午後は雨だけど、夕方には雪が降ると言っていましたよ。/ 下午有雨，傍晚有雪。

2.

母：ねえ、ちょっと、あんたたち、テレビ、消しなさいよ。今、勉強してるんでしょう。テレビを見るときはテレビを見る。勉強するときは勉強する。テレビがついていたら、勉強が頭に入らないでしょう。

【正解】C

【解析】关键句：テレビがついていたら、勉強が頭に入らないでしょう。/ 如果开着电视的话，就不能集中精力学习吧。

3.

女：あ、お父さん！

男：あ、花子！
女：電車止まっちゃったね。事故で。
男：うーん、タクシーで帰るか。
女：見て、もうあんなに人が…
男：うーん、やっぱり電車を待つしかないか。
女：そうだね、バスもないし。

【正解】A

【解析】关键句：やっぱり電車を待つしかないか。/ 还是只能等电车了吧。

4.

女：おはようございます。今日はこの町の一番新しい資料が手に入ったので、それについてお話しします。この町の人口は約40万人です。人口の増減は去年に比べると、プラス20人でした。

【正解】A

【解析】关键句：人口の増減は去年に比べると、プラス20人でした。/ 人口的增减和去年相比，增加了20人。

5.

男：君、友達外国にいるんだって、彼にはよく手紙なんか書きますか。
女：いいえ。手紙は書きません。たまにはメールで連絡しますが、ほとんどは電話で話します。
男：でも国際電話だと電話代がかかって大変だろう。
女：いいえ、大丈夫です。私からは電話しないんです。いつも向こうからかかってくるんです。
男：じゃ、彼の方が大変なんだ。
女：ええ、でも手紙より簡単ですから。

【正解】B

【解析】关键句：いつも向こうからかかってくるんです。/ 总是那边打过来电话。

6.

男：鈴木さんは、勉強や仕事で疲れたら、どのようにその疲れを取るんですか。

女：はい。私の場合はマラソンか散歩します。

男：僕はね、ゆっくりと寝ることによって疲れを取るんですよ。

女：どのぐらい寝ればいいんですか。

男：それはね、必ず8時間寝なければなりませんよ。

【正解】A

【解析】关键句：ゆっくりと寝ることによって疲れを取るんですよ。/ 好好睡一觉，可以消除疲劳。

7.

男：えー、これから一緒に30分ぐらい走りますから、え、走った後ですぐに止まったり、座ったりしないでください。いいですか。走った後はそのまま5分ぐらいゆっくり歩いて、それから休んでください。その後は水を飲んでもかまいません。

【正解】C

【解析】关键句：走った後はそのまま5分ぐらいゆっくり歩いて、それから休んでください。/ 跑完后请慢步走5分钟左右，然后再休息。

8. 9.

女：明日、会議だって。

男：え？また会議？

女：ええ。

男：それで、何時から？

女：6時。

男：嫌だー。仕事は5時までなのに、4時ならいいなあ。

女：いいんじゃない？早く帰っても、別にすることないんでしょう。

【正解】C 和 B

【解析】关键句：①6時。/ 会议开始时间为6点。②いいんじゃない？早く帰っても、別にすることないんでしょう。/ 不好吗？即使回去得早，也没有别的可以做的事情吧。

10. 11.

男：おはよう、今日も雨だね。

女：そうですね。梅雨の季節ね。山田さん、バスで来た？

男：ううん、車。母に駅まで送ってもらったんだ。

女：いいな、いつも車？

男：今日は特別。いつもは自転車かバスなんだ。本当は歩きたいんだけど、時間がなくて。

女：うん、私は毎日歩くんだ。

男：歩くのは気持ちがいいね。

女：ええ、でも、こんな天気の日はね…

【正解】B 和 B

【解析】关键句：①梅雨の季節ね。／是梅雨的季节呢。②母に駅まで送ってもらったんだ。／母亲开车送我去了车站。

12、13.

女：あのう、私、205の部屋ですけど、シャワーのお湯が出ないんです。修理お願いできますか。

男：あ、そうですか。申し訳ございません、ちょっとお伺いしたいんですが、水は出るんですか。

女：はい、シャワーもトイレも水は出るんですが。

男：大変ご迷惑をおかけしました。もしよろしければ、お部屋を変えてもよろしいですか。

女：そうですか。じゃ、お願いします。

【正解】C 和 A

【解析】关键句：①シャワーのお湯が出ないんです。／淋浴器不出热水。②お部屋を変えてもよろしいですか。／可以换一间房间吗？

14、15.

男：みなさんはいつ歯を磨きますか。私は今まで朝ご飯を食べた後で歯を磨いていました。食べる前に歯を磨くと、朝ご飯が美味しくなくなるからです。でも、昨日読んだ雑誌には、歯を磨いた後で食べた方が体にいいと書いてありました。今日は、私は歯を磨いた後で朝ご飯を食べました。

【正解】C 和 A

【解析】关键句：①食べる前に歯を磨くと、朝ごはんが美味しくなくなるからです。／吃饭之前刷牙的话，早餐会变得美味。②今日は、私は歯を磨いた後で朝ご飯を食べました。／我今天刷牙之后吃的早餐。

专题七 何、どれ、どの

一 题型介绍

考查物品是高考日语听力题中常见的考点之一。在历年高考日语听力真题中，对物品的考查的形式比较多样，如想吃什么东西，打算买什么东西，计划送什么东西等。考生在做题过程中需要注意表示选择的表达方式，如"～にする""それとも"等。

二 常见提问形式

1. ～は何ですか／ますか。
2. どれ／何にしますか。
3. 何について聞きましたか／話しますか。
4. ～はどれですか。
5. どの～がありますか。
6. 一番～はどれですか／どの～ですか。

三 常见词汇

1. 选择、决定

選ぶ（えらぶ）②	选择	選択（せんたく）⓪	选择
それとも③	或者	または②	或者
決める（きめる）⓪	决定	間違える（まちがえる）④	弄错
アイディア①③	主意，创意	ほしい②	想要的

2. 食物、饮品

料理（りょうり）①	菜肴	肉（にく）⓪	肉
鶏肉（とりにく）⓪	鸡肉	魚（さかな）⓪	鱼
牛肉（ぎゅうにく）⓪	牛肉	刺身（さしみ）③	生鱼片

(续表)

弁当（べんとう）③	便当	味噌（みそ）①	味噌
果物（くだもの）②	水果	ご飯（ごはん）①	饭
牛乳（ぎゅうにゅう）⓪	牛奶	ミルク①	牛奶
うどん⓪	乌冬面	ラーメン①	拉面
カレー⓪	咖喱	パン①	面包
サンドイッチ④	三明治	ハンバーガー③	汉堡包
トマト①	西红柿	キャベツ①	卷心菜
ケーキ①	蛋糕	ジュース①	果汁
寿司（すし）①	寿司	のり②	海苔

3. 日常生活

本（ほん）①	书	辞書（じしょ）①	字典,词典
教科書（きょうかしょ）③	教科书	参考書（さんこうしょ）⓪	参考书
人形（にんぎょう）⓪	玩偶	電卓（でんたく）⓪	计算器
葉書（はがき）⓪	明信片	ノート①	笔记本
電池（でんち）①	电池	鞄（かばん）⓪	包
机（つくえ）⓪	桌子	鉛筆（えんぴつ）⓪	铅笔
荷物（にもつ）①	货物;行李	携帯（けいたい）⓪	手机
お金（おかね）⓪	钱	茶碗（ちゃわん）⓪	饭碗
パソコン⓪	电脑	ボールペン④	圆珠笔
ドラマ①	电视剧	テレビ①	电视
お土産（おみやげ）⓪	特产,礼物	プレゼント②	礼物
ゴミ②	垃圾	ゲーム①	游戏

4. 服装穿戴

帽子（ぼうし）⓪	帽子	服（ふく）②	衣服
腕時計（うでどけい）③	手表	マフラー①	围巾
スーツ①	西装	着物（きもの）⓪	和服
ネクタイ①	领带	ワンピース③	连衣裙

5. 颜色、特征

黑（くろ）①	黑色	白（しろ）①	白色
赤（あか）①	红色	青（あお）①	蓝色
黄色（きいろ）⓪	黄色	緑（みどり）①	绿色
大きい（おおきい）③	大的	小さい（ちいさい）③	小的
高い（たかい）②	贵的；高的	安い（やすい）②	便宜的
長い（ながい）②	长的	短い（みじかい）③	短的
重い（おもい）②	重的	軽い（かるい）⓪	轻的

四 必备句型和表达

▶ **1. ～にする　选择……，决定……**

说明：表示选择和决定的结果。

例句：じゃ、来週の金曜日にしようか。/ 那么，就决定下周五吧。

▶ **2. ～か～か　或者……**

说明：给出两个或多个可选项来选择。

例句：東北線か山手線の東京方面行きに乗ってください。/ 请乘坐东北线或者去往东京方向的山手线。

▶ **3. ～ことにする　决定……**

说明：表示主语个人主观的决定，做出一个行动，主观语气强烈。

例句：上海に行くことにしました。/ 我决定去上海了。

▶ **4. ～について　关于……**

说明：表示说明的话题或者主题的内容。

例句：最近、ある大学で学生の好きなスポーツについてアンケートを行いました。/ 最近，在某大学就学生喜欢的运动进行了问卷调查。

▶ **5. ～てみる　尝试做……**

说明：表示主语尝试做某事。

例句：海のある所へ行ってみたいなあ。/ 真想试着去一下有海的地方啊。

五 真题示例

例题 女の人は何がおいしいと言っていますか。【2019年第5题】

　　A. 鶏肉　　　　　　B. 鍋料理　　　　　　C. 魚料理

【正解】B

【解析】这是女子和男子关于餐厅和菜肴的交流。男子说电车站前的那家餐厅的鸡肉很好吃，女子觉得火锅更加美味，有很多蔬菜和豆腐。由于题目问的是女子觉得什么好吃，因此答案为B。

【原文】

女：駅前の新しいレストラン、おいしかった。

男：そう。あそこの鶏肉はおいしいね。

女：ええ。でも、私、鍋料理がおいしかった。野菜や豆腐がいっぱい入ってて。

男：そう、今度食べてみよう。

【重要词汇】

○駅前（えきまえ）③ 车站前面　　　　○鶏肉（とりにく）⓪ 鸡肉

○鍋料理（なべりょうり）③ 火锅

六 解题技巧

（1）认真读题，做好区分。考生在做听力题目之前，务必仔细阅读题干与选项，需明确是谁去做。真题示例中，题干中的主语是"女の人"，因此考生在听听力的时候，要重点关注女人的讲话。

（2）勤做笔记，排除干扰。一般情况下，男女两人在对话中出现两个或者三个选项中的物品，考生在听听力的过程中，需要勤做笔记，厘清选项中的物品归属于谁。

七 真题演练

第一节（共3小题）

听下面3段录音，每段录音后有1个小题，从题中所给的A、B、C三个选项中选出最佳选项。听完每段录音后，你将有10秒钟的时间回答该小题和阅读下一小题。每段录音仅读一遍。

1. 女の人は道子の誕生日にどんなプレゼントをするつもりですか。【2006年第2題】

  A. カバン   B. 人形   C. 映画の切符

2. 大学生のいちばん好きなスポーツはどれですか。【2010年第7題】

  A. サッカー   B. ジョギング   C. 野球

3. 京都味噌は何みそですか。【2017年第2題】

  A. 赤みそ   B. 白みそ   C. 黄色みそ

第二节（共2小题）

听下面1段录音，每段录音后有2个小题，从题中所给的A、B、C三个选项中选出最佳选项。听每段录音前，你将有时间阅读各个小题，每小题5秒钟；听完后，各小题将给出5秒钟的作答时间。每段录音读两遍。

4. 男の人は先週どんなスポーツをしたか。【2010年第14題】

  A. 卓球   B. 水泳   C. バスケットボール

5. 2人は来週の何曜日にスポーツセンターへ行くか。【2010年第15題】

  A. 水曜日   B. 木曜日   C. 金曜日

🎧 听【真题演练】录音，将下列会话补充完整。

1.

女：ねえ、道子の（　　　）に何をするつもり？

男：そうだね。新しい（　　　）を買いたいと思っているんだ。それに一緒に（　　　）を見に行くと約束したんだ。君は？

女：わたし？まだ決まってないんですよ。たぶん彼女の大好きな（　　　）を買うかも知れないわ。

2.

男：最近、ある大学で学生の好きな（　　　）についてアンケートを行いました。そこでどんなスポーツが一番好きかを調べてみました。（　　　）は（　　　）と（　　　）より多いです。

3.

男：日本人はよく（　　　）を食べますが、その味噌は（　　　）同じですか。

女：いいえ、所によって（　　　）ますよ。

男：色はみんな（　　　）でしょう？

女：そうですね、東京は赤味噌ですが、京都は白味噌が多いです。

4. 5.

男：あの新しいスポーツセンター、入ったことある？

女：まだ。どうだった？

男：すごくいいところなんだ。いろんなスポーツができたんだ…先週の（　　　）、（　　　）をやったし、（　　　）の試合も見たし。来週一緒に行かない？

女：いいわ。（　　　）はちょっと無理だけど、ほかの日はいつでもいいわ。

男：じゃ、来週の金曜日にしようか。長くできるし。

女：そうね。じゃ、学校が終わってからね。

男：ええ。

🎧 听力原文及解析

1.

女：ねえ、道子の（誕生日）に何をするつもり？

男：そうだね。新しい（カバン）を買いたいと思っているんだ。それに一緒に（映画）を見に行くと約束したんだ。君は？

女：わたし？まだ決まってないんですよ。たぶん彼女の大好きな（人形）を買うかも知れないわ。

【正解】B

【解析】由关键句"たぶん彼女の大好きな人形を買うかも知れないわ"可知，女人打算送道子人偶，故选B。

【重点词汇】

　　○プレゼント② 礼物　　　　　　○約束（やくそく）⓪ 约定

　　○人形（にんぎょう）⓪ 人偶

2.

男：最近、ある大学で学生の好きな（スポーツ）についてアンケートを行いました。そ

こでどんなスポーツが一番好きかを調べてみました。（ジョギング）は（サッカー）と（野球）より多いです。

【正解】B
【解析】3个选项都在对话中出现，但是由"ジョギングはサッカーと野球より多いです"可知，喜欢慢跑的人比喜欢足球和棒球的人多，故选B。
【重点词汇】
　　○スポーツ②　运动　　　　　　○アンケート③　调查问卷
　　○ジョギング⓪　慢跑　　　　　○サッカー①　足球
　　○野球（やきゅう）⓪　棒球

3.

男：日本人はよく（味噌）を食べますが、その味噌は（どこでも）同じですか。
女：いいえ、所によって（違い）ますよ。
男：色はみんな（黄色）でしょう？
女：そうですね、東京は赤味噌ですが、京都は白味噌が多いです。

【正解】B
【解析】由"京都は白味噌が多いです"可知，京都白味噌居多，故答案选B。
【重点词汇】
　　○味噌（みそ）①　味噌；大酱　　　○色（いろ）②　颜色
　　○黄色い（きいろい）⓪　黄色

4. 5.

男：あの新しいスポーツセンター、入ったことある？
女：まだ。どうだった？
男：すごくいいところなんだ。いろんなスポーツができたんだ…先週の（火曜日）、（卓球）をやったし、（バスケット）の試合も見たし。来週一緒に行かない？
女：いいよ。（水曜日）はちょっと無理だけど、ほかの日はいつでもいいわ。
男：じゃ、来週の金曜日にしようか。長くできるし。
女：そうね。じゃ、学校が終わってからね。
男：ええ。

【正解】A 和 C

【解析】由"先週の火曜日、卓球をやったし"可知，男子上周打了乒乓球，故第 4 题选 A，后面的"バスケットの試合"可能会有干扰，所以要听清楚"試合"这个单词。男子看了篮球比赛，而不是自己打了篮球，排除 C。由"じゃ、来週の金曜日にしようか"和"そうね。じゃ、学校が終わってからね"可知，第 5 题正确答案为 C。

【重点词汇】

○センター① 中心
○卓球（たっきゅう）⓪ 乒乓球
○試合（しあい）⓪ 比赛
○ほか⓪ 其他，另外
○長い（ながい）② 长

○先週（せんしゅう）⓪ 上周
○バスケットボール⑥ 篮球
○無理（むり）① 做不到，难办
○日（ひ）① 日子

八 真题练习

第一节（共7小题，每小题2分，满分14分）

听下面 7 段录音，每段录音后有 1 个小题，从题中所给的 A、B、C 三个选项中选出最佳选项。听完每段录音后，你将有 10 秒钟的时间回答该小题和阅读下一小题。每段录音仅读一遍。

1. 男の人がほしいのはどれですか。【2019 年第 2 题】
    A. CD　　　　　B. 漫画　　　　　C. ゲーム

2. 晩ご飯は何にしますか。【2018 年第 2 题】
    A. 肉　　　　　B. 魚　　　　　C. うどん

3. 女の人はコーヒーに何を入れるか。【2010 年第 5 题】
    A. 砂糖　　　　B. 牛乳　　　　C. 砂糖と牛乳

4. 男の人はどんなテレビ番組をよく見ますか。【2014 年第 6 题】
    A. お笑い番組　　B. テレビドラマ　　C. スポーツ番組

5. 女の子は何について聞きましたか。【2021 年第 7 题】
    A. レストラン　　B. 旅行　　　　C. 料理

6. 女の学生は何のお土産を先生に差し上げますか。【2011 年第 14 题】
    A. 書類　　　　B. 食べ物　　　　C. 着るもの

7. 2人は何について話していますか。【2009年第6題】

　　A. はし　　　　　B. ちゃわん　　　　　C. コップ

第二节（共8小题，每小题2分，满分16分）

听下面4段录音，每段录音后有2个小题，从题中所给的A、B、C三个选项中选出最佳选项。听每段录音前，你将有时间阅读各个小题，每小题5秒钟；听完后，各小题将给出5秒钟的作答时间。每段录音读两遍。

8. 故郷はどう変わりましたか。【2011年第8題】

　　A. 橋も高いビルもできました。

　　B. 教育レベルが高くなりました。

　　C. 自然はもっときれいになりました。

9. 女の人がいちばん驚いたのは何ですか。【2011年第9題】

　　A. 道路と建物　　　B. 人々の歩き方　　　C. 自然の変わり方

10. 試験中、使えるものは何ですか。【2009年第14題】

　　A. 鉛筆　　　　　B. 電卓　　　　　C. 教科書

11. 試験中、してはいけないことは何ですか。【2009年第15題】

　　A. トイレに行くこと

　　B. 先生に質問すること

　　C. 開始後20分以内に教室を出ること

12. 女の人は何色の電車に乗ればいいですか。【2005年第10題】

　　A. 青か緑　　　　B. 青と緑　　　　C. 青か緑と黄色

13. 女の人はどこで乗り換えますか。【2005年第11題】

　　A. 上野　　　　　B. 秋葉原　　　　C. 新宿

14. 女の人が間違えたものはどれですか。【2005年第12題】

　　A. ボールペン　　　B. ノート　　　　C. はがき

15. 女の人はこれから何をしますか。【2005年第13題】

　　A. ボールペンを交換し、はがきを買う。

　　B. ボールペンを交換し、ノートを買う。

　　C. 電池を交換し、はがきを買う。

听力原文及解析

1.

男：お母さん、僕がほしいのはこれだよ。

女：どれ？ゲーム？それともCD？

男：いいえ、この漫画の本だよ。今、みんな読んでいるんだ。

【正解】B

【解析】妈妈问儿子要ゲーム还是CD，由儿子的回答"いいえ、この漫画の本だよ"可知，他想要的是漫画书，因此选B。

【重点词汇】

○それとも③ 或者　　　　　　　○漫画（まんが）⓪ 漫画

○ゲーム① 游戏

2.

男：晩ご飯、何にしようかな。

女：そうですね。お昼は何を食べたの？

男：魚とご飯だったが…

女：私はうどんを食べたから、今度は肉にしようかな。

男：そうだね。そうしよう。

【正解】A

【解析】由"今度は肉にしようかな"可知，这次吃肉，故答案选A。

【重点词汇】

○魚（さかな）⓪ 鱼，鱼类，鱼肉　　○うどん⓪ 乌冬面

○肉（にく）⓪ 肉

3.

女：コーヒーを入れましょうか。

男：はい。でも、砂糖は入れないでください。その代わり、牛乳を入れてください。

女：はい、分かりました。

【正解】B

【解析】由"砂糖は入れないでください。その代わり、牛乳を入れてください"可知，

答案选 B。

【重点词汇】

○砂糖（さとう）② 砂糖　　　　○牛乳（ぎゅうにゅう）⓪ 牛奶
○入れる（いれる）⓪ 放入

4.

女：王さんはスポーツ番組を見ますか。

男：いいえ、テレビドラマをよく見ます。

女：日本語はみんな分かりますか。

男：半分ぐらいです。でも、面白いです。

女：お笑い番組はどうですか。

男：僕には難しすぎるから、あまり見ないんです。

【正解】B

【解析】这题问的是男子经常看什么样的电视节目。此题排除干扰项的重点在于男子的回答，首先由男子的回答"いいえ"排除选项C"运动节目"。由"あまり見ない"排除选项A。由关键句"テレビドラマをよく見ます"可知，男子经常看电视剧，故答案为B。

【重点词汇】

○番組（ばんぐみ）⓪ 节目　　　　○テレビドラマ④ 电视剧
○お笑い（おわらい）⓪ 搞笑节目；笑料；相声
○あまり⓪（后接否定）不太……，不怎么……

5.

男：今度の休み、どこか旅行するの？

女：ええ、上海に行くことにしました。

男：あ、上海なら、僕も行ったことがあるよ。

女：じゃ、おいしいレストランとかご存知ですか。

男：いいレストラン、あったけど、僕が行ったのは10年前だから、ずいぶん変わっちゃったんじゃないかなあ。

【正解】A

【解析】由"おいしいレストランとかご存知ですか"可知，女子在问餐厅，答案选A。

【重点词汇】

○今度（こんど）① 这次，下次　　　○レストラン① 餐厅
○ご存知（ぞんじ）② 您知道　　　○ずいぶん① 非常，很
○変わる（かわる）② 变化，改变

6.

女：先生、あのう、今、国から両親が来ているんですが、これをぜひ先生にさしあげるようにと言われました。

男：えっ、そんな珍しいものを。

女：お口に合うかどうか、分かりませんが、よろしかったら、どうぞ、ご家族で召し上がってください。

【正解】B

【解析】由"お口に合うかどうか""ご家族で召し上がってください"可知，送的是吃的东西，因此答案选B。

【重点词汇】
○口に合う（くちにあう）合口味　　　○召し上がる（めしあがる）④ 吃，喝

7.

男：1回しか使っていないのに捨てるなんて、これはちょっとね。

女：そうですね。そうすると、資源はますます少なくなりますね。

男：うん。この食堂だけでも1日に何百本も捨ててるんだよ。

女：それにほとんど輸入してるんですってね。

男：うん。

【正解】A

【解析】由"1日に何百本も捨ててるんだよ"可知，题中所说的物品为长条形，只有A选项符合。

【重点词汇】
○捨てる（すてる）⓪ 丢弃　　　○資源（しげん）① 资源
○ますます② 越来越　　　○箸（はし）① 筷子

8. 9.

女：20年ぶりに、生まれた故郷に帰ったんです。

男：ずいぶん変わっていたでしょう。

女：ええ、確かに、橋もできましたし、高いビルもたくさん建っていましたよ。

男：じゃあ、自然は、あまり残っていないんですね。

女：そうなんです。でも、何と言っても驚いたのは、みんな忙しそうにしていたことですね。昔はそんなに忙しく歩いていなかったような気がするんです。

【正解】A 和 B

【解析】由"橋もできましたし、高いビルもたくさん建っていましたよ"可知，第8题选A。由"何と言っても驚いたのは、みんな忙しそうにしていたことですね。昔はそんなに忙しく歩いていなかったような気がするんです"可知，第9题选B。

【重点词汇】
- 橋（はし）② 桥
- 建つ（たつ）① 建成
- ビル① 大楼
- 何と言っても（なんといっても）① 不管怎么说，毕竟
- 歩く（あるく）② 步行

10. 11.

男：えー、これからテストについて、注意してもらいたいことを言いますので、よく聞いてください。今度のテストでは、正しい答えの番号に鉛筆で印を付けてください。また、教科書や電卓を使わないこと。テスト中、トイレに行く時は手を上げて先生に言ってください。それから、必ず試験の時間を守らなければなりません。テストが始まってから30分は教室を出ることができません。

【正解】A 和 C

【解析】由"教科書や電卓を使わないこと"可知，第10题答案选A。由"テストが始まってから30分は教室を出ることができません"可知，第11题选C。

【重点词汇】
- 教科書（きょうかしょ）③ 教科书
- 電卓（でんたく）⓪ 计算器
- トイレ① 厕所
- 手を上げる（てをあげる）举手

12. 13.

女：今、上野に着いたんですけど、そちらへは、どうやって行けばいいんでしょうか。

男：えーと、そちらから、京浜東北線か、山手線の東京方面行きに乗ってください。

女：すみません。京浜…何ですか。

男：はい、京浜東北線、青い電車です。緑の山手線でもいいんですが。

女：あ、青か緑に乗ればいいんですね。

男：はい。それで、秋葉原で総武線に乗り換えてください。総武線は黄色の電車ですので。

女：秋葉原で黄色の電車ですね。

男：はい。新宿で降りてください。

女：はい、分かりました。

【正解】C 和 B

【解析】由"あ、青か緑に乗ればいいんですね""秋葉原で黄色の電車ですね"可知，第12题正确答案为C。第13题由"秋葉原で総武線に乗り換えてください"可知，选B。

【重点词汇】
- 山手線（やまのてせん）⓪ 山手线
- 方面（ほうめん）③ 方面
- 秋葉原（あきはばら）③ 秋叶原
- 乗り換える（のりかえる）④③ 换乘
- 青（あお）① 蓝色
- 緑（みどり）① 绿色
- 総武線（そうぶせん）③ 总武线
- 黄色（きいろ）⓪ 黄色
- 新宿（しんじゅく）⓪ 新宿
- 降りる（おりる）② 下，下来

14. 15.

女：山田さん、頼まれたもの買ってきました。

男：あ、ありがとう。

女：あのう、電池とボールペンはあったんですが、ノートは大きいサイズがなしって。

男：あ、そう。いいよ。別に急いでいないから。あれ？ぼく、赤のボールペンって言わなかった？

女：はい、そうですが…あ、これ、黒のですね。すみません。間違えました。

男：えーと、それからはがきは？

女：あ、忘れました。

男：困ったね。もう1度行ってきて、そしてボールペン交換してくるように。

女：はい、分かりました。

【正解】A 和 A

【解析】3个选项都在对话里出现了，首先根据男子的反应笔记本没有问题，排除B。由关键句"赤のボールペンって言わなかった？""あ、これ、黒のですね。すみません。

間違えました"可知，弄错了圆珠笔的颜色，所以选A。后面提到"はがき"，女子的反应是"忘れました"，因此排除C。由"ボールペン交換してくるように"可知，第15题答案选A。

【重点词汇】

○頼む（たのむ）② 请求，恳求　　　　○電池（でんち）① 电池

○ボールペン④ 圆珠笔　　　　　　　　○サイズ① 尺寸

○急ぐ（いそぐ）② 赶紧，着急　　　　○赤（あか）① 红色

○黒（くろ）① 黑色　　　　　　　　　○間違える（まちがえる）④ 弄错

○葉書（はがき）⓪ 明信片　　　　　　○忘れる（わすれる）⓪ 忘记

○交換（こうかん）⓪ 交换

九 模拟练习

第一节（共7小题，每小题2分，满分14分）

听下面7段录音，每段录音后有1个小题，从题中所给的A、B、C三个选项中选出最佳选项。听完每段录音后，你将有10秒钟的时间回答该小题和阅读下一小题。每段录音仅读一遍。

1. 女の人は何を買ってきますか。
　　A. おにぎり　　　　　B. ケーキ　　　　　C. ジュース
2. 女の人は何が分かりやすいと思いますか。
　　A. 会話　　　　　　　B. 文法　　　　　　C. 単語
3. 女の人は何を注文しましたか。
　　A. カレー　　　　　　B. 卵焼き　　　　　C. お刺身
4. 男の人は学校に何を忘れてしまいましたか。
　　A. ノート　　　　　　B. 鉛筆　　　　　　C. 本
5. 女の人は来週の面接に何を持っていきますか。
　　A. ペン　　　　　　　B. 写真　　　　　　C. 資料
6. 二人は何について話していますか。
　　A. 鞄　　　　　　　　B. 机　　　　　　　C. 本棚
7. 女の人は何色のワンピースを買おうと思いますか。
　　A. 茶色　　　　　　　B. 黒　　　　　　　C. 黄色

第二节（共 8 小题，每小题 2 分，满分 16 分）

听下面 4 段录音，每段录音后有 2 个小题，从题中所给的 A、B、C 三个选项中选出最佳选项。听每段录音前，你将有时间阅读各个小题，每小题 5 秒钟；听完后，各小题将给出 5 秒钟的作答时间。每段录音读两遍。

8. 二人は明日の朝何を食べますか。
    A. 味噌汁　　　　　　　B. サンドイッチ　　　　　C. パスタ
9. 試験中、使ってはいけないものはどれですか。
    A. 携帯　　　　　　　　B. 電子辞書　　　　　　　C. ノート
10. 女の人はどんなプレゼントがほしいですか。
    A. ケーキ　　　　　　　B. 腕時計　　　　　　　　C. 鞄
11. 男の人が買い忘れたのは何ですか。
    A. 玉ねぎ　　　　　　　B. 油　　　　　　　　　　C. 醤油
12. 女の人は何を飲みますか。
    A. リンゴジュース　　　B. オレンジジュース　　　C. 紅茶
13. 男の人の家では、正月に何を用意しますか。
    A. お年玉　　　　　　　B. 年越しそば　　　　　　C. おせち料理
14. 男の人は何を買いましたか。
    A. ネクタイとスーツ　　B. 腕時計とスーツ　　　　C. ネクタイと腕時計
15. 男の人はこれから何を買いたいですか。
    A. 魚　　　　　　　　　B. 鶏肉　　　　　　　　　C. お酢

🎧 听力原文及解析

1.

男：ああ、お腹が空いたなあ。

女：何か買ってこようか。

男：ありがとう。じゃあ、ケーキをお願い。

女：甘いものはダメだって、この前、先生に言われたでしょ。

男：そうか…ジュースもだめだね。ならこれにしようよ。

【正解】A

【解析】关键句：①甘いものはダメだって、この前、先生に言われたでしょ。/ 医生之前说了甜食不可以吃吧。②ジュースもだめだね。/ 果汁也不可以。

2.

男：新しい教科書、読みましたか。

女：はい、一応読んでみたんですけど、会話の内容はなかなか難しい気がします。でも、文法についての説明は分かりやすかったと思いますよ。

男：そうですか。僕にとっては、どっちも結構難しかったですね。分からない単語が多すぎて、辞書を引きながら読んでいたんです。

女：そうなんですか。でも、内容はおもしろかったと思いませんか。

男：さあ…どうでしょう。

【正解】B

【解析】关键句：文法についての説明は分かりやすかったと思いますよ。/ 我觉得关于语法的说明很容易懂。

3.

男：いらっしゃいませ。こちらはメニューでございます。

女：ありがとう。おすすめは何ですか。

男：こちらのお刺身は結構人気ですよ。

女：生のものはちょっと…

男：そうですか。じゃ、こちらのカレーと卵焼きもおすすめですが。

女：辛いのが苦手なので、じゃ、卵焼きをください。

【正解】B

【解析】关键句：辛いのが苦手なので、じゃ、卵焼きをください。/ 我不能吃辣的，那么请给我煎鸡蛋卷。

4.

女：今日の宿題はできたの？

男：今からやるよ。あれ？ノートがない。

女：本の中に挟まれてない？

男：さっき見たけど、なかったよ。

女：学校とかに忘れたんじゃない。

男：あっ、そうだった。

【正解】A

【解析】关键句：今からやるよ。あれ？ノートがない。/ 我现在就做。哎呀？笔记本不见了。

5.

女：あのう、来週の面接には何を持っていけばいいんですか。

男：そうですね。資料はもう届いていますから、当日は写真を一枚いただければ結構ですよ。

女：はい。ペンなどは持っていかなくて大丈夫ですか。

男：ええ、こちらで用意しますので、大丈夫です。

【正解】B

【解析】关键句：資料はもう届いていますから、当日は写真を一枚いただければ結構ですよ。/ 资料已经收到了，当天带一张照片就够了。

6.

女：もっと高いのがいいよね。

男：でも、高すぎると、買えないかもしれないよ。

女：そうね、じゃ、これはどう？大きさもちょうどいいし、たくさん入れることができるようだね。

男：いいね。これにしよう。

【正解】A

【解析】关键句：大きさもちょうどいいし、たくさん入れることができるようだね。/ 大小刚好，好像也能装很多东西。

7.

男：こちらの黒のワンピースはいかがですか。

女：可愛いと思いますけど、黒はちょっと…

男：ほかに、茶色と黄色のもありますが…

女：黄色のワンピースは何枚も持っているので、違う色のほうがいいです。赤か茶色のをください。

男：かしこまりました。

【正解】A

【解析】关键句：①黒はちょっと…/ 黑色有点……（不喜欢）。②黄色のワンピースは何枚も持っているので、違う色のほうがいいです。赤か茶色のをください。/ 我有好几件黄色连衣裙，所以最好是不同颜色的。请给我红的或茶色的。

8．9．

男：明日の朝ごはんはパスタにする？

女：また？今朝食べたばかりなのに…

男：じゃ、味噌汁はどう？温かくて、体にもいいし。

女：朝ごはんは和食より洋食のほうがいいわ。サンドイッチとか。

男：いいね。ところで、明日の試験について、まだ分からないところがある？

女：そうね。試験中、使っていいものは何？先生はなんと言った？

男：先生は電子辞書は大丈夫だが、携帯はだめだって言ったよ。

女：ノートは？

男：大丈夫だよ。

【正解】B 和 A

【解析】关键句：①朝ごはんは和食より洋食のほうがいいわ。サンドイッチとか。/ 早饭吃西餐比日式料理好，比如三明治之类的。②先生は電子辞書は大丈夫だが、携帯はだめだって言ったよ。/ 老师说电子词典没问题，但是手机不行。

10．11．

男：誕生日プレゼント、ほしいものはある？

女：そうね、プレゼントなんていいのよ、気持ちだけでも嬉しいよ。

男：何でもいいから、言ってみて。

女：じゃあ、甘いものが欲しいなあ。

男：わかった！

女：楽しみにしてるわ。ところで、今日の晩ご飯の材料は大丈夫なの？

男：ちょっと確認する。あっ、玉ねぎを買うのを忘れた。

女：玉ねぎ？あそこにあるじゃない。

男：あ、ほんとだ。

女：でも、油と醤油は切れてるみたい。

男：油はさっき買ったよ。じゃあ、足りないものを買ってくる。

【正解】A 和 C

【解析】关键句：①じゃあ、甘いものが欲しいなあ。/ 那么，我想要甜的东西。②油はさっき買ったよ。じゃあ、足りないものを買ってくる。/ 刚才买了油。那我去买不够的东西。

12．13．

男：飲み物は何がいい？

女：おすすめある？

男：紅茶もいいけど、ここの一番のおすすめは、ここのリンゴジュースだよ。

女：じゃあ、おすすめのにしよう。もう12月だから、そろそろお正月になるわね。山田さん、お正月にどんなことをする？

男：そうね。僕の家では初詣に行ったり、買い物したりするでしょう。

女：そうか。おせち料理は作るの？

男：うちはそういう習慣がないんだよ。年越しそばもあまり食べない。

女：へえ。

男：でも、お年玉はちゃんと用意するよ。

【正解】A 和 A

【解析】关键句：①ここの一番のおすすめは、ここのリンゴジュースだよ。/ 最推荐的是这里的苹果汁。②でも、お年玉はちゃんと用意するよ。/ 但是，我家会好好准备压岁钱的。

14．15．

男：すみません、このスーツはいくらですか。

女：105,000円です。

男：ずいぶん高いですね。このネクタイは？

女：28,000円です。

男：もっと安くできませんか。

女：ネクタイはこちらの腕時計と一緒にお買いになると安くなりますよ。

男：じゃ、一緒にお願いします。

女：はい。

男：どうも。これから食べ物を買いたいんです。鶏肉はどこにありますか。

女：3階の食品売り場にございます。

【正解】C 和 B

【解析】关键句：①ネクタイはこちらの腕時計と一緒にお買いになると安くなりますよ。/ 领带和这边的手表您一起买的话会便宜的。②じゃ、一緒にお願いします。/ 那么，一起给我吧。③これから食べ物を買いたいんです。鶏肉はどこにありますか。/ 我接下来想买食物。鸡肉在哪里？

专题八　いくつ、いくら、どのぐらい

一　题型介绍

从历年高考日语真题来看，考查数字的题属于必考题，而且考查形式多样，主要涉及金额、数量、人数等。一般情况下，听力中会直接给出答案，但偶尔也会涉及计算相关的问题。为了加大难度，听力考试中会重复选项中的几个数字，来混淆视听。如2022年第8题和第9题两个小题中，反复1、3、5三个数字，虽然三个数字的发音都很简单，但是反复出现的时候也会给考生选择正确答案带来些许干扰。除此之外，考生还需要注意数字特殊的发音，如"一つ""二十歳""二人"等。

二　常见提问形式

1. ～どのぐらいですか／いくらですか。
2. ～何（度／人／本／歳）ですか。
3. ～何をしますか／何をしていますか。
4. ～何番の教室で勉強しますか。
5. ～何について話しますか。
6. ～何人家族ですか。

三　常见词汇

1. 基数词

训读

一つ（ひとつ）②	一个；一岁	二つ（ふたつ）③	两个；两岁
三つ（みっつ）③	三个；三岁	四つ（よっつ）③	四个；四岁
五つ（いつつ）②	五个；五岁	六つ（むっつ）③	六个；六岁
七つ（ななつ）②	七个；七岁	八つ（やっつ）③	八个；八岁
九つ（ここのつ）②	九个；九岁	十（とお）①	十个；十岁
幾つ（いくつ）①	几个		

音读

1（いち）②	一	2（に）①	二

（续表）

3（さん）⓪	三	4（し①／よん①）	四
5（ご）①	五	6（ろく）②	六
7（しち②／なな①）	七	8（はち）②	八
9（く①／きゅう①）	九	10（じゅう）①	十
11（じゅういち）④	十一	20（にじゅう）②	二十
100（ひゃく）⓪	百	1000（せん）①	千
10000（まん）①	万	100000000（おく）①	億

2. 助数词

助数词	～円 日元	～本 细长物品	～枚 薄扁平物品	～階 楼层	～歳 年龄	～回 次数	～人 人的数法
1	いちえん②	いっぽん①	いちまい②	いっかい⓪	いっさい①	いっかい③	ひとり②
2	にえん①	にほん①	にまい①	にかい⓪	にさい①	にかい②	ふたり③
3	さんえん①	さんぼん①	さんまい①	さんがい⓪	さんさい①	さんかい③	さんにん③
4	よえん①	よんほん①	よんまい①	よんかい⓪	よんさい①	よんかい③	よにん②
5	ごえん①	ごほん⓪	ごまい⓪	ごかい⓪	ごさい①	ごかい②	ごにん①
6	ろくえん②	ろっぽん①	ろくまい②	ろっかい⓪	ろくさい②	ろっかい②	ろくにん②
7	ななえん①	ななほん②	ななまい①	ななかい⓪	ななさい②	ななかい②	ななにん②
8	はちえん②	はっぽん①	はちまい②	はっかい⓪	はっさい①	はっかい③	はちにん②
9	きゅうえん①	きゅうほん①	きゅうまい①	きゅうかい⓪	きゅうさい①	きゅうかい①	きゅうにん①
10	じゅうえん⓪	じ（ゆ）っぽん①	じゅうまい①	じゅっかい⓪	じゅっさい①	じゅっかい③	じゅうにん①
何～	なんえん①	なんぼん①	なんまい①	なんかい⓪	なんさい①	なんかい①	なんにん①

四 必备句型和表达

▶ 1. ～ていく

说明：表移动性动作由近及远地移动。

例句：何か飲み物を買っていこう。／我去买点饮料吧。

▶ 2. ～になる／となる

说明：表示数量总和或结果。

例句：①3ヶ月後、僕も1年になりますよ。／三个月后，我也一年了。

②映画館は毎週の水曜日、女性にだけ1000円となっています。／电影院每周三女性只需1000日元。

▶ 3. ～がほしい　想要……

说明：表示一人称想要某物。

例句：このおもちゃがほしいの。/ 想要这个玩具。

▶ 4. ～てあげる　给……做……

说明：表示说话人为对方做某事。

例句：お姉ちゃんにも買ってあげて。/ 也给姐姐买。

▶ 5. ～じゃないでしょうか　……不是吗？

说明：表示自我主张的委婉强调和略带猜测的表达语气。

例句：（結婚のお祝い）お友達なら１万から３万ぐらいじゃないでしょうか。/ 朋友的话大约一到三万日元吧。

五　真题示例

【例题】結婚式のお祝いはどのぐらいですか。【2015 年第 7 题】

　　A. 1 万円ぐらい　　　B. 3 万円ぐらい　　　C. 1 万円から 3 万円ぐらい

【正解】C

【解析】根据关键句"お友達なら１万円から３万円ぐらいじゃないでしょうか"可知，如果是朋友的话大概是 1 万日元到 3 万日元，故选 C。

【原文】

男：あのう、日本では結婚式のお祝い、普通いくらぐらいですか。

女：そうですね。まあ、人によって違いますけど、お友達なら１万円から３万円ぐらいじゃないでしょうか。

男：ふーん。

女：でも、だんだん多くなっていくでしょうね。

男：そうですか。私の国も同じなんですよ。

【重点词汇】

○結婚式（けっこんしき）③ 婚礼　　　○お祝い（おいわい）⓪ 祝贺

○違う（ちがう）② 不同　　　　　　○だんだん⓪ 渐渐

○同じ（おなじ）⓪ 同样

六 解题技巧

（1）标记选项中数字的发音。考生需要提前标记发音，对选项中数字的发音做到心里有数，以便在听听力的过程中，快速锁定答案。

（2）边听边做笔记。考生在做题目的时候需要抓住与数字相关的信息并做好笔记，以此排除错误选项，锁定正确选项。

七 真题演练

第一节（共3小题）

听下面3段录音，每段录音后有1个小题，从题中所给的A、B、C三个选项中选出最佳选项。听完每段录音后，你将有10秒钟的时间回答该小题和阅读下一小题。每段录音仅读一遍。

1. 明日は何度ですか。【2020年第4题】

　A. 30度　　　　　B. 33度　　　　　C. 35度

2. 旅行に行ったのは何人ですか。【2020年第7题】

　A. 2人　　　　　B. 3人　　　　　C. 4人

3. 男の人はミルクを何本買いますか。【2019年第4题】

　A. 1本　　　　　B. 2本　　　　　C. 3本

第二节（共2小题）

听下面1段录音，每段录音后有2个小题，从题中所给的A、B、C三个选项中选出最佳选项。听每段录音前，你将有时间阅读各个小题，每小题5秒钟；听完后，各小题将给出5秒钟的作答时间。每段录音读两遍。

4. 女の人は今何をしていますか。【2014年第14题】

　A. 手紙を書いています。

　B. Eメールを送っています。

　C. 留守番電話をしています。

5. 女性向けの水曜日の映画はいくらになりますか。【2014年第15题】

　A. 千円になります。　　B. 千円より高くなります。　　C. 千円より安くなります。

🎧 听【真题演练】录音，将下列会话补充完整。

1.

男：ああ、暑いですね。

女：そうですね。（　　　）よりだいぶ暑いですね。去年一番高い気温は（　　　）でしたね。

男：今日は（　　　）だとテレビではいっています。

女：明日はもっと大変です。（　　　）だそうですよ。

2.

男：こんにちは、お久しぶりですね。

女：こんにちは、お久しぶりです。

男：旅行からの（　　　）ですか。

女：ええ、友達と一緒に旅行にいってきたんです。

男：そうですか。楽しかったんでしょう。

女：ええ、友達と私、（　　　）友達のお父さんとお母さん、（　　　）で行って大変楽しかったです。

3.

女：太郎、ミルクを（　　　）買ってきてくれない？

男：え？そんなに。（　　　）よ。

女：仕様がないね。じゃ、（　　　）でいいわ。

男：分かった。行ってきます。

女：あ、待って。明日はスーパーが休みだから、（　　　）お願いね。

男：（　　　）も。嫌だなぁ。

4. 5.

男：もしもし、鈴木です。こんにちは。（　　　）はちょっとお誘いしようと思って、お電話しました。あのう、映画館は（　　　）、女性にだけ（　　　）となっていますが、とてもいい映画がありますので、ご一緒に（　　　）。お帰りになってから、お電話ください。では、（　　　）。

🎧 听力原文及解析

1.

男：ああ、暑いですね。

女：そうですね。（去年）よりだいぶ暑いですね。去年一番高い気温は（30度ぐらい）でしたね。

男：今日は（33度）だとテレビではいっています。

女：明日はもっと大変です。（35度）だそうですよ。

【正解】C

【解析】由关键句"明日はもっと大変です。35度だそうですよ"可知，明天气温会更高，据说有35度，故答案选C。

【重点词汇】
- ○ だいぶ ⓪ 相当
- ○ 気温（きおん）⓪ 气温
- ○ テレビ ① 电视
- ○ 大変（たいへん）⓪ 够呛

2.

男：こんにちは、お久しぶりですね。

女：こんにちは、お久しぶりです。

男：旅行からの（お帰り）ですか。

女：ええ、友達と一緒に旅行にいってきたんです。

男：そうですか。楽しかったんでしょう。

女：ええ、友達と私、（それから）友達のお父さんとお母さん、（4人）で行って大変楽しかったです。

【正解】C

【解析】由关键句"友達と私、それから友達のお父さんとお母さん、4人で行って大変楽しかったです"可知，去旅行的人有我、朋友、朋友的父母，总共4个人，故答案选C。

【重点词汇】
- ○ お久しぶり（おひさしぶり）⓪ 好久不见
- ○ お帰り（おかえり）⓪ 回来
- ○ 友達（ともだち）⓪ 朋友
- ○ 一緒に（いっしょに）⓪ 一起
- ○ 楽しい（たのしい）③ 开心，快乐

3.

女：太郎、ミルクを（4本）買ってきてくれない？
男：え？そんなに。（重くて持てないよ）。
女：仕様がないね。じゃ、（半分）でいいわ。
男：分かった。行ってきます。
女：あ、待って。明日はスーパーが休みだから、（もう1本）お願いね。
男：（3本）も。嫌だなぁ。

【正解】C

【解析】由关键句"3本も"可知，女子要求男子最终是买了3瓶牛奶，故答案选C。

【重点词汇】

○ミルク① 牛奶　　　　　　　　○そんなに⓪ 那么

○重い（おもい）② 重　　　　　○仕様が無い（しようがない）⑤ 没办法

○半分（はんぶん）③ 一半　　　○嫌だ（いやだ）② 讨厌

4. 5.

男：もしもし、鈴木です。こんにちは。（今日）はちょっとお誘いしようと思って、お電話しました。あのう、映画館は（毎週の水曜日）、女性にだけ（1000円）となっていますが、とてもいい映画がありますので、ご一緒に（いかがでしょうか）。お帰りになってから、お電話ください。では、（失礼いたします）。

【正解】C 和 A

【解析】由关键句"もしもし"及"お帰りになってから、お電話ください"可以推测出此人在打留言电话，故第4题答案选C。由关键句"映画館は毎週の水曜日、女性にだけ1000円となっていますが"可知，电影院每周三面向女性的电影票只需1000日元，故第5题答案选A。

【重点词汇】

○誘う（さそう）② 邀请　　　　○毎週（まいしゅう）⓪ 每周

○女性（じょせい）⓪ 女性　　　○いかが② 怎么样

八 真题练习

第一节（共7小题，每小题2分，满分14分）

听下面7段录音，每段录音后有1个小题，从题中所给的A、B、C三个选项中选出最

佳选项。听完每段录音后,你将有10秒钟的时间回答该小题和阅读下一小题。每段录音仅读一遍。

1. 女の人は食事にいくら使いますか。【2005年第4题】

メニュー			
とんかつ	¥450円	コーラ	¥300円
ハンバーガー	¥550円	コーヒー	¥500円
ラーメン	¥600円	紅茶	¥450円
うどん	¥500円		

  A. 550円   B. 1050円   C. 1100円

2. どのぐらいの花にしますか。【2007年第3题】

  A. 2000円   B. 3000円   C. 6000円

3. お客さんは全部で何人来ますか。【2018年第1题】

  A. 3人   B. 5人   C. 8人

4. この男性はどのぐらい日本語を習っていますか。【2003年第4题】

  A. 6ヶ月   B. 9ヶ月   C. 12ヶ月

5. 試験の内容はどこからどこまでですか。【2002年第2题】

  A. 第3課から第10課まで

  B. 第9課から第10課まで

  C. 第3課から第9課まで

6. 男性トイレはどこにありますか。【2009年第3题】

  A. 1階   B. 2階   C. 3階

7. 女の人は何人家族ですか。【2014年第3题】

  A. 3人   B. 5人   C. 6人

第二节（共8小题,每小题2分,满分16分）

听下面4段录音,每段录音后有2个小题,从题中所给的A、B、C三个选项中选出最佳选项。听每段录音前,你将有时间阅读各个小题,每小题5秒钟;听完后,各小题将给出5秒钟的作答时间,每段录音读两遍。

8. 今日は何曜日ですか。【2016年第8题】

  A. 金曜日   B. 土曜日   C. 日曜日

9. 男の人の通勤時間はどのぐらいですか。【2016年第9题】

  A. 20分   B. 1時間半   C. 1時間

10. 男の人は北海道へ何回行きましたか。【2019年第10题】

  A. 1回   B. 2回   C. 3回

11. 男の人が初めて北海道へ行ったきっかけは何ですか。【2019年第11题】

    A. 食べ物が美味しいと聞いたから

    B. 北海道の場面がある映画を見たから

    C. 北海道は中国人の中では人気があるから

12. 出発と帰りの時間はどれですか。【2015年第12题】

    A. 出発 8:00 ／帰り 9:00

    B. 出発 19:00 ／帰り 10:00

    C. 出発 11:00 ／帰り 19:00

13. いくらぐらいの旅館にする予定ですか。【2015年13题】

    A. 6千円   B. 8千円   C. 1万円

14. 男の人が予約した時間はいつですか。【2012年第14题】

    A. 18日日曜日、6時

    B. 17日土曜日、6時

    C. 17日土曜日、7時半

15. 男の人はいくらの料理を予約しましたか。【2012年第15题】

    A. 5000円   B. 7000円   C. 8000円

🎧 听力原文及解析

1.

男：ねえ、どれ注文する？ぼくはラーメンにする。

女：そうねえ。あたしはハンバーガー。

男：じゃあ、飲み物は？

女：飲み物？飲み物は別に要らないわ。

男：でもねえ、ここのコーヒー美味しいんだよ。ぼくは食事のあとにコーヒーをもらうよ。

女：そう。じゃあ、あたしも、そうしようかしら。あら、でもずいぶん高いわね。やっぱりやめておくわ。

【正解】A

【解析】由"あたしはハンバーガー"可知，女子点了汉堡包。然后男子问要不要点咖啡，女子说"でもずいぶん高いわね。やっぱりやめておくわ"可知，女子只要了汉堡，所以正确答案为A。

【重点词汇】
○ハンバーガー③ 汉堡包　　　　　　　　○ずいぶん① 很
○止める（やめる）⓪ 放弃,不要　　　　○注文（ちゅうもん）⓪ 点单
○メニュー① 菜单

2.

女：あの、先生の誕生日のお祝い、どのぐらいの花にするの？
男：いろいろあるけど、3人いるから1人2000円出せば、立派なのが買えるんじゃない？
女：じゃあ、そうしよう。

【正解】C
【解析】由"3人いるから1人2000円出せば、立派なのが買えるんしゃない？"可知，3个人每人出2千日元，即花6000日元买花，所以C为正确答案。

【重点词汇】
○お祝い（おいわい）⓪ 贺礼　　　　　○出す（だす）① 拿出,提交
○立派（りっぱ）⓪ 杰出的,很棒的　　　○買える（かえる）⓪ 能买

3.

女：いらっしゃいませ。何名さまでしょうか。
男：今は3名ですけど、後からまた5名来るんです。
女：それでは、8名さまのお席をご用意いたしますので、少しお待ちください。
男：お願いします。

【正解】C
【解析】由"それでは、8名さまのお席をご用意いたしますので"可知，来的客人总共有8人，正确答案为C。

【重点词汇】
○いらっしゃいませ⑥ 欢迎光临　　　　○～名（めい）名,位,人
○席（せき）① 座位　　　　　　　　　　○用意（ようい）① 准备

4.

男：日本語を習い始めてから、今どのぐらいですか。
女：まもなく、1年になります。
男：3ヶ月後、僕も1年になりますよ。

【正解】B

【解析】由"3ヶ月後、僕も1年になりますよ"可知，男子3个月后就满一年了，所以正确答案为B。

【重点词汇】

○習い始める（ならいはじめる）⑥ 开始学习　　○まもなく② 不久

5.

男：みなさん、明日から、試験が始まります。これから、注意項目を知らせます。まず、時間です。朝8時半から、10時半まで文科系のテストです。試験範囲は先週のテストの内容、つまり第3課から第5課までです。そして、今週の4つの科目内容の全部です。

【正解】C

【解析】由"試験範囲は先週のテストの内容、つまり第3課から第5課までです"可知，考试范围为上个礼拜测试的内容，即第一部分内容为第3课到第5课。此外由"そして、今週の4つの科目内容の全部です"可知，还要加上本周学习的4课。综上可知考试的范围为第3课到第9课，所以正确答案为C。

【重点词汇】

○試験（しけん）② 考试　　　　　　　○項目（こうもく）⓪ 项目
○文科系（ぶんかけい）⓪ 文科系　　　○範囲（はんい）① 范围

6.

男：すみません。1階にはトイレがありますか。
女：いいえ。2階に上がって、左側です。
男：2階ですね。
女：あ、申し訳ございません。2階は女性のお手洗いですが、男性のは3階にあります。
男：ありがとうございました。

【正解】C

【解析】由"男性のは3階にあります"可知，男厕所在3楼，所以正确答案为C。

【重点词汇】

○上がる（あがる）⓪ 上，登　　　　　○左側（ひだりがわ）⓪ 左側
○女性（じょせい）⓪ 女性　　　　　　○お手洗い（おてあらい）③ 洗手间
○男性（だんせい）⓪ 男性

7.

女：小林さんは何人家族ですか。

男：両親と私と3人家族です。山田さんは？

女：両親と兄が1人と姉が2人と私です。

男：うらやましいですね。山田さんの家族は人が多くて。

【正解】C

【解析】由"両親と兄が1人と姉が2人と私です"可知，女子家庭成员一共有6人，所以正确答案为C。

【重点词汇】
　　○両親（りょうしん）① 父母　　　○兄（あに）① 哥哥
　　○姉（あね）⓪ 姐姐　　　　　　　○羨ましい（うらやましい）⑤ 羡慕

8. 9.

女：やっと金曜日ですね。

男：ええ、明日は休みだから、楽になりますね。

女：お宅から会社までどのぐらいかかりますか。

男：電車に乗っている時間は1時間、駅までは30分。

女：たいへんですね。

【正解】A 和 B

【解析】由"やっと金曜日ですね"可知，今天星期五，所以第8题的正确答案为A。由"電車に乗っている時間は1時間、駅までは30分"可知，男子总共要花1个半小时上班，所以第9题的正确答案为B。

【重点词汇】
　　○やっと⓪ 好不容易,终于　　　　○楽（らく）② 快乐,快活
　　○掛ける（かける）② 花费　　　　○通勤（つうきん）⓪ 通勤,上下班

10. 11.

女：ねえ、王さんは日本に行ったことがある？

男：3回も行ったよ。1回目は2010年、2回目は2013年、3回目は2015年。

女：それぞれ日本のどちらへ。

男：3回とも北海道へ行ったんだ。

女：北海道は食べ物も美味しいし人気があると聞いていますが、でも3回も？

男：実は、1回目は中国の映画の中に北海道が出ているから、行って見ようと思って。

女：それがきっかけですか。

男：ええ、行って見たらすごく素晴らしくて、つい何回も。

【正解】C 和 B

【解析】男子分别于2010年、2013年、2015年3次去到日本。由"3回とも北海道へ行ったんだ"可知，该男子3次都是去的北海道，所以第10题的正确答案为C。之后，男子说到了第一次去北海道是因为在中国的电影里面出现了北海道，所以想去看看。然后女子问"それがきっかけですか"男子回答"ええ"，所以第11题正确答案为C。

【重点词汇】

○それぞれ② 各自　　　　　　○人気がある 受欢迎

○実は（じつは）② 其实,说真的　○出る（でる）① 出现

○きっかけ⓪ 契机　　　　　　○つい① 不知不觉,不由得

12. 13.

女：じゃ、はやく予約しないと…

男：そうですね。僕がやります。

女：そうですか。お願いします。

男：何時ごろの電車にしますか。

女：できるだけ朝はやく出発しましょう。帰りも早めにしたいわ。

男：分かりました。旅館は？

女：そうですね。この間は8千円。いや、1万円だったけど。今回は6千円ぐらいにしたいわ。インターネットで調べてみて。

男：はい、分かりました。

【正解】A 和 A

【解析】对话中没有提及具体时间点，由"できるだけ朝はやく出発しましょう。帰りも早めにしたいわ"可知，女子来回都想订早点的票，故第12题的正确答案为A。由"今回は6千円ぐらいにしたいわ"可知，这次旅馆要订6000日元左右的，故第13题正确答案为A。

【重点词汇】

○予約（よやく）⓪ 预约
○できるだけ⓪ 尽量地
○旅館（りょかん）⓪ 旅馆
○インターネット⑤ 因特网
○ないと＝ないといけない
○早めに（はやめに）⓪ 尽早
○この間（このあいだ）⓪ 最近
○調べる（しらべる）③ 调查

14、15.

女：はい、桜屋でございます。

男：あのう、席の予約をしたいんですが。

女：はい、ありがとうございます。いつでしょうか。

男：17日土曜日、6時に、3名。

女：申し訳ございません。その時間は予約がいっぱいで…7時半でしたらできますが。

男：7時半はちょっと。その次の日の日曜日は大丈夫ですか。

女：ええ、その次の日ならご用意できますよ。

男：じゃあ、お願いします。

女：分かりました。18日日曜日の6時、3名様でいらっしゃいますね。それからお料理ですが、5千円と7千円、8千円のがありますが、どちらになさいますか。

男：うーん、7千円のをお願いします。

女：7千円のコースですね。かしこまりました。

【正解】A 和 B

【解析】男子原本要定17日星期六6点的，但是因为预约满了，所以改订了第二天相同的时间，所以第14题选项A正确。这家店提供三个套餐，由"7千円のをお願いします"可知，该男子选择了7000日元的，故正确答案为B。

【重点词汇】
○席（せき）① 席位
○いっぱい⓪ 满
○用意（ようい）① 准备
○かしこまりました 我知道了。
○予約（よやく）⓪ 预约
○次（つぎ）② 下一（个）
○コース① 套餐，路线，课程

九 模拟练习

第一节（共7小题，每小题2分，满分14分）

听下面7段录音，每段录音后有1个小题，从题中所给的 A、B、C 三个选项中选出最佳选项。听完每段录音后，你将有10秒钟的时间回答该小题和阅读下一小题。每段录音仅读一遍。

1. 山田さんはあいさつの何番目ですか。

   A. 2 番目　　　　　　　　B. 3 番目　　　　　　　　C. 4 番目

2. 紙は全部で何枚いりますか。

   A. 20 枚　　　　　　　　B. 22 枚　　　　　　　　C. 40 枚

3. 時計売り場は何階ですか。

   A. 1 階　　　　　　　　　B. 2 階　　　　　　　　　C. 3 階

4. 全部でいくらですか。

   A. 400 円　　　　　　　　B. 500 円　　　　　　　　C. 600 円

5. この人の今の体重は何キロですか。

   A. 56 キロ　　　　　　　B. 49 キロ　　　　　　　C. 52 キロ

6. 男の人はおもちゃをいくつ買いましたか。

   A. 一つ　　　　　　　　　B. 二つ　　　　　　　　　C. 三つ

7. コンピューターを少し使ったことがある人は何番の教室で勉強しますか。

   A. 201 番　　　　　　　　B. 202 番　　　　　　　　C. 203 番

第二节（共 8 小题，每小题 2 分，满分 16 分）

听下面 4 段录音，每段录音后有 2 个小题，从题中所给的 A、B、C 三个选项中选出最佳选项。听每段录音前，你将有时间阅读各个小题，每小题 5 秒钟；听完后，各小题将给出 5 秒钟的作答时间。每段录音读两遍。

8. 飲み物は何本買いますか。

   A. 1 本　　　　　　　　　B. 2 本　　　　　　　　　C. 3 本

9. パンは一ついくらですか。

   A. 100 円　　　　　　　　B. 200 円　　　　　　　　C. 300 円

10. 男の人が読んでいるのは何ですか。

    A. 歴史の小説　　　　　　B. 歴史の漫画　　　　　　C. 子供ための漫画

11. 男の人が読んでいるのはいくらで買ったのですか。

    A. 200 円　　　　　　　　B. 500 円　　　　　　　　C. 1000 円

12. 女の人は今年何歳ですか。

    A. 17 歳　　　　　　　　B. 20 歳　　　　　　　　C. 23 歳

13. 女の人は何人家族ですか。

    A. 四人　　　　　　　　　B. 五人　　　　　　　　　C. 三人

14. 女の人は何歳ですか。

　　A. 28歳　　　　　　　　B. 40歳　　　　　　　　C. 68歳

15. 女の人は博物館で何をしていますか。

　　A. 研究をしている。

　　B. 見学をしている。

　　C. ボランティアをしている。

听力原文及解析

1.

女：あのう、すみませんけど、山田先生の挨拶は何番目ですか。

男：ええと、最初に数学の渡辺先生の挨拶があって…

女：はい。

男：その次は、英語の鈴木先生と、国語の林先生の挨拶もあるわけですよ。

女：そうすると、山田先生はそのあとですか。

男：ええ、そうです。

女：はい、わかりました。

【正解】C

【解析】我们要注意关键词"最初、その次、そのあと"。会话中说到最开始是数学老师渡边老师，接着是英语老师铃木老师和语文老师林老师，山田老师在他们之后，故答案为C。

2.

先生：今から作文を書きます。学生は…20人ですね。一人2枚ずつ紙を配ってください。

【正解】C

【解析】关键句：学生は…20人ですね。一人2枚ずつ紙を配ってください。/ 学生有20人呢，请给每个人发两张纸。

3.

男：すみません、時計売り場は何階ですか。

女：1階のカバン売り場の横です。

男：1階ですね。

女：あ、申し訳ございません。時計は新館の2階です。あちらのエレベーターがございますから、エレベーターで3階まで行ってください。3階で新館とつながっていま

すので、新館まで行って、新館で1階降りてください。

【正解】B

【解析】关键句：時計は新館の二階です。/ 手表在新馆的二楼。

4.

男：すみません、ノートありますか。

女：はい、ありますよ。こちらの厚いのが150円で、薄いのは100円です。

男：厚いのを2冊と、薄いのを3冊ください。

【正解】C

【解析】关键句：①こちらの厚いのが150円で、薄いのは100円です。/ 这边厚的150日元，薄的100日元。②厚いのを2冊と、薄いのを3冊ください。/ 请给我2本厚的，3本薄的。

5.

女：ダイエットしてたのに、この休み中に3キロも太っちゃった。51キロまであと2キロだったのに…あーあ、難しいよね。ダイエットって。

【正解】A

【解析】关键句：ダイエットしてたのに、この休み中に3キロも太っちゃった。51キロまであと2キロだったのに…/ 虽然在减肥，这个假期却胖了3公斤。明明离51公斤只差两公斤了，可是……

6.

女：お父さん、このおもちゃがほしいの。

男：これ？

女：うん、かわいいでしょ。お願い。

男：分かった。

女：お姉ちゃんにも買ってあげて。来週は誕生日だよ。

男：偉いね。でも、お姉ちゃんはもう高校生だから、ほかのものにしよう。

【正解】A

【解析】关键句：でも、お姉ちゃんはもう高校生だから、ほかのものにしよう。/ 姐姐已经是高中生，给她买其他的东西吧。

7.

男：おはようございます。これからパソコンのクラスを始めますが、201番から203番の教室に分かれて勉強します。え、今日は初めてコンピューターを使う人は、隣の201番の教室に行ってください。少し使ったことがある人は、このままこの教室にいてください。簡単な文や絵を書ける人ともっと複雑なこともできる人は203番教室へ行ってください。では、みなさん、頑張ってください。

【正解】B

【解析】关键句：今日は初めてコンピューターを使う人は、隣の201番の教室に行ってください。少し使ったことがある人は、このままこの教室にいてください。／今天初次使用电脑的人去旁边的201教室，会一点的呆在这个教室。

8. 9.

男：何か飲み物を買って行こう。あ、これ、3本で安くなっているよ。
女：持って帰るのが重いから、2本でいいんじゃない？
男：じゃあ、そうしよう。ええと、食べるものは…と。
女：そのパン、おいしそうね。
男：三つで300円だよ。
女：じゃ、それで。
男：うん。

【正解】B 和 A

【解析】关键句：①持って帰るのが重いから、2本でいいんじゃない？／拿回去很重，买两瓶就好了吧。②じゃあ、そうしよう。／那么就那样吧。③三つで300円だよ。／3个300日元。

10. 11.

女：そんなのを読むのはやめてよ。子供じゃないんだから。
男：漫画をバカにしちゃいけないよ。子供の漫画と違って、歴史のものだから、勉強になるんだ。
女：漫画は漫画でしょう。それに高そうで。
男：ううん、違う。いつも200円ぐらいで買えるんだ。

女：でも、今読んでるのは1000円もするでしょう。

男：元々はそうだったけど、半分の値段で買ってきたんだ。

【正解】B 和 B

【解析】关键句：①子供の漫画と違って、歴史のものだから、勉強になるんだ。/ 和孩子的漫画不同，因为是关于历史的漫画，所以很值得学习。②今読んでるのは1000円もするでしょう。/ 现在读的这个要1000日元吧。③半分の値段で買ってきたんだ。/ 是半价买来的。

12. 13.

女：中村さんは一人っ子ですか。

男：ええ、中野さんは？

女：姉と弟がいます。姉は今大学三年生で、弟はまだ小学生です。

男：大学三年生ってことは、今年で20歳ですか。

女：そうですね。私より3歳年上です。

男：5人家族ですか。大家族ですね。

女：まあ…

【正解】A 和 B

【解析】关键句：①今年で20歳ですか。/（你姐姐）今年20岁吗？②私より3歳年上です。/ 比我年长3岁。③5人家族ですか。/5口之家吗？

14. 15.

女：私は68歳になるんですが、博物館で40歳から28年間ボランティアをしているんです。もともと通訳をやったことがあって、何か社会に役立つことをしたいと思っています。海外の方も結構こられるんです。説明が終わって、別れるときに、「ありがとうございました。また来ます。」なんて言われると、これからもずっと続けたいと思います。

【正解】C 和 C

【解析】关键句：①私は68歳になるんですが。/ 我就要68岁了。②博物館で40歳から28年間ボランティアをしているんです。/ 我从40岁开始，28年间一直在博物馆当志愿者。

第二部分
模拟练习

精编 30 套全真模拟试题

训练解题技巧

提升解题速度

模拟练习 1

第一节（共 7 小题，每小题 2 分，满分 14 分）

听下面 7 段录音，每段录音后有 1 个小题，从题中所给的 A、B、C 三个选项中选出最佳选项。听完每段录音后，你都有 10 秒钟的时间回答该小题和阅读下一小题。每段录音仅读一遍。

1. 女の人は何を買いますか。
   A. 牛乳 1 本とトマト 2 個と鶏肉
   B. 牛乳 1 本とトマト 1 個と鶏肉
   C. 牛乳 1 本とトマト 2 個

2. 男の人は一番好きな果物は何ですか。
   A. スイカ　　　　　B. バナナ　　　　　C. イチゴ

3. 新宿までの切符はいくらですか。
   A. 260 円　　　　　B. 270 円　　　　　C. 280 円

4. 男の人は一日何回薬を飲みますか。
   A. 1 回　　　　　　B. 2 回　　　　　　C. 3 回

5. 店の人はどのかばんを取りますか。
   A. 白くて小さい鞄　　B. 白くて大きい鞄　　C. 黒くて小さい鞄

6. 学生は机の上に何を置きますか。
   A. 鉛筆と消しゴム
   B. 辞書と鉛筆と消しゴム
   C. 鉛筆と消しゴムとノート

7. 男の人はいつ休みですか。
   A. 明後日　　　　　B. 明日　　　　　　C. 明日と明後日

第二节（共 8 小题，每小题 2 分，满分 16 分）

听下面 4 段录音，每段录音后有 2 个小题，从题中所给的 A、B、C 三个选项中选出最佳选项。听每段录音前，你将有时间阅读各个小题，每小题 5 秒钟；听完后，各小题将给出 5 秒钟的作答时间，每段录音读两遍。

8. 女の学生はいつも何時間勉強しますか。

   A. 1時間　　　　　　　　B. 2時間　　　　　　　　C. 3時間

9. 男の学生は昨日何時間勉強しましたか。

   A. 1時間　　　　　　　　B. 2時間　　　　　　　　C. 3時間

10. 郵便局の電話番号は何番ですか。

    A. 012-8679　　　　　　B. 012-8976　　　　　　C. 012-8769

11. 郵便局はいつ休みですか。

    A. 土曜日と日曜日の午後

    B. 土曜日の午後と日曜日

    C. 日曜日の午後

12. 写真の中で、李さんの奥さんはどこですか。

    A. 李さんの隣　　　　　B. 李さんの前　　　　　C. 李さんの後ろ

13. 李さんの友達はどの人ですか。

    A. 帽子をかぶっている人

    B. 眼鏡をかけている人

    C. 李さんの前の人

14. 二人は明日何時に会いますか。

    A. 5時　　　　　　　　　B. 5時半　　　　　　　　C. 6時

15. 二人は明日どこで会いますか。

    A. 駅　　　　　　　　　B. 駅の前の喫茶店　　　C. 近くのレストラン

模拟练习 2

第一节（共 7 小题，每小题 2 分，满分 14 分）

听下面 7 段录音，每段录音后有 1 个小题，从题中所给的 A、B、C 三个选项中选出最佳选项。听完每段录音后，你都有 10 秒钟的时间回答该小题和阅读下一小题。每段录音仅读一遍。

1. 病院で医者と女の人が話しています。女の人は一日に何回薬を飲みますか。
   A. 1 かい　　　　　　　B. 2 かい　　　　　　　C. 4 かい

2. 男の人の趣味は何ですか。
   A. ゲーム　　　　　　　B. 旅行　　　　　　　　C. アニメ

3. 男の人はこれから何をしますか。
   A. 会社に行く。　　　　B. 資料を準備する。　　C. 家に帰る。

4. 女の人はどうして元気がないですか。
   A. 試験ができなかったから
   B. 昨日遅くまでゲームしちゃったから
   C. 風邪をひいたから

5. 一番背が高いのは誰ですか。
   A. 山田さん　　　　　　B. 山崎さん　　　　　　C. 山下先生

6. 男の人が好きな物はどれですか。
   A. 漫画　　　　　　　　B. お茶　　　　　　　　C. お菓子

7. 今はどんな季節ですか。
   A. 夏　　　　　　　　　B. 秋　　　　　　　　　C. 冬

第二节（共 8 小题，每小题 2 分，满分 16 分）

听下面 4 段录音，每段录音后有 2 个小题，从题中所给的 A、B、C 三个选项中选出最佳选项。听每段录音前，你将有时间阅读各个小题，每小题 5 秒钟；听完后，各小题将给出 5 秒钟的作答时间，每段录音读两遍。

8. 男の人はこれからどこへ行きますか。
   A. 学校　　　　　　　　B. 会社　　　　　　　　C. 図書館

9. 女の人はこれから何をしますか。

   A. 掃除する。

   B. 車で息子を学校まで送る。

   C. 買い物する。

10. 約束の時間はいつですか。

    A. 午前 12 時　　　　　　B. 午後 6 時　　　　　　C. 夜 9 時

11. 女の人は何を持って行きますか。

    A. ワイン　　　　　　　　B. 花　　　　　　　　　C. チョコレート

12. 男の人は中華料理についてどう思っていますか。

    A. 辛い　　　　　　　　　B. おいしい　　　　　　C. うまい

13. 男の人が初めて中華料理を食べたきっかけは何ですか。

    A. 中華料理がおいしいと聞いたから

    B. 中国で働いたから

    C. 中華料理はにほんでは大人気があるから

14. 男の人はどのように故郷に帰りますか。

    A. バスと新幹線　　　　　B. 飛行機　　　　　　　C. 新幹線

15. 男の人は一年に何回故郷に帰りますか。

    A. 1 回　　　　　　　　　B. 2 回　　　　　　　　C. 3 回

模拟练习 3

第一节（共 7 小题，每小题 2 分，满分 14 分）

听下面 7 段录音，每段录音后有 1 个小题，从题中所给的 A、B、C 三个选项中选出最佳选项。听完每段录音后，你都有 10 秒钟的时间回答该小题和阅读下一小题。每段录音仅读一遍。

1. 二人はいつご飯を食べに行きますか。
    A. 五日　　　　　B. 七日　　　　　C. 四日

2. リンゴは今いくつありますか。
    A. 2つ　　　　　B. 4つ　　　　　C. 1つ

3. 女の人はいくらかかりましたか。
    A. 700円　　　　B. 2500円　　　　C. 1500円

4. 宿題の内容は何ですか。
    A. 30ページ　　　B. 31ページの1番　　　C. 31ページの2番

5. 女の人はどんな靴下を買いますか。
    A. 長くて動物の絵の靴下
    B. 長くて果物の絵の靴下
    C. 短くて果物の絵の靴下

6. 男の人は朝ごはんの後、どの薬を飲みますか。
    A. 白い薬　　　　B. 赤い薬　　　　C. 白い薬と赤い薬

7. 男の人は何を持っていきますか。
    A. お菓子　　　　B. 飲み物　　　　C. お弁当

第二节（共 8 小题，每小题 2 分，满分 16 分）

听下面 4 段录音，每段录音后有 2 个小题，从题中所给的 A、B、C 三个选项中选出最佳选项。听每段录音前，你将有时间阅读各个小题，每小题 5 秒钟；听完后，各小题将给出 5 秒钟的作答时间，每段录音读两遍。

8. 男の人はこれから何をしますか。
    A. 窓を開ける　　　B. 洗濯する　　　C. お茶を入れる

9. どうして窓を開けますか。

    A. 部屋を掃除するから

    B. お茶を入れるから

    C. 風が気持ちいいから

10. 女の人は全部でいくら払いますか。

    A. 220 円　　　　　　　　B. 440 円　　　　　　　C. 240 円

11. 切符はどうやって買いますか。

    A. お金を入れて、人数と金額のボタンを押します。

    B. 人数のボタンを押してから、金額のボタンを押します。

    C. 金額のボタンを押してから、人数のボタンを押します。

12. 男の人はどうして授業に行きませんでしたか。

    A. 天気が悪かったから

    B. バスを１時間待ったから

    C. 病気だったから

13. 男の人はいつも何で学校へ行きますか。

    A. 自転車　　　　　　　　B. バス　　　　　　　　C. 電車

14. 男の子はこの後何をしますか。

    A. パパとアイスクリームを食べます。

    B. パパと買い物します。

    C. パパとテレビゲームをします。

15. 男の子はなぜスーパーへ行けませんか。

    A. パパは１人で寂しいから

    B. スーパーは遠いから

    C. アイスクリームを食べたがるから

模拟练习 4

第一节（共 7 小题，每小题 2 分，满分 14 分）

听下面 7 段录音，每段录音后有 1 个小题，从题中所给的 A、B、C 三个选项中选出最佳选项。听完每段录音后，你都有 10 秒钟的时间回答该小题和阅读下一小题。每段录音仅读一遍。

1. 明日は何曜日ですか。
   A. 木曜日　　　　　　B. 水曜日　　　　　　C. 金曜日

2. 今何時ですか。
   A. 7 時 50 分　　　　B. 8 時 10 分　　　　C. 8 時 50 分

3. かばんは何階で売っていますか。
   A. 1 階　　　　　　　B. 3 階　　　　　　　C. 4 階

4. 一番右の人は誰ですか。
   A. 女の人のお父さん　B. 女の人のお母さん　C. 女の人

5. 厳しい人は誰ですか。
   A. 父　　　　　　　　B. 母　　　　　　　　C. 兄

6. 本屋はどこにありますか。
   A. 学校の近く　　　　B. 駅の近く　　　　　C. 公園の近く

7. 2 人はこれからどこへ行きますか。
   A. レストラン　　　　B. 公園　　　　　　　C. 映画館

第二节（共 8 小题，每小题 2 分，满分 16 分）

听下面 4 段录音，每段录音后有 2 个小题，从题中所给的 A、B、C 三个选项中选出最佳选项。听每段录音前，你将有时间阅读各个小题，每小题 5 秒钟；听完后，各小题将给出 5 秒钟的作答时间，每段录音读两遍。

8. 男の人の会社は毎日何時から始まりますか。
   A. 7 時半　　　　　　B. 8 時半　　　　　　C. 9 時半

9. 今日は何曜日ですか。
   A. 日曜日　　　　　　B. 月曜日　　　　　　C. 火曜日

10. 花子は何人家族ですか。

　　A. 4人　　　　　　　　B. 5人　　　　　　　　C. 6人

11. 花子さんの弟は何人いますか。

　　A. 0人　　　　　　　　B. 1人　　　　　　　　C. 2人

12. 女の人はかばんをどこに忘れましたか。

　　A. 電車の中　　　　　　B. 教室　　　　　　　　C. 図書館

13. かばんの中には何がありますか。

　　A. 財布と本　　　　　　B. 眼鏡と本　　　　　　C. 財布と眼鏡

14. これはいつの写真ですか。

　　A. 小学校の時の写真　　B. 中学校の時の写真　　C. 大学の時の写真

15. 松本さんはどの人ですか。

　　A. 髪が短い人

　　B. 眼鏡をかけている人

　　C. 眼鏡をかけていない人

模拟练习 5

第一节（共 7 小题，每小题 2 分，满分 14 分）

听下面 7 段录音，每段录音后有 1 个小题，从题中所给的 A、B、C 三个选项中选出最佳选项。听完每段录音后，你都有 10 秒钟的时间回答该小题和阅读下一小题。每段录音仅读一遍。

1. 二人は何時に会いますか。
   A. 12 時　　　　　　B. 午後 1 時　　　　　C. 11 時半

2. 男の人は何が一番すきですか。
   A. テニス　　　　　B. バスケットボール　　C. バレーボール

3. 女の人はこれからなにをしますか。
   A. テレビを見る　　B. 本を読む　　　　　　C. ご飯を食べる

4. 男の人は今日どうしてデートに遅れてしまいましたか。
   A. 寝坊したから
   B. お婆さんを助けたから
   C. バスに間に合わなかったから

5. 美術館はどこですか。
   A. 図書館の隣　　　B. 博物館の隣　　　　　C. 映画館の隣

6. 女の人が買ったのは何ですか。
   A. 漫画　　　　　　B. 絵本　　　　　　　　C. 小説

7. 男の人はどのように家へ帰りますか。
   A. バスで　　　　　B. 地下鉄で　　　　　　C. タクシーで

第二节（共 8 小题，每小题 2 分，满分 16 分）

听下面 4 段录音，每段录音后有 2 个小题，从题中所给的 A、B、C 三个选项中选出最佳选项。听每段录音前，你将有时间阅读各个小题，每小题 5 秒钟；听完后，各小题将给出 5 秒钟的作答时间，每段录音读两遍。

8. 男の人はこの後どこへ行きますか。
   A. 郵便局　　　　　B. 学校　　　　　　　　C. 銀行

9. 女の人はこれからまず何をしますか。

　　A. 部屋を片付ける。　　　　B. 年賀状を買う。　　　C. 切手を貼る。

10. 日本語の授業は何時からですか。

　　A. 午前八時　　　　　　　　B. 午前九時　　　　　　C. 午前十時

11. 木村先生はどんな人ですか。

　　A. 厳しい　　　　　　　　　B. やさしい　　　　　　C. かわいい

12. 男の人はこれからどうすればいいですか。

　　A. ちゃんと勉強すればいいです。

　　B. ゆっくり休めばいいです。

　　C. 練習すればいいです。

13. 二人は何について話していますか。

　　A. 試験のこと　　　　　　　B. 運動会のこと　　　　C. 発表のこと

14. 男の人はどのように空港へ行きますか。

　　A. 新幹線→電車→空港

　　B. バス→電車→空港

　　C. タクシー→電車→空港

15. 男の人が北海道に行くのは初めてですか。

　　A. はい、初めてです。

　　B. いいえ、二回目です。

　　C. いいえ、三回目です。

模拟练习6

第一节（共7小题，每小题2分，满分14分）

听下面7段录音，每段录音后有1个小题，从题中所给的A、B、C三个选项中选出最佳选项。听完每段录音后，你都有10秒钟的时间回答该小题和阅读下一小题。每段录音仅读一遍。

1. 午後はどんな天気ですか。

    A. 晴れ　　　　　　　　B. 雨　　　　　　　　C. 曇り

2. 撮った写真の中で男の人はどんな様子ですか。

    A. 左手を猫の上に、右手は花を持つ

    B. 右手を猫の上に、左手は花を持つ

    C. 猫に遠くて、右手は花を持つ

3. 男の人はまず何をしますか。

    A. お金を払います。

    B. ネットで予約します。

    C. 名前と電話番号を書きます。

4. どんな人を捜していますか。

    A. 白い帽子をかぶって、黄色いコートを着ている人

    B. 黄色い帽子をかぶって、白いコートを着ている人

    C. 白い帽子をかぶって、白いコートを着ている人

5. 女の人はどんな人形を買いますか。

    A. パンダ　　　　　　　B. いぬ　　　　　　　C. 猫

6. 男の人はどうして悩んでいますか。

    A. 歴史の試験が心配だから

    B. 遅くまで起きていたから

    C. 母の誕生日を忘れたから

7. 男の人は何が一番難しいと思いますか。

    A. 五十音図　　　　　　B. 単語　　　　　　　C. 文法

第二节（共 8 小题，每小题 2 分，满分 16 分）

听下面 4 段录音，每段录音后有 2 个小题，从题中所给的 A、B、C 三个选项中选出最佳选项。听每段录音前，你将有时间阅读各个小题，每小题 5 秒钟；听完后，各小题将给出 5 秒钟的作答时间，每段录音读两遍。

8. 男の人はどんなカメラがいいと思っていますか。

    A. 重くなくて、使いやすい。

    B. 安くて使いやすい。

    C. 重くなくて安い。

9. 男の人は買ったカメラはいくらですか。

    A. 25,000 円　　　　　　B. 26,000 円　　　　　　C. 27,000 円

10. どんなプレゼントを買いますか。

    A. 財布　　　　　　　　B. 漫画　　　　　　　　C. 食器

11. どうして鞄を買いませんか。

    A. 高いから　　　　　　B. 多くあるから　　　　C. 好きではないから

12. 女の人の仕事ではないのはどれですか。

    A. コピーする。　　　　B. お客さんに説明する。　　C. 電話に出る。

13. 女の人はしたくない仕事は何ですか。

    A. お茶を入れる。

    B. メールを書く。

    C. お客さんに説明する。

14. 新しい店はどうですか。

    A. おいしかったけど、高かった。

    B. 安くておいしかった。

    C. 安かったけど、雰囲気がよくなかった。

15. 二人はいつ新しい店に行きますか。

    A. 明日　　　　　　　　B. 今日　　　　　　　　C. 週末

模拟练习 7

第一节（共 7 小题，每小题 2 分，满分 14 分）

听下面 7 段录音，每段录音后有 1 个小题，从题中所给的 A、B、C 三个选项中选出最佳选项。听完每段录音后，你都有 10 秒钟的时间回答该小题和阅读下一小题。每段录音仅读一遍。

1. 男の人は毎朝、何時に起きますか。

    A. 7 時　　　　　　　　B. 6 時　　　　　　　　C. 5 時半

2. 女の人の趣味は何ですか。

    A. 水泳　　　　　　　　B. バドミントン　　　　C. 映画鑑賞

3. 男の人はこれから何を出しますか。

    A. 寿司　　　　　　　　B. お茶　　　　　　　　C. デザート

4. 男の人はどうして元気がありませんか。

    A. 風邪　　　　　　　　B. 睡眠不足　　　　　　C. 具合が悪い

5. 男の人は何について話していますか。

    A. ダイエット　　　　　B. 仕事　　　　　　　　C. 運動

6. 女の人はどれを選びましたか。

    A. ブラックの　　　　　B. 白いの　　　　　　　C. ピンクの

7. 女の人はどのように家に帰りますか。

    A. 電車　　　　　　　　B. タクシー　　　　　　C. 男性の車

第二节（共 8 小题，每小题 2 分，满分 16 分）

听下面 4 段录音，每段录音后有 2 个小题，从题中所给的 A、B、C 三个选项中选出最佳选项。听每段录音前，你将有时间阅读各个小题，每小题 5 秒钟；听完后，各小题将给出 5 秒钟的作答时间，每段录音读两遍。

8. 男の人はこれからどこへ行きますか。

    A. 資料室　　　　　　　B. コピー店　　　　　　C. コピー室

9. 男の人はこれからまず何をしますか。

    A. 資料を取る。　　　　B. 資料をコピーする。　C. 会社に行く。

10. キムさんはいつ日本に来ましたか。

　　A. 今年9月　　　　　　B. 去年6月　　　　　　C. 今年6月

11. キムさんはどの国の人ですか。

　　A. 日本人　　　　　　　B. アメリカ人　　　　　C. イギリス人

12. ギターを学ぶには、女の人はどうすればいいですか。

　　A. ギター教室に通う。　B. ギターの本を買う。　C. 男の人に教わる。

13. 女の人は何をきっかけに、ギターを学び始めましたか。

　　A. 映画を見たから　　　B. 男に出会ったから　　C. ギター教室に通ったから

14. 女の人はどのように花見に行きますか。

　　A. 電車　　　　　　　　B. 男性の車　　　　　　C. バス

15. 女の人は初めて花見に行きますか。

　　A. はい　　　　　　　　B. いいえ　　　　　　　C. わからない

模拟练习 8

第一节（共 7 小题，每小题 2 分，满分 14 分）

听下面 7 段录音，每段录音后有 1 个小题，从题中所给的 A、B、C 三个选项中选出最佳选项。听完每段录音后，你都有 10 秒钟的时间回答该小题和阅读下一小题。每段录音仅读一遍。

1. 男の人は何を買いましたか。
   A. 大根　　　　　　　　B. 人参とキャベツ　　C. 人参

2. 女の人の好きな運動は何ですか。
   A. ジョギング　　　　　B. 卓球　　　　　　　C. サッカー

3. 二人、映画を見てから何をしますか。
   A. 本屋へ行く。　　　　B. 買い物する。　　　C. 食事する。

4. 明後日の天気はどうですか。
   A. 雨　　　　　　　　　B. 曇り　　　　　　　C. 晴れ

5. 二人が見ている犬はどんな犬ですか。
   A. 体が大きいけど、足が短い。
   B. 体が大きいし、足が長い。
   C. 耳が大きいし、足が太い。

6. あした、学生が必要なものはどれですか。
   A. お弁当　　　　　　　B. コップ　　　　　　C. お菓子

7. 女の人はどのコップが好きですか。
   A. 丸い形で花の絵のコップ
   B. 丸い形で鳥の絵のコップ
   C. 四角い形で花の絵のコップ

第二节（共 8 小题，每小题 2 分，满分 16 分）

听下面 4 段录音，每段录音后有 2 个小题，从题中所给的 A、B、C 三个选项中选出最佳选项。听每段录音前，你将有时间阅读各个小题，每小题 5 秒钟；听完后，各小题将给出 5 秒钟的作答时间，每段录音读两遍。

8. 今、見ている部屋はどうですか。

    A. 広くてきれいです。

    B. 駅から近いです。

    C. 新しくてきれいです。

9. 女の人はどうしてこの部屋を選ばなかったですか。

    A. 家賃が高いから

    B. 駅から遠いから

    C. 新しい部屋が欲しいから

10. 母の日は何曜日ですか。

    A. 金曜日 B. 土曜日 C. 日曜日

11. 女の人はプレゼントに何を買いますか。

    A. お菓子 B. コップ C. 花

12. 男の人はどうして元気がないですか。

    A. 病気だから

    B. 気持ちが悪いから

    C. 仕事が遅かったから

13. 昨夜、男の人はどうやってうちに帰りましたか。

    A. 電車で帰った。

    B. 同僚に車で送ってもらった。

    C. タクシーで帰った。

14. 先生の話では、足はどう動きますか。

    A. そのまま動かない。

    B. 左足だけ前にしてください。

    C. 足は肩幅に広げてください。

15. 先生の話では、両手はどう動きますか。

    A. 左手だけ高く上げてください。

    B. 右手だけ高く上げてください。

    C. 両手でも高く上げてください。

模拟练习 9

第一节（共 7 小题，每小题 2 分，满分 14 分）

听下面 7 段录音，每段录音后有 1 个小题，从题中所给的 A、B、C 三个选项中选出最佳选项。听完每段录音后，你都有 10 秒钟的时间回答该小题和阅读下一小题。每段录音仅读一遍。

1. 学生たちはいつ旅行に行きますか。
　　A. 火曜日　　　　　　B. 水曜日　　　　　　C. 木曜日
2. 男の人は何の果物が好きですか。
　　A. バナナ　　　　　　B. リンゴ　　　　　　C. すいか
3. 女の人はこれから何をしますか。
　　A. バスケットボールをする。
　　B. 家に帰る。
　　C. 勉強する。
4. 男の人はどうして昨日学校を休みましたか。
　　A. 喉が痛かったから
　　B. 頭が痛かったから
　　C. 風邪をひいたから
5. 二人はどこで待ち合わせますか。
　　A. 駅前　　　　　　　B. 公園　　　　　　　C. 工場
6. 今週、誰が学校に来ますか。
　　A. 日本語の先生　　　B. 英語の先生　　　　C. 校長先生
7. 男の人はどんな物を食べますか。
　　A. 果物　　　　　　　B. ケーキ　　　　　　C. チョコレート

第二节（共 8 小题，每小题 2 分，满分 16 分）

听下面 4 段录音，每段录音后有 2 个小题，从题中所给的 A、B、C 三个选项中选出最佳选项。听每段录音前，你将有时间阅读各个小题，每小题 5 秒钟；听完后，各小题将给出 5 秒钟的作答时间，每段录音读两遍。

8. 明日、どこへ行きますか。

　　A. 郵便局　　　　　　　B. 会社　　　　　　　　C. 工場

9. 何時に集合しますか。

　　A. 8時　　　　　　　　B. 7時半　　　　　　　C. 8時半

10. 男の人は先月何をしましたか。

　　A. 旅行　　　　　　　　B. 出張　　　　　　　　C. 家に帰る

11. 北海道はどのようなところですか。

　　A. 人が少ない　　　　　B. 食べ物が美味しい　　C. 天気がいい

12. 日本語の試験はいつですか。

　　A. 来週の金曜日　　　　B. 来週の月曜日　　　　C. 明日

13. 男の人はこれから、何をしますか。

　　A. 日本語を復習します。

　　B. 英語を復習します。

　　C. 日本語と英語の復習をします。

14. 男の人は何について話していますか。

　　A. 花火大会の参加する方法

　　B. 花火大会への意見

　　C. 花火大会の楽しみ方

15. どうしていい場所が取れにくいですか。

　　A. 人が多いから

　　B. 交通制限があるから

　　C. 場所が小さいから

模拟练习 10

第一节（共 7 小题，每小题 2 分，满分 14 分）

听下面 7 段录音，每段录音后有 1 个小题，从题中所给的 A、B、C 三个选项中选出最佳选项。听完每段录音后，你都有 10 秒钟的时间回答该小题和阅读下一小题。每段录音仅读一遍。

1. あしたはどんな天気ですか。
   A. 雨　　　　　　B. 晴れ　　　　　　C. 曇り

2. 女の人は男の子に何を買ってあげましたか。
   A. 雑誌　　　　　B. 小説　　　　　　C. 漫画

3. 男の人はこのあとまず何をしますか。
   A. 資料をコピーする。
   B. 封筒に資料を入れる。
   C. 資料を郵便局にもっていく。

4. 女の人はどうして元気がないのですか。
   A. 試験ができなかったから
   B. 調子が悪いから
   C. 午前のテストを忘れたから

5. 男の学生はこれからどこへ行きますか。
   A. 家　　　　　　B. 図書館　　　　　C. 事務所

6. 男の人はどのように会社へ行きますか。
   A. バスで　　　　B. 地下鉄で　　　　C. 自動車で

7. 女の人はどうして日本語の会話教室に通っていますか。
   A. 日本に留学したいから
   B. 面白い番組を見たから
   C. 日本語をペラペラ話したいから

第二节（共 8 小题，每小题 2 分，满分 16 分）

听下面 4 段录音，每段录音后有 2 个小题，从题中所给的 A、B、C 三个选项中选出最佳选项。听每段录音前，你将有时间阅读各个小题，每小题 5 秒钟；听完后，各小题将给出

5秒钟的作答时间，每段录音读两遍。

8. 今、何時ですか。

　　A. 10時30分　　　　　B. 10時20分　　　　　C. 10時10分

9. 話の内容と合っているのはどれですか。

　　A. 女の人は今、船を操縦しています。

　　B. 船は近くの島を20分で回ります。

　　C. 船の中でチケットが買えます。

10. 男の人はこれから何をしますか。

　　A. コンサート会場に行く。

　　B. 喫茶店に行く。

　　C. コーヒーを注文する。

11. 女の人は今、どこですか。

　　A. 会議室　　　　　　B. 会社　　　　　　　C. タクシー乗り場

12. 女の人は夏休みにどうしてアルバイトをする予定ですか。

　　A. 新しいアパートを借りたいため

　　B. 新しいコンピューターを買うため

　　C. お母さんにプレゼントを買うため

13. 誰が温泉が好きですか。

　　A. 山田さんのお母さん　　B. 女の人　　　　　C. 男の人

14. 二人はどんな関係ですか。

　　A. 母と息子　　　　　B. 先生と学生　　　　C. 友達

15. 男の人について正しいのはどれですか。

　　A. 今週帰国しますから、たくさんお土産を買いました。

　　B. これから女の人と一緒に買い物に行きます。

　　C. 最近、パーティーに参加したり、荷物を送ったりして忙しいです。

模拟练习 11

第一节（共 7 小题，每小题 2 分，满分 14 分）

听下面 7 段录音，每段录音后有 1 个小题，从题中所给的 A、B、C 三个选项中选出最佳选项。听完每段录音后，你将有 10 秒钟的时间回答该小题和阅读下一小题。每段录音仅读一遍。

1. 今、どんな時間ですか。
   A. 朝　　　　　　　　B. 昼間　　　　　　　　C. 夕方

2. 男の人の趣味は何ですか。
   A. 本を書くこと　　　B. 本を読むこと　　　　C. 本を集めること

3. 会話の内容に合っているのはどれですか。
   A. 男の人はコンビニでご飯を食べます。
   B. 女の人はこれから、家に帰ります。
   C. 男の人は弁当を持ってきたが、食べる時間がありません。

4. 男の人は何をいくつ買いましたか。
   A. ミルクパンを三つ　B. ミルクパンを四つ　　C. メロンパンを五つ

5. 男の人は何で北京に行きましたか。
   A. 飛行機　　　　　　B. 汽車　　　　　　　　C. 車

6. 女の人はこれから何をしますか。
   A. 李さんに難しい問題を聞きます。
   B. 男の人の宿題を手伝ってあげます。
   C. 先生のところへ行きます。

7. 女の人はどこに転校する可能性が高いですか。
   A. 東京　　　　　　　B. 海外　　　　　　　　C. 京都

第二节（共 8 小题，每小 2 分，满分 16 分）

听下面 4 段录音，每段录音后有 2 个小题，从题中所给的 A、B、C 三个选项中选出最佳选项。听每段录音前，你将有时间阅读各个小题，每小题 5 秒钟；听完后，各小题将给出 5 秒钟的作答时间，每段录音读两遍。

8. 女の人は何回目の日本料理が美味しいと思っていますか。

    A. 一回目　　　　　　　　B. 二回目　　　　　　　　C. 三回目

9. これから、二人は何を食べにいきますか。

    A. 牛丼　　　　　　　　　B. もつ鍋　　　　　　　　C. お寿司

10. 朝読は何時からですか。

    A. 6時半　　　　　　　　 B. 7時　　　　　　　　　 C. 7時半

11. 男の人はこれから、何をしますか。

    A. 皆さんに文章を読みます。

    B. 文章の練習を続けます。

    C. 好きな文章を選びます。

12. 男の人はどうして女の人に頼みますか。

    A. 女の人は英語が上手ですから

    B. 女の人は留学生ですから

    C. 女の人だけ英語ができますから

13. 女の子はどんなことを頼まれていますか。

    A. イベントの発表　　　　B. イベントの司会　　　　C. イベントの練習

14. 男の人はどんな中学校を選びましたか。

    A. ジョギング部がある中学校

    B. 卓球部がある中学校

    C. オリンピックに出る中学校

15. 男の人は夢を実現するために、何をしていますか。

    A. 毎朝2時間ぐらいジョギングをしています。

    B. 放課後、2時間半ぐらい卓球の練習をしています。

    C. 毎晩2時間半ぐらい勉強をしています。

模拟练习 12

第一节（共 7 小题，每小题 2 分，满分 14 分）

听下面 7 段录音，每段录音后有 1 个小题，从题中所给的 A、B、C 三个选项中选出最佳选项。听完每段录音后，你都有 10 秒钟的时间回答该小题和阅读下一小题。每段录音仅读一遍。

1. チケットは何枚予約しますか。
   A. 2枚　　　　　　　　B. 4枚　　　　　　　　C. 6枚

2. 女の人はお見舞いに何を持っていきますか。
   A. 花や果物　　　　　　B. 本　　　　　　　　C. 音楽のCD

3. 女の人は何をプレゼントしますか。
   A. カバン　　　　　　　B. カップ　　　　　　C. タオル

4. 女の人はこのあとどのボタンを押しますか。
   A. 黄色いボタン　　　　B. 白いボタン　　　　C. 青いボタン

5. 学生は明日、どこに集まらなければなりませんか。
   A. 図書館　　　　　　　B. 体育館　　　　　　C. 教室

6. この写真の中で、どれがよくないと思いますか。
   A. 山の写真　　　　　　B. 部屋の写真　　　　C. 海の写真

7. 女の人は、何で美術館へ行きますか。
   A. 車　　　　　　　　　B. 自転車　　　　　　C. 電車

第二节（共 8 小题，每小题 2 分，满分 16 分）

听下面 4 段录音，每段录音后有 2 个小题，从题中所给的 A、B、C 三个选项中选出最佳选项。听每段录音前，你将有时间阅读各个小题，每小题 5 秒钟；听完后，各小题将给出 5 秒钟的作答时间，每段录音读两遍。

8. 明日森君は、何をしますか。
   A. 引っ越す。　　　B. 不動産屋さんを紹介する。　　C. 近所を案内する。

9. 会話の内容に合っているのはどれですか。
   A. 陳さんは森さんに不動産屋さんを紹介してあげました。

B. 女の人は国際貿易センターにあまり詳しくありません。

C. 今日、李さんが森さんにアパートの近所を案内してあげます。

10. 女の人は何歳から公園へ来ますか。

　　A. 9歳　　　　　　　　　B. 7歳　　　　　　　　　C. 10歳

11. 男の人は公園で何をしますか。

　　A. 太極拳をする。　　　　B. ジョギングをする。　　C. 遊ぶ。

12. 女の人は中国の文化をどう思っていますか。

　　A. 面白い。　　　　　　　B. 勉強したい。　　　　　C. 面白くない。

13. グループ１の学生は何を紹介しますか。

　　A. 中国の文化　　　　　　B. 中国の地理　　　　　　C. 中国の歴史

14. 男は初めて何をしましたか。

　　A. 相撲をした。

　　B. 相撲を見に行った。

　　C. テレビで相撲を見た。

15. 話の内容に合っているのはどれですか。

　　A. 男の人は忙しいですが、よく運動します。

　　B. 男の人は国ではよく相撲を見ましたが、日本では初めてです。

　　C. 男の人は来週田中さんと相撲の試合を見に行きます。

模拟练习 13

第一节（共 7 小题，每小题 2 分，满分 14 分）

听下面 7 段录音，每段录音后有 1 个小题，从题中所给的 A、B、C 三个选项中选出最佳选项。听完每段录音后，你都有 10 秒钟的时间回答该小题和阅读下一小题。每段录音仅读一遍。

1. 午後はまず何をしますか。
    A. ビデオを見る。　　　B. ご飯を食べる。　　　C. 水泳をする。

2. 男の人は昨日なぜ休みましたか。
    A. 友達が来ましたから
    B. 風邪をひきましたから
    C. おとといお酒を飲みましたから

3. 2人は今日何をしますか。
    A. 家でテレビを見る。
    B. 買い物に出かける。
    C. 公園へ散歩に行く。

4. 男の人はこれからまず何をしますか。
    A. デパートに行く。　　　B. ごみを出す。　　　C. ビールを買う。

5. 女の人は明日何をしますか。
    A. 授業する。　　　B. 病院に行く。　　　C. 映画を見に行く。

6. 男の人は何時の切符を予約しますか。
    A. 7時　　　B. 8時　　　C. 9時

7. 男の人はまず何をしますか。
    A. 田中さんを迎えに行く。
    B. パーティーの会場に入る。
    C. 田中さんに電話する。

第二节（共 8 小题，每小题 2 分，满分 16 分）

听下面 4 段录音，每段录音后有 2 个小题，从题中所给的 A、B、C 三个选项中选出最佳选项。听每段录音前，你将有时间阅读各个小题，每小题 5 秒钟；听完后，各小题将给出

5秒钟的作答时间，每段录音读两遍。

8. 男の人は連休にどこへ旅行に行きますか。

　　A. 東京と大阪　　　　B. 大阪と京都　　　C. 京都と東京

9. 女の人は連休に何をしますか。

　　A. 旅行に行く。　　　B. 引っ越しをする。　C. 家でゆっくり休む。

10. 女の人の一番好きな色は何ですか。

　　A. 白　　　　　　　　B. 青　　　　　　　C. 茶色

11. 女の人はどんな色の帽子を買いますか。

　　A. 白　　　　　　　　B. 青　　　　　　　C. 茶色

12. 男の人は何にしますか。

　　A. コーヒー　　　　　B. ジュース　　　　C. 紅茶

13. 女の人は何にしますか。

　　A. ジュース　　　　　B. 紅茶　　　　　　C. 何も飲まない

14. 女の人は今朝何を食べましたか。

　　A. みかん　　　　　　B. パン　　　　　　C. ご飯

15. 男の人は朝ご飯を食べないことについてどう思っていますか。

　　A. ダイエットに効果的だけど、健康によくない。

　　B. 健康にいいけど、ダイエットに効果がない。

　　C. ダイエットに効果がないし、健康にもよくない。

模拟练习 14

第一节（共 7 小题，每小题 2 分，满分 14 分）

听下面 7 段录音，每段录音后有 1 个小题，从题中所给的 A、B、C 三个选项中选出最佳选项。听完每段录音后，你都有 10 秒钟的时间回答该小题和阅读下一小题。每段录音仅读一遍。

1. 今、何時ですか。
   A. 9 時　　　　　B. 8 時 58 分　　　　C. 9 時 5 分

2. 男の人は何が一番好きですか。
   A. 小説　　　　　B. ゲーム　　　　　C. 音楽

3. 女の人はどうしますか。
   A. 眼鏡をかける。　B. 電気をつける。　C. カーテンを引く。

4. 男の人はどうして元気がないですか。
   A. 疲れたから　　B. 睡眠が足りなかったから　C. 風邪を引いたから

5. 女の人は財布をどこに置いていますか。
   A. 机の上　　　　B. かばんの中　　　C. 引き出しの中

6. 女の人は何を買いますか。
   A. 白い花　　　　B. ばら　　　　　　C. 何も買わない

7. 女の人はどうして冬が好きですか。
   A. 雪が降りますから　B. スキーが好きですから　C. 寒いですから

第二节（共 8 小题，每小题 2 分，满分 16 分）

听下面 4 段录音，每段录音后有 2 个小题，从题中所给的 A、B、C 三个选项中选出最佳选项。听每段录音前，你将有时间阅读各个小题，每小题 5 秒钟；听完后，各小题将给出 5 秒钟的作答时间，每段录音读两遍。

8. 女の人は何に誘われましたか。
   A. 買い物　　　　B. 映画　　　　　　C. コンサート

9. 男の人はこれからどうしますか。
   A. 友達と遊ぶ。　B. 映画を見に行く。　C. 女の人を家まで送る。

10. 男の人は中国に何回行きましたか。

　　A. 一回　　　　　　　　　B. 二回　　　　　　　　　C. 三回

11. 男の人は湖南省のどんなことが好きですか。

　　A. 天気　　　　　　　　　B. 料理　　　　　　　　　C. 景色

12. 隣のパーティーは今日どうでしたか。

　　A. いつもより短かった　　B. いつもより長かった　　C. いつも通り

13. その変化のきっかけは何ですか。

　　A. 休みの日だから

　　B. 男の人に言われたから

　　C. 静かにしたいから

14. 森さんは最後どんな学部に入りましたか。

　　A. 絵画部　　　　　　　　B. 医学部　　　　　　　　C. 文学部

15. 話の内容に合っているのはどれですか。

　　A. 森さんは絵を描くのが好きでしたが、医学部に入りました。

　　B. 森さんは暇だったら、よく若い人たちに絵を教えます。

　　C. 男の人はこれから自分が好きなことに力を入れます。

模拟练习 15

第一节（共 7 小题，每小题 2 分，满分 14 分）

听下面 7 段录音，每段录音后有 1 个小题，从题中所给的 A、B、C 三个选项中选出最佳选项。听完每段录音后，你都有 10 秒钟的时间回答该小题和阅读下一小题。每段录音仅读一遍。

1. 今はどんな季節ですか。
   A. 秋   B. 春   C. 夏

2. 李さんは何が好きですか。
   A. 映画   B. 漫画   C. 絵

3. 二人は今から何をしますか。
   A. 学校に行く。 B. 家に戻る。   C. ノートを買う。

4. 女の人はどうして不合格でしたか。
   A. 病気になりましたから
   B. 授業をサボりましたから
   C. あまり復習しませんでしたから

5. 新しい店は、何の店ですか。
   A. 美容室   B. レストラン   C. 漫画喫茶

6. 女の人はどんな色の服を選びましたか。
   A. ピンク   B. ブルー   C. グレー

7. 男の人はどうやって北京に行きますか。
   A. 飛行機   B. 船   C. 汽車

第二节（共 8 小题，每小 2 分，满分 16 分）

听下面 4 段录音，每段录音后有 2 个小题，从题中所给的 A、B、C 三个选项中选出最佳选项。听每段录音前，你将有时间阅读各个小题，每小题 5 秒钟；听完后，各小题将给出 5 秒钟的作答时间，每段录音读两遍。

8. 会議はいつにしましたか。
   A. 明日の午後 B. 今日の午後   C. 三十分後

9. 男の人はこれから、まず何をしますか。

    A. 会議の準備をします。

    B. 資料のコピーをします。

    C. 会議が遅くなったことを皆さんに知らせます。

10. 二人は何曜日に花見しますか。

    A. 金曜日　　　　　　　B. 日曜日　　　　　　　C. 土曜日

11. 田中さんは子供のごろ誰と一緒に花見に行きましたか。

    A. 友達　　　　　　　　B. 近所の人　　　　　　C. 家族

12. 先生なぜ運動会を参加しないですか。

    A. あまり好きじゃないから

    B. ちょっと用事があるから

    C. 運動が上手じゃないから

13. 運動会はいつ行われますか。

    A. 今月　　　　　　　　B. 来月　　　　　　　　C. まだ分からない

14. 自然災害が起きている原因は何です。

    A. 環境への意識の変化

    B. 地球温暖化の影響

    C. 二酸化炭素の減少

15. 環境のために、女の人はしていないことは何ですか。

    A. エアコンやテレビをなるべく使わないこと

    B. エアコンの温度を28度に設定すること

    C. なるべくレジ袋をもらわないこと

模拟练习 16

第一节（共 7 小题，每小题 2 分，满分 14 分）

听下面 7 段录音，每段录音后有 1 个小题，从题中所给的 A、B、C 三个选项中选出最佳选项。听完每段录音后，你都有 10 秒钟的时间回答该小题和阅读下一小题。每段录音仅读一遍。

1. 明日は何をしますか。
   A. ハイキングをする。　　B. バーベキューをする。　　C. 動物園に行く。
2. 男の人が食べたのは何ですか。
   A. ラーメン　　　　　　　B. デザート　　　　　　　　C. うどん
3. 男の人はこれからまずどうしますか。
   A. 牛乳を買いに行く。　　B. パンを買いに行く。　　　C. 本を返しに行く。
4. お父さんのプレゼントは何ですか。
   A. デジカメ　　　　　　　B. 化粧品　　　　　　　　　C. ネクタイ
5. 桜を見る場所はどこにしますか。
   A. 川のそば　　　　　　　B. 公園　　　　　　　　　　C. 山
6. 男の人が買いに行くのはどれですか。
   A. ビール　　　　　　　　B. 醬油と油　　　　　　　　C. 醬油
7. 木村さんの子供の誕生日の印はどんな形ですか。
   A. 三角の印　　　　　　　B. 丸い印　　　　　　　　　C. 赤い印

第二节（共 8 小题，每小题 2 分，满分 16 分）

听下面 4 段录音，每段录音后有 2 个小题，从题中所给的 A、B、C 三个选项中选出最佳选项。听每段录音前，你将有时间阅读各个小题，每小题 5 秒钟；听完后，各小题将给出 5 秒钟的作答时间，每段录音读两遍。

8. マイ箸のことは何ですか。
   A. 木や竹など環境にいい材料で作った箸
   B. 会社で広く使われていて環境に優しい箸
   C. 自分用に持ち歩いて使う箸

9. 男の人はこれから何をしますか。

    A. 会社へ行きます。

    B. 山上さんと佐々木さんに連絡します。

    C. 会社の人と電話します。

10. 男の人はこれから、何時に起きますか。

    A. 六時半　　　　　　　　B. 六時　　　　　　　　C. 八時半

11. 男の人はなぜ引っ越しますか。

    A. 本を読むことができるから

    B. 自然がいっぱいあるところに住みたいから

    C. 家を買ったから

12. 男の人昨日はどうしましたか。

    A. 体育館に行きました。

    B. 山登りに行きました。

    C. 病院に行きました。

13. 男の人はどうして薬を飲みますか。

    A. 体が痛くて動きづらいから

    B. 雨に降られて風邪を引いたから

    C. 体を丈夫にしたいから

14. 燃えないゴミを捨てる日は何曜日ですか。

    A. 月曜日　　　　　　　　B. 水曜日　　　　　　　　C. 木曜日

15. 燃えるゴミと燃えないゴミを分けないで捨てるとどうなりますか。

    A. 回収車はもっていかない。

    B. 人に迷惑をかける。

    C. 回収車は捨てた人に返す。

模拟练习 17

第一节（共 7 小题，每小题 2 分，满分 14 分）

听下面 7 段录音，每段录音后有 1 个小题，从题中所给的 A、B、C 三个选项中选出最佳选项。听完每段录音后，你都有 10 秒钟的时间回答该小题和阅读下一小题。每段录音仅读一遍。

1. このスイカはいくらですか。
   A. 5 千円　　　　　　　B. 1 千円　　　　　　　C. 6 千円
2. 女の人は何を買ってきますか。
   A. 牛乳とコーヒー　　　B. リンゴとコーヒー　　C. リンゴと牛乳
3. 女の人はこれから何をしますか。
   A. 新幹線の切符を買う。
   B. ホテルを予約する。
   C. お土産を買う。
4. 男の人はどうして遅刻しましたか。
   A. 体調が悪いですから
   B. 寝坊しましたから
   C. 反対側に行っちゃったから
5. 山田さんはどこにいますか。
   A. 食堂　　　　　　　　B. 図書館　　　　　　　C. 教室
6. 男の人は朝いつも何を食べますか。
   A. 牛乳とラーメン　　　B. 牛乳とパン　　　　　C. コーヒーとリンゴ
7. 2 人はどうやって博物館へ行くつもりですか。
   A. バスで行くつもりです。
   B. タクシーで行くつもりです。
   C. 歩いて行くつもりです。

第二节（共 8 小题，每小题 2 分，满分 16 分）

听下面 4 段录音，每段录音后有 2 个小题，从题中所给的 A、B、C 三个选项中选出最佳选项。听每段录音前，你将有时间阅读各个小题，每小题 5 秒钟；听完后，各小题将给出

5秒钟的作答时间，每段录音读两遍。

8. 2人は明日どこで会いますか。

   A. デパートの三階の喫茶店

   B. デパートの三階の本屋

   C. 駅の近くの本屋

9. 2人は明日何時に会いますか。

   A. 午前8時　　　　　B. 午後8時　　　　　C. 午後5時

10. 明日の午前はどんな天気ですか。

    A. 雨　　　　　　　B 晴れ　　　　　　　C. 雪

11. 明日2人は何をしますか。

    A. 山を登ります。　　B. 海に行きます。　　C. プールに行きます。

12. 男の人の彼女はどんな人ですか。

    A. 髪が長くて可愛い人です。

    B. 背が低くて優しい人です。

    C. 髪が長くて優しい人です。

13. 男の人は彼女といつ知り合ったのですか。

    A. 仕事をしたとき知り合った。

    B. ボランティア活動を参加したとき知り合った。

    C. 小学校の時知り合った。

14. 見学をしたいなら、まず何をしなければなりませんか。

    A. 受付で申し込む。

    B. インターネットで申し込む。

    C. インターネットで参加費を払う。

15. 見学する時、水とお弁当が必要ですか。

    A. 水が必要ですが、お弁当が必要ではない。

    B. お弁当が必要ですが、水が必要ではない。

    C. どちらも必要ではない。

模拟练习 18

第一节（共7小题，每小题2分，满分14分）

听下面7段录音，每段录音后有1个小题，从题中所给的A、B、C三个选项中选出最佳选项。听完每段录音后，你都有10秒钟的时间回答该小题和阅读下一小题。每段录音仅读一遍。

1. プレゼントは何にしますか。
   A. ケーキ　　　　　B. 花　　　　　　C. コート
2. カバンはいくらですか。
   A. 600円　　　　　B. 500円　　　　 C. 800円
3. 今日は何曜日ですか。
   A. 水曜日　　　　 B. 火曜日　　　　C. 月曜日
4. 二人は何時に会いますか。
   A. 6時30分　　　　B. 6時20分　　　 C. 6時
5. 誰が北海道に行きたいんですか。
   A. 男の子　　　　 B. 女の子　　　　C. 男の子と女の子
6. このパソコンはどんなパソコンですか。
   A. 速くて高い　　 B. 遅くて高い　　C. 速くて安い
7. 女の子はこれから何をしますか。
   A. 会議に参加します。
   B. 会議の準備をします。
   C. 電話をかけます。

第二节（共8小题，每小题2分，满分16分）

听下面4段录音，每段录音后有2个小题，从题中所给的A、B、C三个选项中选出最佳选项。听每段录音前，你将有时间阅读各个小题，每小题5秒钟；听完后，各小题将给出5秒钟的作答时间，每段录音读两遍。

8. 男の人は昨日何をしましたか。
   A. 図書館へ行きました。
   B. 美術館へ行きました。
   C. 体育館へ行きました。

9. 女の人は昨日何をしましたか。

 A. カラオケに行きました。 B. 家にいました。 C. デパートに行きました。

10. 男の人はいつこの新しいラジオを買いましたか。

 A. 一昨日   B. 昨日   C. 今日

11. 男の人はどうして後で買ったほうがいいと言っていますか。

 A. もっと安くなるから

 B. 新品が出るから

 C. 問題が出るかもしれないから

12. 男の人はどうして遅刻しましたか。

 A. 約束を忘れたから B. 寝坊したから C. 電車が遅れたから

13. ここはどこですか。

 A. 図書館   B. 水族館   C. 映画館

14. 女の人はどんなところがいいと言っていますか。

 A. 静かなところ B. 賑やかなところ C. 古いところ

15. 女の人にとって、旅行とはどんなことですか。

 A. 美味しいものを食べること B. 勉強すること C. リラックスすること

模拟练习 19

第一节（共 7 小题，每小题 2 分，满分 14 分）

听下面 7 段录音，每段录音后有 1 个小题，从题中所给的 A、B、C 三个选项中选出最佳选项。听完每段录音后，你都有 10 秒钟的时间回答该小题和阅读下一小题。每段录音仅读一遍。

1. 女の子は何で行きましたか。
   A. 車   B. バス   C. 船
2. 女の子は全部でいくらかかりましたか。
   A. 1200 円   B. 1300 円   C. 100 円
3. 誰が花に水をやりますか。
   A. 男の子   B. お父さん   C. お母さん
4. 絵の勉強はどのぐらいかかりますか。
   A. 3 年   B. 9 年   C. 10 年
5. 佐藤さんはなぜ来ませんでしたか。
   A. 風邪を引いたから   B. 部活があるから   C. 病院に行ったから
6. なぜ英語の試験が行われませんか。
   A. 先生が出張しましたから
   B. サッカーの試合が近付いていますから
   C. みんなで応援しますから
7. 男の人の仕事は何ですか。
   A. ガイド   B. 先生   C. 運転手

第二节（共 8 小题，每小题 2 分，满分 16 分）

听下面 4 段录音，每段录音后有 2 个小题，从题中所给的 A、B、C 三个选项中选出最佳选项。听每段录音前，你将有时间阅读各个小题，每小题 5 秒钟；听完后，各小题将给出 5 秒钟的作答时间，每段录音读两遍。

8. 今日のお昼、この二人は何を食べますか。
   A. タイ料理   B. 日本料理   C. イタリア料理

9. 今日は何曜日ですか。

　　A. 金曜日　　　　　　　　B. 木曜日　　　　　　　　C. 土曜日

10. 動物園に何を持って行きますか。

　　A. 本　　　　　　　　　　B. お菓子　　　　　　　　C. ノート

11. 動物園に何を持っていってはいけませんか。

　　A. 水とジュース　　　　　B. お菓子　　　　　　　　C. ノートと弁当

12. 父へのプレゼントは何ですか。

　　A. 花　　　　　　　　　　B. カバン　　　　　　　　C. ネクタイ

13. 父へのプレゼントはどんな色ですか。

　　A. 黒い　　　　　　　　　B. 明るい　　　　　　　　C. 暗い

14. 明日の朝、女の子は何をしますか。

　　A. 発表の資料を探します。　B. 映画を見ます。　　　　C. 試験を準備します。

15. 試験はいつですか。

　　A. 8月1日　　　　　　　　B. 7月5日　　　　　　　　C. 8月5日

模拟练习 20

第一节（共7小题，每小题2分，满分14分）

听下面7段录音，每段录音后有1个小题，从题中所给的A、B、C三个选项中选出最佳选项。听完每段录音后，你都有10秒钟的时间回答该小题和阅读下一小题。每段录音仅读一遍。

1. 男の人はいくら払いましたか。

    A. 1400 円　　　　　　B. 1500 円　　　　　　C. 1600 円

2. 土曜日に女の人がしないことはどれですか。

    A. アルバイトをします。　　B. 買い物に行きます。　　C. テレビを見ます。

3. 明日どこで会いますか。

    A. 駅の前のホテル

    B. ホテルの隣のレストラン

    C. ホテルの中のレストラン

4. 男の人と女の人はこれからどうしますか。

    A. 中華料理を食べに行く。

    B. ハンバーグを食べに行く。

    C. 家で料理をする。

5. 男の人は最初は何に乗るつもりでしたか。

    A. 新幹線　　　　　　B. 船　　　　　　C. 飛行機

6. コップは誰からもらいましたか。

    A. 実家の人　　　　　　B. 女の人　　　　　　C. 隣の人

7. 女の人は何を買いますか。

    A. パン6つと牛乳1本

    B. パン5つとコーヒー1杯

    C. パン5つと牛乳2本とコーヒー1杯

第二节（共8小题，每小题2分，满分16分）

听下面4段录音，每段录音后有2个小题，从题中所给的A、B、C三个选项中选出最佳选项。听每段录音前，你将有时间阅读各个小题，每小题5秒钟；听完后，各小题将给出

5秒钟的作答时间，每段录音读两遍。

8. 次の映画が始まるまでは、どのぐらいありますか。

  A. 1時間　　　　　　　B. 1時間半　　　　　　C. 2時間半

9. 2人はこれからまず何をしますか。

  A. 食事に行きます。　　B. 映画館に入ります。　C. 安い店を探します。

10. 男の人はどこが痛いですか。

  A. お腹　　　　　　　　B. 頭　　　　　　　　　C. のど

11. 男の人はまず何をしますか。

  A. 座って待ちます。　　B. 熱を測ります。　　　C. お手洗いに行きます。

12. この本はいくらですか。

  A. 1000円　　　　　　　B. 2000円　　　　　　　C. 3000円

13. 女の人は本をどうしますか。

  A. 借ります　　　　　　B. 貸します　　　　　　C. 買います

14. 男の人は今日、何時に着きましたか。

  A. 8:00　　　　　　　　B. 8:15　　　　　　　　C. 8:25

15. 男の人は今日どうやって学校に来ましたか。

  A. 走って学校に来ました。

  B. 歩いて学校に来ました。

  C. バスで学校に来ました。

模拟练习 21

第一节（共 7 小题，每小题 2 分，满分 14 分）

听下面 7 段录音，每段录音后有 1 个小题，从题中所给的 A、B、C 三个选项中选出最佳选项。听完每段录音后，你都有 10 秒钟的时间回答该小题和阅读下一小题。每段录音仅读一遍。

1. 男の人はパンをどうしますか。
   A. ちょっと食べます。　　B. 食べません。　　C. 持って帰ります。

2. 男の子はこれから何をしますか。
   A. 遊びに行きます。
   B. スーパーへ行きます。
   C. 家にいます。

3. 男の人と女の人は今どこにいますか。
   A. 食堂　　B. 教室　　C. 図書館

4. 男の人が遅刻した理由は何ですか。
   A. 事故でけがをしたから
   B. 電車が遅れたから
   C. 携帯電話を忘れたから

5. 男の人は何を買いますか。
   A. りんご 3 つと牛乳 1 本
   B. りんご 3 つと牛乳 1 本と豚肉
   C. りんご 4 つと牛乳 1 本と豚肉

6. お母さんは明日何時ごろ太郎君を起こしますか。
   A. 朝 7 時半　　B. 朝 8 時半　　C. 朝 9 時

7. 今どんな天気ですか。
   A. 晴れ　　B. 雨　　C. 雪

第二节（共 8 题，每小题 2 分，满分 16 分）

听下面 4 段录音，每段录音后有 2 个小题，从题中所给的 A、B、C 三个选项中选出最佳选项。听每段录音前，你将有时间阅读各个小题，每小题 5 秒钟；听完后，各小题将给出

5秒钟的作答时间，每段录音读两遍。

8. 男の人は休みのとき何をしますか。

　　A. 読書とスポーツ

　　B. ピアノの練習とスポーツ

　　C. ピアノの練習と読書

9. 女の子は休みのとき何をしますか。

　　A. 読書と旅行　　　　　　B. ピアノの練習とスポーツ　　　C. 読書とスポーツ

10. 女の人と男の人はこれからどうしますか。

　　A. 駅に行きます。

　　B. バス停に行きます。

　　C. タクシーで帰ります。

11. 男の人と女の人がタクシーで帰らない理由は何ですか。

　　A. 電車にまだ間に合いますから

　　B. バスのほうが安いですから

　　C. 家に近いですから

12. 田中さんの誕生日はいつですか。

　　A. 今日　　　　　　　　　B. 今週　　　　　　　　　　　C. 来週

13. 2人は田中さんに何をあげますか。

　　A. 花　　　　　　　　　　B. 本　　　　　　　　　　　　C. ケーキ

14. 男の人は今どこに住んでいますか。

　　A. 両親と一緒に住んでいます。

　　B. 大学の近くに住んでいます。

　　C. 友達の家に住んでいます。

15. 男の人の両親の家はどんなところにありますか。

　　A. たくさんの店があってにぎやかなところ

　　B. 男の人の大学があるところ

　　C. 海があって魚がおいしいところ

模拟练习 22

第一节（共 7 小题，每小题 2 分，满分 14 分）

听下面 7 段录音，每段录音后有 1 个小题，从题中所给的 A、B、C 三个选项中选出最佳选项。听完每段录音后，你都有 10 秒钟的时间回答该小题和阅读下一小题。每段录音仅读一遍。

1. 女の人と男の人は何時に映画を見ることにしましたか。
   A. 3 時半　　　　　　　B. 4 時半　　　　　　　C. 4 時
2. 女の人は何色の自転車がほしいですか。
   A. 黒い　　　　　　　　B. 赤い　　　　　　　　C. 白い
3. 男の子はこれからどうしますか。
   A. 山に登ります。　　　B. 弁当を作ります。　　C. スーパーに行きます。
4. 女の子はどうして疲れていますか。
   A. 通勤時間が長いから
   B. 引っ越したから
   C. 新しい仕事を探しているから
5. 男の子は明日まずどこに行きますか。
   A. 東京　　　　　　　　B. 名古屋　　　　　　　C. 京都
6. クイズの答えはどれですか。
   A. 鈴木　　　　　　　　B. 田中　　　　　　　　C. 佐藤
7. 女の人はどのように内モンゴルへ行きましたか。
   A. 汽車　　　　　　　　B. 飛行機　　　　　　　C. 自分の車

第二节（共 8 小题，每小题 2 分，满分 16 分）

听下面 4 段录音，每段录音后有 2 个小题，从题中所给的 A、B、C 三个选项中选出最佳选项。听每段录音前，你将有时间阅读各个小题，每小题 5 秒钟；听完后，各小题将给出 5 秒钟的作答时间，每段录音读两遍。

8. 女の子はどこに留学するつもりですか。
   A. 日本　　　　　　　　B. 韓国　　　　　　　　C. アメリカ

9. 男の子はこれから何をするつもりですか。

   A. 日本に行く。　　　　B. 大学に進学する。　　C. 東大に行く。

10. 訪問団はどの国から来ましたか。

    A. アフリカ　　　　　B. イタリア　　　　　　C. アメリカ

11. 男の人は明日何時に空港に到着しますか。

    A. 10時　　　　　　　B. 11時　　　　　　　　C. 11時半

12. 男の人はこの女の発表のテーマをどう思っていますか。

    A. 面白い　　　　　　B. つまらない　　　　　C. 難しい

13. 女の人の発表のテーマは何ですか。

    A. 日本の映画について

    B. 中日両国の女性意識について

    C. 日本の歴史について

14. どうして隣の町のロボット工場に行きますか。

    A. 見学するから

    B. 海へ泳ぎに行くから

    C. 展覧会を見るから

15. 男の子はロボットを見るのは初めてですか。

    A. はい、初めてです。

    B. いいえ、何回も見たことがあります。

    C. 昨年の見学は海に行ったことがあります。

模拟练习 23

第一节（共 7 小题，每小题 2 分，满分 14 分）

听下面 7 段录音，每段录音后有 1 个小题，从题中所给的 A、B、C 三个选项中选出最佳选项。听完每段录音后，你都有 10 秒钟的时间回答该小题和阅读下一小题。每段录音仅读一遍。

1. このクラス、ボランティアに何人が参加しますか。

    A. 18 人　　　　　　　B. 16 人　　　　　　　C. 28 人

2. 女の人はどんなことが好きですか。

    A. 読書をすること　　B. 一人でいること　　C. 仕事をすること

3. 女の人はこれからまず何をしますか。

    A. うちに帰る。　　　B. 食材を買う。　　　C. 子供の学校に行く。

4. どうして男の人は元気がありませんか。

    A. 部長に叱られたから

    B. 夜遅くまでレポートを作っていたから

    C. 夜遅くまで飲んでいたから

5. 来週の見学はどこへ行きますか。

    A. 豆腐工場　　　　　B. 大豆工場　　　　　C. 水族館

6. 男の人は最後、どれを買いましたか。

    A. 細いペン　　　　　B. 太いペン　　　　　C. どっちも買わなかった

7. 男の人はどのように本を返しますか。

    A. 郵便で返す。

    B. 今持っていって返す。

    C. 明日の授業で返す。

第二节（共 8 小题，每小题 2 分，满分 16 分）

听下面 4 段录音，每段录音后有 2 个小题，从题中所给的 A、B、C 三个选项中选出最佳选项。听每段录音前，你将有时间阅读各个小题，每小题 5 秒钟；听完后，各小题将给出 5 秒钟的作答时间，每段录音读两遍。

8. 女の人は今どこですか。

    A. 家にいます。　　　B. スーパーにいます。　C. 空港にいます。

9. 女の人はこれからまず何をしますか。

    A. 迎えに行きます。　　　　B. 食材を買います。　　C. 料理を作ります。

10. 男の人はどの国へ行ったことはありませんか。

    A. 中国　　　　　　　　　　B. アメリカ　　　　　　C. フランス

11. オーストラリアで一番印象に残ったのは何ですか。

    A. いろいろな料理　　　　　B. 外国人　　　　　　　C. 動物

12. 女の人はどう思っていますか。

    A. リサイクルよりゴミを減らすほうが重要だと思っている。

    B. リサイクルが一番大切だと思っている。

    C. どっちでも重視すべきだと思っている。

13. 女の人のテーマは何ですか。

    A. 環境保護　　　　　　　　B. 地球温暖化　　　　　C. 自然災害

14. 男の人はどのように切符を買いますか。

    A. 切符売り場で買います。

    B. コンビニで買います。

    C. インターネットで買います。

15. 男の人は初めてコンサートに行きますか。

    A. はい、初めてです。

    B. いいえ、初めてではないが、あまり行きません。

    C. いいえ、よくコンサートに行きます。

模拟练习 24

第一节（共7小题，每小题2分，满分14分）

听下面7段录音，每段录音后有1个小题，从题中所给的A、B、C三个选项中选出最佳选项。听完每段录音后，你都有10秒钟的时间回答该小题和阅读下一小题。每段录音仅读一遍。

1. プレゼントは何にしますか。
   A. 本　　　　　　　　B. ペン　　　　　　　　C. 財布

2. 二人はいつ映画を見に行きますか。
   A. 土曜日　　　　　　B. 日曜日　　　　　　　C. 来週

3. 男の人は来月どこへ出張しますか。
   A. アメリカ　　　　　B. 韓国　　　　　　　　C. ドイツ

4. 男の人がどのように新宿に行きますか。
   A. タクシー　　　　　B. 地下鉄　　　　　　　C. バス

5. 男の人はどうして前より早いですか。
   A. 用事があるから
   B. 今日は会議があるから
   C. お姉さんの車で会社に来たから

6. 男の人はこれからまず何をしますか。
   A. 銀行へ行きます。
   B. スーパーへ行きます。
   C. ゴミを出します。

7. 女の人はケーキとパンを全部でいくつ買いますか。
   A. 四つ　　　　　　　B. 五つ　　　　　　　　C. 六つ

第二节（共8小题，每小题2分，满分16分）

听下面4段录音，每段录音后有2个小题，从题中所给的A、B、C三个选项中选出最佳选项。听每段录音前，你将有时间阅读各个小题，每小题5秒钟；听完后，各小题将给出5秒钟的作答时间，每段录音读两遍。

8. 男の人はどうして交流会の時間を変えたいですか。
   A. 飛行機が遅れますから

B. 女の人は会議がありますから

C. 男の人が忙しいですから

9. 交流会が何時に行われますか。

   A. 8時   B. 10時   C. 10時半

10. 男の人はどんなシャツにしますか。

   A. 黒いシャツ   B. 青いシャツ   C. 白いシャツ

11. 男の人の選んだシャツはいくらですか。

   A. 15,500円   B. 12,000円   C. 15,600円

12. 話に合っていない内容はどれですか。

   A. 発表のテーマはプリントの中からひとつ選ぶ。

   B. 発表の時、原稿を見てはいけません。

   C. 発表の時、ペンとノートを持ってきてはいけません。

13. 点数をつけるのはだれですか。

   A. 先生   B. 学生   C. 先生と学生

14. 先生はいつ作文を直しますか。

   A. 明日の午前です。   B. 明日の午後です。   C. あさっての夕方です。

15. 先生はどこで作文を直しますか。

   A. 家   B. 事務室   C. 教室

模拟练习 25

第一节（共 7 小题，每小题 2 分，满分 14 分）

听下面 7 段录音，每段录音后有 1 个小题，从题中所给的 A、B、C 三个选项中选出最佳选项。听完每段录音后，你都有 10 秒钟的时间回答该小题和阅读下一小题。每段录音仅读一遍。

1. 男の人は何を買いますか。
　　A. ケーキと飲み物　　B. チョコレートとケーキ　　C. チョコレートと飲み物
2. 男の人が何日の予約をしましたか。
　　A. 7 日　　　　　　　B. 8 日　　　　　　　　　　C. 9 日
3. 女の人はどこへ行きましたか。
　　A. 京都　　　　　　　B. 東京　　　　　　　　　　C. 沖縄
4. 手伝うのは誰ですか。
　　A. 女の人　　　　　　B. 男の人　　　　　　　　　C. 木村さん
5. 女の人はこの薬を一日何回飲みますか。
　　A. 1 回　　　　　　　B. 3 回　　　　　　　　　　C. 4 回
6. あさってはどんな天気ですか。
　　A. 晴れ　　　　　　　B. 曇　　　　　　　　　　　C. 雨
7. 男の子はどうして歩いて会社に行きますか。
　　A. 家に近いから　　　B. 運動不足を解消したいから　C. 車が壊れたから

第二节（共 8 小题，每小题 2 分，满分 16 分）

听下面 4 段录音，每段录音后有 2 个小题，从题中所给的 A、B、C 三个选项中选出最佳选项。听每段录音前，你将有时间阅读各个小题，每小题 5 秒钟；听完后，各小题将给出 5 秒钟的作答时间，每段录音读两遍。

8. コートはいくらですか。
　　A. 3000 円　　　　　　B. 7000 円　　　　　　　　C. 10000 円
9. どの色のコートを買いますか。
　　A. 赤　　　　　　　　B. グレー　　　　　　　　　C. 黒

10. 誰のためにお土産を買いますか。

　　A. おばあさん　　　B. お父さん　　　　　C. お母さん

11. お土産は何にしますか。

　　A. 茶碗　　　　　　B. お菓子　　　　　　C. お茶

12. 男の人はこれからどこに行きますか。

　　A. 駅　　　　　　　B. 友達の家　　　　　C. 本屋

13. 男の人はどうやって行きますか。

　　A. バイク　　　　　B. バス　　　　　　　C. 車

14. 女の人は毎日単語をいくつ覚えますか。

　　A. 40個　　　　　　B. 30個　　　　　　　C. 20個

15. 女の人が毎日しなければならないのは何ですか。

　　A. テキストを読むこと

　　B. テストを受けること

　　C. 作文を書くこと

模拟练习 26

第一节（共7小题，每小题2分，满分14分）

听下面7段录音，每段录音后有1个小题，从题中所给的A、B、C三个选项中选出最佳选项。听完每段录音后，你都有10秒钟的时间回答该小题和阅读下一小题。每段录音仅读一遍。

1. 女の人はお皿をいくつ出しますか。
   A. 二つ　　　　　　　B. 三つ　　　　　　　C. 四つ

2. 男の人はどの本が欲しいですか。
   A. 安い本　　　　　　B. 小さくて薄い本　　C. 大きくて薄い本

3. 昼ごはんはどこで食べますか。
   A. 新しいレストラン　B. コンビニ　　　　　C. 焼肉屋

4. 女の人はこれから何をしますか。
   A. 会議をする。　　　B. お客さんに会う。　C. 晩ごはんを食べる。

5. 男の人はどうして元気がないのですか。
   A. 風邪を引いたから　B. 仕事で疲れたから　C. 深夜まで歌ったから

6. 男の人はどんなことに気をつけなければなりませんか。
   A. 食べ物　　　　　　B. ランニング　　　　C. お酒

7. 女の人の仕事はなんですか。
   A. 本屋の店員さん　　B. 八百屋の店員さん　C. 花屋の店員さん

第二节（共8小题，每小题2分，满分16分）

听下面4段录音，每段录音后有2个小题，从题中所给的A、B、C三个选项中选出最佳选项。听每段录音前，你将有时间阅读各个小题，每小题5秒钟；听完后，各小题将给出5秒钟的作答时间，每段录音读两遍。

8. 女の人はこの後何をしますか。
   A. お母さんを迎えに行く。　B. 友達の家へ行く。　C. 図書館に行く。

9. 男の人はこの後どこへ行きますか。
   A. 図書館　　　　　　B. デパート　　　　　C. 駅

10. 女の人はサッカーをしますか。

　　A. はい、時々します。

　　B. はい、時々見に行きます。

　　C. いいえ、時々見に行くだけ。

11. 男の人は最近どんなスポーツをしていますか。

　　A. 卓球　　　　　　　　B. テニス　　　　　　　　C. サッカー

12. フランス映画は何時ですか。

　　A. 七時　　　　　　　　B. 八時　　　　　　　　　C. 九時

13. 二人はどの映画を見ますか。

　　A. アニメ映画　　　　　B. 韓国映画　　　　　　　C. フランス映画

14. 二人はどうして2時からの映画を見ますか。

　　A. 間に合わなかったから

　　B. お腹空いちゃったから

　　C. 買い物に行くから

15. 二人の今日の予定はどうなっていますか。

　　A. 映画→食事→買い物

　　B. 食事→買い物→映画

　　C. 食事→映画→買い物

模拟练习 27

第一节（共7小题，每小题2分，满分14分）

听下面7段录音，每段录音后有1个小题，从题中所给的A、B、C 三个选项中选出最佳选项。听完每段录音后，你都有10秒钟的时间回答该小题和阅读下一小题。每段录音仅读一遍。

1. 女の人はいつ留学に行きますか。

    A. 8月2日　　　　　B. 8月10日　　　　　C. 7月10日

2. 男の人はまず、何をしますか。

    A. 演説会の時間を変更します。

    B. 11時半の予約をキャンセルします。

    C. 社長に演説会の時間を確認します。

3. このパソコンで何をしてはいけませんか。

    A. 映画

    B. ネットショッピングとプリンター

    C. DVD

4. 男の人はこれからまず何をしますか。

    A. スーパーへ行きます。

    B. お菓子を食べます。

    C. 車を取ります。

5. 女の人は何で行きますか。

    A. バス　　　　　　B. タクシー　　　　　C. 車

6. 飛行機を選ぶ理由は何ですか。

    A. 時間が短いですから

    B. 出張費用が低いから

    C. 会議に間に合わないから

7. 今はどんな季節ですか。

    A. 春　　　　　　　B. 秋　　　　　　　C. 冬

第二节（共 8 小题，每小题 2 分，满分 16 分）

听下面 4 段录音，每段录音后有 2 个小题，从题中所给的 A、B、C 三个选项中选出最佳选项。听每段录音前，你将有时间阅读各个小题，每小题 5 秒钟；听完后，各小题将给出 5 秒钟的作答时间，每段录音读两遍。

8. 男の人は箱に何を入れますか。

    A. 本と食べ物と鍋

    B. アルバムと本と CD

    C. 本棚の上の CD

9. アルバムはどうなりますか。

    A. 男の人にあげる　　　　B. 箱に入れる　　　　C. そのままに置く

10. 男の人はどんな先生が好きですか。

    A. 優しい先生が好きです。

    B. 厳しい先生が好きです。

    C. まじめな先生がすきです。

11. 日本語の先生はいつ帰国しますか。

    A. 六月　　　　　　　　B. 八月　　　　　　　　C. 七月

12. 女の人はどの CD を買いますか。

    A.「春が来た」　　　　B.「幸せなら手をたたこう」　　C.「アニメの歌」

13. 会話の内容に合っているのはどれですか。

    A. 女の人は自分のために CD を買います。

    B. 女の人の息子さんは小学生です。

    C. 女の人の娘さんはアニメが大好きです。

14. 男の人はどのようにレストランへ行きますか。

    A. 歩いていく。　　　　B. 車で行く。　　　　C. タクシーで行く。

15. 男の人はこのレストランに行くのは初めてですか。

    A. はい、初めてです。

    B. いいえ、二回目です。

    C. いいえ、三回目です。

模拟练习 28

第一节（共 7 小题，每小题 2 分，满分 14 分）

听下面 7 段录音，每段录音后有 1 个小题，从题中所给的 A、B、C 三个选项中选出最佳选项。听完每段录音后，你都有 10 秒钟的时间回答该小题和阅读下一小题。每段录音仅读一遍。

1. 今何時ですか。
   A. 11 時 25 分　　　　B. 11 時 36 分　　　　C. 11 時 50 分

2. 男の人は何が一番好きですか。
   A. スポーツ　　　　　B. 料理　　　　　　　C. 音楽

3. 女の人はこれから何をしますか。
   A. 勉強を頑張る。　　B. アルバイトをやめる。　C. 先生に聞く。

4. 男の人は何を買いますか。
   A. バナナ　　　　　　B. 梨　　　　　　　　C. 野菜

5. 二人は何について話していますか。
   A. 日本の文化　　　　B. 日本の料理　　　　C. 日本の各地

6. どのマフラーを買いますか。
   A. 黒いマフラー　　　B. 白いマフラー　　　C. 赤いマフラー

7. 女の人はどんな先生がいいと言っていますか。
   A. 若い先生　　　　　B. 優しい先生　　　　C. 男の先生

第二节（共 8 小题，每小题 2 分，满分 16 分）

听下面 4 段录音，每段录音后有 2 个小题，从题中所给的 A、B、C 三个选项中选出最佳选项。听每段录音前，你将有时间阅读各个小题，每小题 5 秒钟；听完后，各小题将给出 5 秒钟的作答时间，每段录音读两遍。

8. 男の人はどこの人ですか。
   A. 韓国　　　　　　　B. フランス　　　　　C. 中国

9. 男の人は何が最高の思い出だと言っていますか。
   A. 美味しい料理を食べたこと
   B. お土産をもらったこと
   C. 子供と遊んだこと

10. 女の人はいつから犬を飼いますか。

    A. 昨日　　　　　　　　　　B. 今日　　　　　　　　　　C. 明日

11. 女の人はどうして犬を飼いますか。

    A. 犬のほうがかわいいから

    B. 犬を飼うのが楽だから

    C. 友達にもらったから

12. 女の人はどうして困っていますか。

    A. パソコンが遅くて、仕事にならないから

    B. 仕事が多くて、忙しいから

    C. 駅に遠くて、遅刻したから

13. 女の人はこれからどうしますか。

    A. 修理に出します。

    B. 今のを我慢します。

    C. 新しいのを買います。

14. 男の人は何が大変だと言っていますか。

    A. 買い物をすること　　　　B. 料理を作ること　　　　C. 皿を洗うこと

15. これは何についての話ですか。

    A. 美味しい料理のレシピ　　B. 家の片付け方　　　　　C. 一人暮らしの状況

模拟练习 29

第一节（共7小题，每小题2分，满分14分）

听下面7段录音，每段录音后有1个小题，从题中所给的A、B、C三个选项中选出最佳选项。听完每段录音后，你都有10秒钟的时间回答该小题和阅读下一小题。每段录音仅读一遍。

1. 女の人は昨日何をしましたか。
   A. 家でドラマを見ました。
   B. 母にワンピースを買ってあげました。
   C. お母さんと買い物に行きました。

2. 男の人はいつ女の人の代わりにアルバイトに来ますか。
   A. 土曜日 B. 日曜日 C. 土曜日と日曜日

3. ゼミの発表会の後の打ち上げには、合計何人参加しますか。
   A. 7人 B. 6人 C. 5人

4. 男の人がするつもりがないことは次のどれですか。
   A. スキーをすること
   B. 海鮮を食べること
   C. ラーメンを食べること

5. 二人は今どこにいますか。
   A. カラオケ
   B. サッカーの試合会場
   C. 映画館

6. 会議は何時からですか。
   A. 12時50分 B. 1時 C. 2時

7. 新宿へ行くには、何番線で行けばいいですか。
   A. 3番線 B. 4番線 C. 5番線

第二节（共8小题，每小题2分，满分16分）

听下面4段录音，每段录音后有2个小题，从题中所给的A、B、C三个选项中选出最佳选项。听每段录音前，你将有时间阅读各个小题，每小题5秒钟；听完后，各小题将给出

5秒钟的作答时间,每段录音读两遍。

8. 女の人は何を忘れていましたか。

 A. 男の人に電話すること B. テストの日にち   C. 男の人との食事

9. 女の人はなぜ疲れていますか。

 A. 携帯を家に忘れたから

 B. 仕事が忙しいから

 C. テストの勉強が忙しいから

10. 1日目の予定はどうなっていますか。

 A. ゲーム→映画→山登り

 B. ゲーム→山登り→映画

 C. 映画→山登り→ゲーム

11. あさっては何をする予定ですか。

 A. 近くのプールで泳ぎます。

 B. 近所の川で泳ぎます。

 C. 買い物をします。

12. 行きと帰りの時間はどれですか。

 A. 行き 7:30am 帰り 11:00am

 B. 行き 8:00am 帰り 9:00am

 C. 行き 8:30pm 帰り 19:00pm

13. いくらぐらいの旅館にする予定ですか。

 A. 1万2千円   B. 9千円   C. 7千円

14. 落としたパスポートはどうなりましたか。

 A. 自分で見つけました。

 B. 交番にありました。

 C. クラスメートが見つけてくれました。

15. 男の人は分からないことがあったら、どうしますか。

 A. すぐに先生や先輩に聞きます。

 B. 自分でインターネットで調べます。

 C. クラスメートに教えてもらいます。

模拟练习 30

第一节（共 7 小题，每小题 2 分，满分 14 分）

听下面 7 段录音，每段录音后有 1 个小题，从题中所给的 A、B、C 三个选项中选出最佳选项。听完每段录音后，你都有 10 秒钟的时间回答该小题和阅读下一小题。每段录音仅读一遍。

1. 女の人は本を何冊借りますか。
   A. 10 冊　　　　　　　　B. 11 冊　　　　　　　　C. 9 冊
2. 今晩のごはんは何にしますか。
   A. ハンバーグ　　　　　B. オムライス　　　　　C. ラーメン
3. 女の人はこれからまず何をしますか。
   A. 資料をコピーする。　B. 時間を知らせる。　　C. 部長に確認する。
4. どうして男の人はお子さんに忘れ物を届けませんか。
   A. 仕事が忙しいから
   B. 悪い癖だというのをお子さんに知ってほしいから
   C. お母さんが困っているから
5. 二人はどこで話していますか。
   A. 教室　　　　　　　　B. デパート　　　　　　C. 家
6. 女の人が欲しがっている服はどれですか。
   A. ピンク色のワンピース
   B. ピンク色のTシャツ
   C. 白いワンピース
7. この大学の学生が満足度が高い一番の理由は何ですか。
   A. 独特の教育方針
   B. 大学の歴史が長い
   C. 施設と環境がいい

第二节（共 8 小题，每小题 2 分，满分 16 分）

听下面 4 段录音，每段录音后有 2 个小题，从题中所给的 A、B、C 三个选项中选出最佳选项。听每段录音前，你将有时间阅读各个小题，每小题 5 秒钟；听完后，各小题将给出

5秒钟的作答时间，每段录音读两遍。

8. 男の人は欲しがっている物が何ですか。

　　A. テント　　　　　　　B. 印鑑　　　　　　　C. 学生証

9. 男の人はこれから何をしますか。

　　A. テントをもらいます。

　　B. 計画書を作ります。

　　C. 登山に行きます。

10. 女の人はどこですか。

　　A. テレビ局　　　　　　B. デパート　　　　　　C. 野菜売り場

11. 女の人はこのような野菜はどうしてあまり売れていないかと言っていますか。

　　A. 値段が高いから

　　B. おいしそうに見えないから

　　C. 色がおかしいから

12. 女の人はどうして残念だと言っていますか。

　　A. 友達の家に行くから

　　B. 宿題をやっていないから

　　C. 雨が止んだから

13. 女の人はこれからまず何をしますか。

　　A. 宿題をする。

　　B. 友達の家に遊びに行く。

　　C. 新しい傘を使う。

14. 二人は何について言っていますか。

　　A. 駅の放送　　　　　　B. 電車　　　　　　　C. 事故

15. 女の人はどう思いますか。

　　A. 親切に言っているから好きだ。

　　B. うるさいから好きではない。

　　C. 言わなくてもわかるからやめてほしい。

模拟练习参考答案及听力原文

(随书赠送)

模拟练习 1

1	2	3	4	5	6	7	8
A	A	B	C	A	A	A	B
9	10	11	12	13	14	15	
A	B	B	B	A	C	B	

模拟练习 2

1	2	3	4	5	6	7	8
B	B	A	B	C	C	A	A
9	10	11	12	13	14	15	
B	B	A	A	B	B	B	

模拟练习 3

1	2	3	4	5	6	7	8
C	A	B	B	B	C	A	A
9	10	11	12	13	14	15	
C	B	C	B	A	A	B	

模拟练习 4

1	2	3	4	5	6	7	8
B	A	B	B	C	C	B	B
9	10	11	12	13	14	15	
A	B	A	A	C	C	B	

模拟练习 5

1	2	3	4	5	6	7	8
C	B	A	B	B	C	B	C
9	10	11	12	13	14	15	
A	C	A	C	B	B	C	

模拟练习 6

1	2	3	4	5	6	7	8
B	A	C	A	A	C	C	A
9	10	11	12	13	14	15	
B	C	B	C	A	A	B	

模拟练习 7

1	2	3	4	5	6	7	8
C	C	B	B	A	C	C	A
9	10	11	12	13	14	15	
A	B	C	C	A	B	B	

模拟练习 8

1	2	3	4	5	6	7	8
B	B	C	A	A	B	B	A
9	10	11	12	13	14	15	
C	C	C	C	B	C	B	

模拟练习 9

1	2	3	4	5	6	7	8
C	C	B	A	B	B	B	C
9	10	11	12	13	14	15	
B	B	B	B	C	C	A	

模拟练习 10

1	2	3	4	5	6	7	8
A	C	B	A	A	B	B	C
9	10	11	12	13	14	15	
C	B	B	C	A	C	B	

模拟练习 11

1	2	3	4	5	6	7	8
B	C	A	B	A	B	A	B
9	10	11	12	13	14	15	
B	C	B	A	A	B	B	

模拟练习 12

1	2	3	4	5	6	7	8
B	B	C	B	A	C	C	A
9	10	11	12	13	14	15	
A	A	B	A	C	B	C	

模拟练习 13

1	2	3	4	5	6	7	8
C	C	C	B	B	A	C	A
9	10	11	12	13	14	15	
C	A	C	A	C	A	C	

模拟练习 14

1	2	3	4	5	6	7	8
B	A	B	C	A	B	B	B
9	10	11	12	13	14	15	
C	B	B	A	B	A	C	

模拟练习 15

1	2	3	4	5	6	7	8
B	C	B	C	A	A	C	A
9	10	11	12	13	14	15	
C	B	C	C	A	B	A	

模拟练习 16

1	2	3	4	5	6	7	8
C	B	C	C	A	B	B	C
9	10	11	12	13	14	15	
B	B	B	A	A	C	B	

模拟练习 17

1	2	3	4	5	6	7	8
C	C	C	C	A	B	B	C
9	10	11	12	13	14	15	
C	A	C	B	C	A	C	

模拟练习 18

1	2	3	4	5	6	7	8
B	B	C	A	C	A	C	A
9	10	11	12	13	14	15	
B	C	A	C	C	C	B	

模拟练习 19

1	2	3	4	5	6	7	8
C	B	A	C	B	A	A	C
9	10	11	12	13	14	15	
A	C	B	C	B	A	C	

模拟练习 20

1	2	3	4	5	6	7	8
B	A	B	C	B	C	C	B
9	10	11	12	13	14	15	
A	B	C	C	A	B	A	

模拟练习 21

1	2	3	4	5	6	7	8
B	C	C	B	C	A	B	C
9	10	11	12	13	14	15	
A	B	B	C	B	B	C	

模拟练习 22

1	2	3	4	5	6	7	8
C	C	C	C	A	C	C	A
9	10	11	12	13	14	15	
B	C	A	A	B	A	B	

模拟练习 23

1	2	3	4	5	6	7	8
A	B	B	C	B	A	B	A
9	10	11	12	13	14	15	
B	C	C	B	C	C	A	

模拟练习 24

1	2	3	4	5	6	7	8
C	C	B	A	C	C	C	A
9	10	11	12	13	14	15	
C	C	B	C	C	C	C	

模拟练习 25

1	2	3	4	5	6	7	8
A	A	C	B	A	C	B	B
9	10	11	12	13	14	15	
A	A	C	C	B	C	A	

模拟练习 26

1	2	3	4	5	6	7	8
C	C	A	A	C	B	B	B
9	10	11	12	13	14	15	
C	C	B	C	A	A	C	

模拟练习 27

1	2	3	4	5	6	7	8
B	B	B	C	C	B	C	A
9	10	11	12	13	14	15	
C	B	C	A	B	C	B	

模拟练习 28

1	2	3	4	5	6	7	8
B	C	A	C	B	C	A	B
9	10	11	12	13	14	15	
C	A	C	A	B	B	C	

模拟练习 29

1	2	3	4	5	6	7	8
C	B	A	B	C	B	B	C
9	10	11	12	13	14	15	
C	A	B	A	C	B	C	

模拟练习 30

1	2	3	4	5	6	7	8
A	C	C	B	C	B	A	A
9	10	11	12	13	14	15	
B	C	B	C	B	A	C	

模拟练习1

1.
男：もしもし、今スーパー、トマト1つと牛乳1本だよね。
女：それから鶏肉ね。
男：あ、忘れてた。あのさ、1個100円のトマト今日は2個で160円だけど、どうする。
女：じゃあ、トマト2つお願い。
男：分かった。

2.
男：渡辺さん、毎日バナナを食べますね。
女：ええ、私が果物が大好きですから。
男：そうですか、何が一番好きですか。
女：イチゴです。王さんはどうですか。
男：私もイチゴが好きですが、すいかが一番好きです。

3.
女：えーと、切符の買い方は…
男：どこまでですか。
女：新宿です。
男：新宿は270円ですね。じゃあ、270円のボタンを押してください。
女：ありがとうございました。

4.
女：薬飲んだ。
男：今から飲む、えーと、大きいのは1日3回だった？
女：ちょっと待って、今見るから。そうだよ。朝昼晩、1回2つ。
女：はい、薬と水。
男：ありがとう。

5.
女：すみません、その上の白い鞄を取ってください。
男：どちらですか。この大きいのですか。
女：いいえ、小さいのです。
男：はい。

6.
先生：今からテストをします、今回のテストでは辞書使う問題がありませんから、机の上に辞書を出さないでください。鉛筆と消しゴムは出してください。
学生：先生、ノートはどうしますか？
先生：ノートは鞄の中に入れてください。

7.
男：や、今日は疲れました。
女：大変でしたね。明日は休みですか。
男：ううん。
女：明後日は？
男：明後日は休みです。
女：そうですか、明後日はゆっくり休んでください。

8. 9.
男：小野さんはいつも何時間ぐらい勉強しますか。
女：そうですね。毎日2時間ぐらいです。でも、来週はテストがありますから、昨日は3時間勉強しました。
男：すごいですね。私は昨日は1時間でした。
女：そうですか。

10. 11.

女：すみません、郵便局の電話番号は012-8679ですか。

男：いいえ、8679じゃなくて、8976ですよ。

女：え？89…ちょっと待ってください、012の…

男：8976です。

女：どうも、ちなみに、週末はお休みですか。

男：土曜日の午後と日曜日は休みです。

女：ありがとうございました。

12. 13.

女：この男の人は李さんですか。

男：ええ。その隣の人がお母さんで、前にいる女の人が李さんの奥さんです。

女：美人ですね。この眼鏡をかけている人は誰ですか。

男：李さんのお姉さんです。

女：そうですか。じゃ、この帽子をかぶっている人は？

男：あ、そちらは李さんの友達です。

14. 15.

女：明日の夜、一緒にサッカーを見に行きませんか。

男：いいですね。どこで会いましょうか。

女：5時に駅で会いませんか。

男：5時はね、ちょっと暑くない？5時半はまだ早いですが、6時はどうですか。

女：そうですね、そうしましょう。

男：駅はいいですけど、でも人が多いですよ。

女：確かに、じゃあ、駅の前の喫茶店はどうですか。

男：はい、そうしましょう。

女：じゃあ、また明日。

模拟练习2

1.

男：この薬は朝と夜ごはんを食べた後で飲んでください。

女：昼ご飯の後は？

男：昼は飲まないでください。四日間飲んでください。

女：はい、分かりました。

2.

女：山崎さんは今何していますか。ゲーム？

男：いいえ、アニメを見ています。

女：そうですか。趣味はアニメですか。

男：いいえ、アニメより旅行のほうがいいです。

3.

女：山田さん、どこへ行くんですか。家に帰りますか。

男：いいえ、明日の会議の資料が準備できなかったので、今会社に行きます。

4.

男：愛ちゃん、大丈夫ですか。元気なさそうよ。風邪をひいたの。

女：ううん。

男：じゃ、昨日の試験がうまくできなかったから？
女：そんなわけじゃないよ、実は昨日遅くまでゲームしちゃって…

5.
男：芽衣さん、さっきの人は誰ですか。背が高いですね。
女：ああ、山崎さんですよ。でも、山崎さんより山下先生のほうが背が高いでしょう。
男：それもそうだよね。

6.
女：山本くん、これは福岡産のお菓子ですが、食べますか。
男：はい、じゃあ、ごちそうさまです。めちゃくちゃおいしいですね。俺は甘いものが大好きです。
女：よかった。でもお茶があればもっといいなあ。
男：そうそう。

7.
男：暑いですね。海に行きたい。
女：私も。やっぱり夏より秋のほうが好きだな。
男：私も、秋は涼しくて気持ちいい。

8. 9.
男：お母さん、今何時？
女：いま、もう十時になるよ。
男：あ、大変だ。今日は学校にいかなきゃ。午前は部活動があってこのままじゃ、間に合わないな。
女：部活は何時？私はあとでスーパーに買い物に行くけど、その前、車で学校まで送るよ。
男：十時半です。助かった、お母さん、ありがとう。

10. 11.
女：光君、ちょっと質問があるんですが。
男：どうぞ。
女：実は彼氏とデートしますが、明日はどんなプレゼントを用意すればいいですか。
男：そうなんだ！約束の時間はいつですか。
女：午後六時です。
男：じゃあ、ワインがいいと思います。
女：うんうん、いいね。ありがとうございます。

12. 13.
女：田中さん、中華料理を食べたことがありますか。
男：ええ、中国で仕事した時、よく食べました。
女：本当ですか。味はどう思いますか。
男：うん、日本料理より辛いです。
女：そうですか。私はやっぱり甘いほうがすきですが…

14. 15.
女：木村さん、夏休みは何をしますか。
男：私は実家に帰ります。
女：木村さんの故郷はどこですか。
男：名古屋です。
女：えー、とおいですね。普通はどうやってかえりますか。

男：私は一年に二回故郷に帰ります。夏休みと冬休みです。普通は飛行機で帰ります。

模拟练习3

■1.■
男：来月、一緒にご飯を食べに行きませんか。
女：いいけど。いつですか。
男：僕は来月5日から7日まで用事がありますので、その前の日はどうですか。
女：分かりました。いいですよ。

■2.■
男：昨日リンゴを8つ買ったよね。まだある？
女：えーと、夕べ、友達が4人来て4つ食べて、今朝、私と妹は1つずつ食べました。
男：じゃあ、残りは二個だね。

■3.■
男：いらっしゃいませ。
女：すみません、ボールペンを3本とはがきを5枚ください。
男：はい。
女：おいくらですか。
男：ボールペンは1本500円で、はがきは1枚200円です。合計は2500円です。
女：3000円でお願いします。
男：頂戴いたします。500円のお返しです。

■4.■
女：では、今日は30ページまで終わりましたから、31ページは宿題ですね。
男：全部ですか。
女：いいえ、31ページの1番です。2番はクラスで一緒にします。

■5.■
女：すみませんが、女の靴下、ありますか。
男：はい。長いのですか、短いのですか。
女：長いのです。
男：はい。動物の絵と果物の絵があります。どちらが好きですか。
女：そうですね。では、果物のをください。

■6.■
女：この白い薬は朝と夜の一日二回、食事の後に飲んでください。
男：はい。
女：それから赤い薬は朝ごはんの後だけ飲んでください。
男：1つですか。
女：いいえ、2つ飲んでください。

■7.■
男：今週の日曜日、遠足に行きますね。何を持っていきましょうか。
女：私はお弁当を作って持っていきます。
男：じゃあ、僕は？
女：飲み物とお菓子をお願いします。
男：飲み物とお菓子ですね。はい、わ

かりました。
女：ちょっと待って、飲み物は重いですね。着いてから買いましょう。
男：そうですね。

8. 9.

女：ただいま。
男：お帰り。お茶、飲む？
女：ありがとう。あれ？部屋、きれいね。掃除したの？
男：うん。洗濯もね。じゃ、お茶入れるから、ちょっと待ってて。
女：ありがとう。あっ、ごめん。窓開けて。今日は風が気持ちいいから。じゃ、お茶は私が入れるわ。

10. 11.

女：すみませんが、切符を買いたいんですが…
男：どこまでですか。
女：立川です。
男：立川は220円ですね。じゃ、そのボタンを押してください。
女：2枚買いたいんだけど。
男：じゃ、220円を押したら、この2人のボタンを押してください。
女：はい。
男：それからお金をその入り口から入れてください。
女：はい。ありがとうございました。

12. 13.

女：昨日の日本語の授業、何で来なかったの？風邪？
男：そうじゃないよ。昨日雨だったでしょ。
女：それで来なかったの？
男：ちがうよ。いつもは自転車だから、バスの時間が分からない。大学には来たけど、バスを1時間待ったから。
女：何時に着いたの？
男：11時だった。
女：授業は10時だから。

14. 15.

男：あっ、ママ、どこに行くの。
女：お買い物よ。
男：僕も行く。
女：今日はだめよ。スーパーまで行くから、遠いでしょ。
男：でも行きたい。
女：ねえ、この前テレビゲーム買ったでしょ。
男：うん。でも1人で寂しいよ。
女：だから、パパと一緒にテレビゲームをしてて。
男：やだよ。パパと一緒なんていやだ。パパはとても下手だから。
女：そうだ。冷蔵庫に美味しいアイスクリームあるよ。食べたくない？
男：うん、食べたい。
女：じゃ、パパとアイスクリーム食べてね。

模拟练习4

1.
女：映画を見たいんですが、休みの日はいつですか。
男：水曜日ですよ。
女：じゃあ、明日ですね。

2.
女：まだ出掛けなくていいの？
男：え？今何時？
女：あと十分で八時ですよ。
男：あ、大変だ。行ってきます。

3.
男：すみません。かばんを買いたいんですが。
女：あ、かばんは三階ですよ。ここは四階ですから。一階下です。
男：一階ですか。
女：いいえ、カバン売り場は三階です。
男：ああ、分かりました。

4.
男：これはご家族の写真ですか。
女：はい。
男：一番左の人はお父さんですか。
女：ええ。一番右は母で、母の隣は私です。

5.
女：これは私の家族の写真です。一番背が高い人は私の父です。父は医者です。隣の人は母です。母はとても優しい人です。その後ろの人は兄です。兄は小学校の先生で、厳しくて真面目な人です。

6.
男：すみません。本屋はどこにありますか。ちょっとわからないですが。
女：はい、ここは駅ですね。この道をまっすぐ行くと、二つ目の信号を右に曲がってください。それから大きい公園が見えます。本屋はその近くです。

7.
男：ああ、料理、本当に美味しかったです。ごちそうさまでした。
女：いいえ。これから近くの公園で少し散歩しませんか。
男：いいですね。映画が始まるまで、まだ一時間ありますからね。
女：じゃ、行きましょう。

8. 9.
女：李さん、毎日会社は何時からですか。
男：そうですね。8時半からです。
女：じゃ、毎晩何時に家へ帰りますか。
男：いつも9時に帰ります。あ、でも、明日は月曜日ですね。10時に帰ります。
女：そうですか。大変ですね。

10. 11.
男：花子ちゃんは何人家族ですか。
女：両親、それから兄と姉1人ずついます。
男：ええ？お弟さんはいないですか。
女：はい、私は一番下ですよ。

12. 13.
女：すみません。電車の中にかばんを

女：忘れました。
男：どんなかばんですか。
女：大きいのです。
男：中に何かありますか。
女：財布と眼鏡だけです。

14. 15.

男：星野さん、これはいつの写真ですか。
女：大学の時です。
男：へえ、星野さん、昔髪が短かったんですね。
女：ええ。
男：これは誰ですか。
女：松本さんですよ。
男：本当ですか。全然分かりませんでした。今と全然違いますよ。
女：そうですよね。今、眼鏡をかけていませんからね。

模拟练习5

1.

男：明日、何時だっけ？
女：鈴木さんには、12時と言ってあります。食事の時間は午後1時からなんですけど。
男：ああ、じゃあ、ぼくたちは30分早く会いましょうか。鈴木さんの誕生日プレゼント、買わなくちゃいけないから。
女：あ、そうですね。そうしましょう。

2.

女：昨日のテニスの試合、見た？
男：ええ、あれはすごかったな。

女：テニス、すきなの？
男：すきだけど、それよりバスケットボールのほうが大好き。

3.

男：宿題終わった？
女：うん、できたよ。
男：数学の本も読んだ？
女：うん。お父さん、ちょっとテレビをみてもいい？
男：いいよ。

4.

男：ごめん、ごめん。
女：もう3時すぎたよ。初めてのデートなのに。
男：本当にごめん。
女：なにかあったの？
男：実はバスを待ってたところ、隣のお婆さんが突然滑って転んでしまった。お婆さんを病院まで送って、ちょっと時間がかかった。すぐ連絡取れずごめんね。
女：大丈夫。今度電話ぐらいしてね。
男：うん。

5.

女：こんにちは。
男：こんにちは。
女：李さん、美術館へ行ったことありますか。
男：ないですよ。どうしましたか。
女：実は今度の日曜日美術館でゴッホの絵が展示されます。一緒に見に行きませんか。

男：いいですよ。美術館はどこですか。
女：学校からバスに乗って、「博物館」という駅で降ります。美術館はその隣です。
男：わかりました。

6.
【本屋で】
女：この小説もその漫画も面白そうで、買いたいなぁ。
男：どれ？この漫画か。僕、ありますよ。
女：そう。じゃ、見せてもらえない？
男：いいよ。明日学校へ持っていく。
女：ありがとう。じゃ、買うのはこれにします。

7.
男：お母さん、昨日友達と約束した。今夜映画を見に行こうって。
女：それはよかったね。映画、何時から？
男：夜七時から。2時間なので、帰る時間が遅くなる。
女：遅いね。帰るとき、タクシーを呼んでもいいよ。
男：タクシー、お金かかるよ。それよりも、地下鉄のほうが便利だ。
女：好きにしてね。
男：はい。

8. 9.
男：花子、来週が新年だから、これから年賀状を用意しよう。
女：わかった。年賀状あとで買ってね。今から部屋を片付けるから。
男：そう…僕、今銀行へ行ってくるから、帰るとき、コンビニに寄って買うよ。
女：それは助かるわ。ありがとう。
男：行ってきます。
女：いってらっしゃい。

10. 11.
女：ねーねー、昨日から日本語の新しい先生が来たの？
男：そう。木村先生のこと？
女：うんうん。どんな先生と思う？
男：見た目は若いけど、実は厳しいよ。
女：そう。昨日休んだから、会わなかった。今日の授業何時から？
男：十時から。あ、もうすぐ授業はじまる、早く行こう。
女：はい。

12. 13.
女：山下さん、今回のテニスの試合で一位になって、素晴らしかったですね。
男：いえいえ。すべて監督のおかげです。
女：次回の試合はいつですか。
男：8月8日です。
女：あと2ヶ月ですね。すぐ練習しなくてもいいです。二三日ゆっくり休んでください。
男：いいえ。今度の相手がすごくて、試合まで練習しなければなりません。
女：では、頑張ってください。
男：はい。

14. 15.

男：明日から北海道へ旅行しに行きます。以前も北海道に行ったことがあります。確か3年前と2年前のことでした。前は仕事のことでそちらへ出張に行きました。あまり遊びませんでした。今度こそゆっくり自然風景を見ながら遊びます。前はタクシーで空港へ行きましたが、今回はバスと電車を使います。今回の旅行はとても楽しみにしています。

模拟练习6

1.
男：行ってきます。
女：あ、健ちゃん、傘を持っていってね。
男：いやだ。今晴れているよ。
女：でも、天気予報によると、午後は雨が降るそうよ。
男：そうですか。分かった。

2.
男：ここでいい？
女：うーん、もうちょっと前かな。
男：こう？
女：はい、えーと、もうすこし猫のほうに近づいて。そう、左手を猫の上に、右手は花を持ってくれない？
男：何か変じゃないか。
女：ないよ。はい、チーズ。

3.
男：すみません、チェックインお願いします。
女：はい、ネットで予約されましたか。
男：いいえ。
女：では、ここに名前と電話番号を書いてください。
男：はい。
女：そして、お金を払ってください。部屋は406です。
男：はい、分かりました。

4.
女：市民の皆様に迷い子についてお知らせいたします。8歳の小学生を捜しています。白い帽子をかぶって、黄色いコートを着ています。お心当たりの方は、市役所、または、警察までご連絡ください。

5.
女：わあ、人形がたくさんあるね。一つ買いたいなあ。
男：どれが好き？眼鏡をかけている犬の？
女：色が大好きだけど、値段がちょっと高くない？
男：じゃ、あのパンダはどう？柔らかくてかわいい。
女：そうね。そんなに高くない。それにしましょう。

6.
女：山本さん、元気ないね。
男：昨日、遅くまで起きていた。
女：ええ？どうしたの？
男：明後日歴史の試験があるだろう。

女：それで悩んでいるの？
男：いいえ、実は昨日は母の誕生日だった。私は試験の準備ですっかり忘れていた。

7.
女：王さん、日本語を勉強しているんだって。
男：うん、半年前に勉強し始めました。
女：じゃあ、ずいぶんできるんだ。
男：まだまだ。
女：日本語って、五十音図が覚えにくいそうだね。
男：それがそんなに難しくないんだ。文法が一番難しいと思う。
女：私も来月から日本語を勉強する予定。
男：そうか。じゃ、一緒に頑張ろうね。

8. 9.
女：どんなカメラが買いたいですか。
男：重くなくて、使いやすいのがいいなあ。
女：これはどうですか。赤い色で軽いです。
男：この色はちょっと…
女：じゃ、この黒いのはどうですか。新品で人気があります。
男：これはいくらですか。
女：26000円です。
男：いいですね。これお願いします。

10. 11.
女：明日は佐藤さんの誕生日だね。プレゼントを買おう。
男：どんなプレゼントがいいか。かばんはどう？
女：彼女の家にはかばんでいっぱいだから、ほかのにしたら？
男：じゃ、漫画はどう？佐藤さんは漫画が大好きじゃないか。
女：前回も漫画だ。彼女は最近料理を作ることが好きだから、きれいな食器にしよう。
男：いいアイディアだね。そうしよう。

12. 13.
男：仕事はどう？コピーしたり、お茶を入れたりするの？
女：そう。あと、メールを書いたり、お客さんが来たら、説明したりしなきゃ。
男：忙しいの？
女：うん。だから、忙しい時、飲み物ぐらいは自分でやってって思っちゃうわ。
男：今度、思い切って言ってみたら？

14. 15.
男：学校の近くに新しい日本料理の店オープンしたんだって。
女：うん、もう行ってみたよ。
男：どうだった？
女：おいしかったよ。雰囲気もよかったし。
男：高かったの？
女：ちょっとね。
男：そうか。僕も行ってみたいなあ。週末のお昼一緒に行かない？

女：週末は会議があるから、今日行ったほうがいいんじゃないか。
男：そうしよう。

模拟练习7

1.
女：おはよう。いつも早いですね。まだ七時なのに。
男：遠くに住んでいますから。毎朝六時に家を出るんですよ。
女：えっ？六時ですか？じゃ、何時に起きますか。
男：私は朝食抜き派ですから、毎朝五時半に起きます。

2.
男：明日は土曜日ですね。どのように過ごすつもりですか。運動しますか。
女：私は運動が苦手ですから、水泳とかバドミントンとか全然しないです。
男：そうですか。じゃ、インドア派ですか。
女：ええ、映画鑑賞が趣味なんで、ほぼ毎週見ているんです。

3.
女：田中さん。
男：はい。
女：お客さんに出すものは全部出しましたか。
男：寿司とラーメンはすでに出しましたが、お茶とデザートはまだです。
女：そうですか。じゃ、デザートは最後にしましょう。
男：はい、わかりました。すぐに次のを出します。

4.
女：なんか元気なさそうですね。風邪でも引いた？
男：ああ、昨日の夜急に仕事が入っちゃったから、夜遅くまでやっていたんですよ。
女：それは大変でしたね。寝不足で顔色が悪いですね。

5.
男：最近、ダイエットをしている人が増えたらしいです。では、皆さんはどのようにダイエットをしていますか。仕事がいっぱいで、運動するなんて時間がないと言っている人がいるでしょう。私が言いたいのは、ダイエットのためには、やっぱり運動することと栄養バランスを取ることが大事ということです。毎週少なくとも３回ジムに足を運んで運動しましょう。それから、野菜と蛋白質をよく摂取しましょう。

6.
男：いらっしゃいませ。何をお探しですか。
女：新しいパソコンを買いたいですが。
男：何かご希望のポイントはありませんか。

女：えっと、ゲームはしないですから、仕事用の一般的な機能が整っているといいですね。

男：かしこまりました。こちらの新商品をお勧めします。性能とデザインが良くて、とても人気なんです。

女：ああ、確かにいいわね。しかし、ブラックはちょっと…ほかの色がありますか。

男：はい。こちらには白とピンクがございますが。

女：あ、ピンクのがかわいいですね。それをお願いします。

7.

男：外はすごい雨ですね。終電に間に合いそうもないですね。どうやって家に帰りますか。

女：電車で帰るつもりでしたけど、どうしよう。タクシーなら、値段が高いですし。

男：じゃ、車で送ってあげましょうか。

女：いいですか。

男：もちろんですよ。いつもお世話になっていますし。ご遠慮なく。

女：じゃ、お願いします。

8. 9.

女：ちょっといいですか。

男：はい。何かご用ですか。

女：人手が足りないので、ちょっと資料のコピーをお願いしてもいいですか。

男：はい、任せてください。

女：じゃ、まずは資料室にいって資料を取ってくださいね。うちのコピー機が壊れたので、外のコピー店に行ってもらえませんか。

男：はい、わかりました。すぐ行きます。

10. 11.

女：キムさん、日本語がお上手ですね。

男：ありがとうございます。まだまだです。

女：外国人なのに、日本人みたいに日本語が話せるのが偉いですね。いつ日本に来たんですか。

男：昨年の6月に来ました。

女：まだ一年も経っていないじゃないですか。

男：ええ、そうです。

女：そう言えば、キムさんはイギリス人だっけ？

男：はい、そうです。

12. 13.

女：最近ギター教室を探していますが、何かいいところ知っていますか。

男：へー、ギターを始めましたか。

女：ええ、二か月前に買ってしまいました。映画でギターが上手な主人公に魅了され、ギターを始めようと思って、ギターの本も買いましたけど。

男：ギターはそんなに難しい楽器ではありませんから、わざわざギター教室に通わなくてもいいでしょう。

女：でも、ギターの本を見てもよくわ

からないですが…
男：僕は上手とは言えませんけど、少しわかります。良かったら、教えてあげましょうか。
女：えっ、本当ですか。それだったら、お願いします。

14. 15.

男：この週末、一緒に花見に行きませんか。
女：いいですね。さくらがいっぱい咲いたと聞いていますが。
男：そうですね。僕が迎えに行きますね。
女：いいですね。去年花見に行った時、電車で行きました。
男：それは人が込んでいたでしょう。土曜日の朝九時でいいですか。
女：はい、待っています。

模拟练习8

1.

男：この大根はいくらですか。
女：一本200円です。
男：ちょっと高いなあ。じゃ、この人参は？
女：一本150円です。
男：じゃ、人参を2本ください。
女：ありがとうございます。ほかに必要なものがありますか。
男：あと、キャベツもください。

2.

女：はじめまして、森美恵と申します。今年16歳です。趣味はいろいろあります。例えば、本を読んだり、ギターを弾いたり、卓球をしたりします。それから映画も好きです。でも、サッカーなど走るスポーツは嫌です。同じ趣味がある方と仲良くしたいです。よろしくお願いします。

3.

女：映画を見て、それからデパートで買い物するわね。
男：買い物、時間がかかるなあ。その前に食事しようよ。
女：そうね、お昼頃になるね。
男：ね。食事の後、ちょっと本屋さんへ寄ってもいい？
女：うん、いいわよ。

4.

男：この頃、よく雨が降りますね。明日も雨でしょう。
女：今、新聞を見ています。雨ですね。あ、違います、これは明後日です。明日は、朝は曇りですが、午後は晴れですね。
男：そうですか。

5.

女：ほら見て、この犬、面白いわね。
男：本当だ。体が大きいけど、足が短いね。
女：そうね。それに、細いわね。
男：面白いですね。それから耳がすごく大きくて…
女：可愛いね。

6.

女：皆さん、明日山に行きます。昼ご飯はみんなで作りますから、お弁当は持ってこないでください。お菓子も同じです。それから、写真は先生がとりますから、カメラは要りません。あっ、お茶を飲むコップは、自分で持ってきてください。

7.

女：これはちょっと…他のはありませんか。
男：はい。ございます。ご覧ください。
女：どうしようかしら。あの花の絵のほうをください。
男：丸いのですか。
女：違います。四角いのです。あ、ごめんなさい。丸いほうをお願いします。
男：じゃ、この丸い花の絵のでいいですか。
女：うーん、形はいいけど、やっぱり隣の鳥の絵お願いします。

8. 9.

男：こちらへどうぞ。この部屋はいかがですか。
女：わあ、広くてきれいですね。
男：はい、駅からはちょっと遠いですけど…歩いて15分ぐらいです。
女：それは大丈夫ですが、この部屋、ちょっと古いですね。もっと新しいのがいいんですが。
男：うーん、じゃあ、もう一つの部屋を見に行きますか。ちょっと小さいですが、新しいですよ。
女：はい、お願いします。

10. 11.

女：昨日、野球の練習に行きました？
男：いや、もうすぐ試験ですから、家で勉強したいですけど、姉に誘われて買い物に行ったんです。母の日のプレゼントを買いたいと言いました。
女：あっ、そろそろ母の日ですよね。今日は金曜だから、明後日ですね。
男：そうです。姉と一緒に花を買いました。
女：じゃ、私も明日プレゼントを買います。
男：何を買いますか。
女：そうね、お菓子やコップなどもいいけど、やっぱり花かな。

12. 13.

女：元気ないね。大丈夫？病気でもしたの？
男：いや、とても眠いよ。
女：どうしたの？ゆうべ、遅くまで仕事したの？
男：うん、中村課長と佐藤さんと一緒に12時ぐらいまで働いたんだ。それで終電にも間に合わなかったんだよ。
女：それは大変だね。で、タクシーで帰ったの？

男:いや、佐藤さんが車で家まで送ってくれたんだ。

14. 15.
先生:では、皆さん、運動を始めてください。足は肩と同じぐらいの広さに横にしてください。そこの人、広すぎますよ。もっと狭くしてください。次は右手を高く上げてください。左手はそれでいいです。あれ、君の手は反対になっちゃったよ。はい、いいですか。

模拟练习9

1.
男:美月さん、私たちはいつ旅行に行きますか。
女:あさって旅行に行きます。
男:ええ、明日じゃないか、あっ、そうだ。今日は火曜日だからね、分かりました。

2.
男:果物がいっぱいありますね。何が好きですか。
女:うん、リンゴが好きです。
男:そうですか。僕はリンゴあまり好きじゃないですね。すいかが好きです。

3.
男:山田さん、授業の後、バスケットボールをしませんか。
女:バスケットですか。今日は調子があまり良くなくて…

男:じゃ、俺は勉強に行きます。山田さんは早く家に帰ってください。
女:そうします。先に失礼します。

4.
女:木村さん、どうして昨日は学校に行かなかったですか。
男:病院に行ったんですよ。大変なんですよ。
女:ええ、どうしたんですか。病気ですか。
男:そうですね。喉が痛くて。
女:そうですか。お大事に。

5.
女:明日、旅行に行きますね。どこで待ち合わせしましょう。
男:そうですね。じゃ、駅前で会いましょうか。
女:でも、駅前は人が混んでいますから、公園で会いましょう。
男:はい、分かりました。そうしましょう。

6.
女:来週、また新しい日本語の先生が来ますね。知ってますか。
男:ええ？もう来たんじゃない？
女:今週は新しい英語の先生が来たでしょう。先週、校長先生が来たそうです。
男:へえ、詳しいね。

7.
女:ほら、あそこにケーキ屋がありますよ。何か食べましょうか。

男：ケーキのカロリーはちょっと高いでしょう。果物でいいんじゃない？
女：果物か、あまり食べたくないね。
男：じゃ、やっぱり、ケーキにしよう。
女：うわぁ、嬉しい。

8. 9.
女：課長、明日の工場見学のことなんですが。
男：はい、何か質問がありますか。
女：ちょっと確認したいことがあるんですが。明日は朝の8時に会社に集合しますか。
男：いいえ、集合場所は会社じゃなくて、駅ですね。それから、八時に出発しますから、その30分前に駅に集合しましょう。
女：はい、わかりました。

10. 11.
女：先月、北海道に行ったんでしょ？旅行ですか。
男：いいえ、出張に行きました。
女：お仕事が忙しいね。
男：結構忙しいです。でも、ちょっと暇があったから、町を歩いてみたんです。
女：へえ。そうですか。
男：景色もいいし、食べ物も美味しいし、本当にいいところなんです。
女：羨ましいなあ。私も行きたいですね。

12. 13.
男：青木さん、日本語のノートを借りてもいいですか。

女：どうしたんですか。
男：実は、来週金曜日の日本語の試験を復習したいんです。
女：でもね、日本語の試験はあさって、来週の月曜日じゃない。来週の金曜日は英語の試験ですよ。
男：ええ？そんな、英語の試験か、すっかり忘れていました。
女：今から、日本語の復習が間に合わないでしょう？英語だけ復習したほうがいいですよ。
男：いいえ、日本語も英語もいい点数を取りたいから、両方とも復習しておきます。
女：じゃ、頑張りましょう。

14. 15.
男：みなさん、夏の花火大会は知っていますか。夏になったら、たくさんの花火大会が開かれます。数万の花火は空で咲き、夜空を照らし、本当にきれいですよ。でも、人が大勢くるから、いい場所を取ることは結構難しいですね。もし、花火をきちんとみたいとしたら、いい場所を取ったほうがいいでしょう。それから、食べ物を持って、友達も呼びましょう。花火をみながら、夏を楽しむことができますよ。

模拟练习10

1.
男：明日は旅行するつもりですが、天気はどうですか。
女：明日なら、出かける前に傘を持っていったほうがいいですよ。

2.
男：お母さん、今回のテスト、満点を取ったよ。
女：すごいね。ほら、最近人気がある漫画の本を買っておいたよ。
男：ああ、お母さん、ありがとう。

3.
男：忙しそうだね。手伝おうか。
女：あ、お願い、じゃ、封筒に資料を入れてもらえない？
男：うん。
女：資料はもうコピーして机の上に置いてあるから。
男：分かった。
女：それから後で、郵便局に持っていくの。手伝ってくれる？
男：うん、いいよ。

4.
男：何か悪いことが起こったの？顔色は良くないね、調子が悪い？
女：午前のテストのせいで。
男：テストできなかったの？
女：もう最悪。全然わからなかった。
男：そうなんだ。大丈夫だよ、そんなに重要なテストじゃないでしょう。しっかりしてね。

5.
男：宿題の作文出した？
女：私はもう出したよ。
男：作文を出す前に、直すところがあるんだ。でも、辞書はうちに忘れたんだ。君は持ってる？
女：私も持っていないなあ。きっと図書館にあるよ。
男：そうか、でも図書館のは古いよ。いつもの辞書がいいから。やっぱりうちへ帰ろう。それから、作文はどこに出すの？
女：事務所だよ。
男：ありがとう。

6.
男：あの、会社に行く時間なのに、自動車のエンジンが壊れてしまって…
女：そうですか。会社に遅刻したら大変だね。
男：そうなんですよ。バスで行きたいですけど、どこで乗ればいいかな。
女：それよりも。この街を5分ぐらい歩けば地下鉄の駅があるよ。
男：あ、それはよかった。そうしましょう。

7.
男：李さん、週末は何をしましたか。
女：日本語の会話教室に通っていたよ。
男：へえ、えらいね。日本に留学したいの？
女：いいえ、最近、日本語で面白い番

組を見たから。その番組がきっかけで日本語を勉強し始めました。
男：そうなんだ。頑張ってね。

8．9．
女：皆様、もうすぐ次の船は出発します。船は近くの島を30分で回ります。海から美しい景色を楽しむことができます。出発は10時20分の予定です。あと10分で出発します。チケットは船の中で買うことができます。皆様、乗ってみませんか。

10．11．
女：もしもし、田中さん、私は仕事が終わらなくて、六時半の約束には遅れそう。ごめん。
男：え、僕は早く仕事が終わったから、コンサート会場に着いたよ。じゃ、近くの喫茶店でコーヒーを飲んでまっているよ。コンサートは七時だから、間に合う？
女：あと、少しで出られるから、タクシーで行けば、大丈夫だと思う。
男：わかった、じゃ、また電話する。

12．13．
女：夏休みはアルバイトをする？
男：うん、するよ。引っ越しもするし、それに新しいコンピューターも欲しいし。
女：私も今年の夏休みにアルバイトをするつもりだよ。
男：山田さんも？
女：母の誕生日にプレゼントをあげたいんだ。
男：何をあげる予定？
女：旅行のチケット。温泉が好きだから。

14．15．
女：来週帰国ですね。帰る準備は終わりましたか。
男：荷物はもう送りましたが、おみやげはまだ買ってないんです。最近、ずっとパーティーがあって、忙しいんです。
女：今日買いに行こうと思います。私も買いたい物があるので、車で行こうと思って。一緒にどうですか。
男：ありがとうございます。じゃ、お願いします。

模拟练习11

1．
男：あ、もう晩ご飯の時間だ。
女：違うよ。まだ午後2時だよ。

2．
女：本をたくさん持っているね。
男：ええ、趣味だから。
女：読書？
男：違うよ。本を集めることだ。

3．
男：しまった！弁当を持って来ていない。
女：どうしよう。まだ時間に余裕があるから、帰る？
男：ううん、面倒くさいからコンビニで済ませよう。

4.

男：すみません。メロンパン五つをお願いします。

女：申し訳ございません。メロンパンは売り切れなんですが、こちらのミルクパンはいかがですか。

男：うん、じゃ、それを三つお願いします。

女：はい、ありがとうございます。

男：あ、やっぱりもう一個追加します。

5.

女：李さん、お久しぶり。夏休みはどうだった？

男：お久しぶり。夏休みは北京へ旅行した。楽しかったよ。

女：いいね。汽車で行ったの？

男：いいえ、汽車は安いけど、けっこう時間がかかるから、飛行機にした。

女：そうですか。

6.

男：昨日の宿題、難しかった。ねえ、王ちゃん、教えてくれる？

女：私も合っている自信がないから、李くんに聞いてみたら？

男：李くんもできなかった。すでに聞いたよ。

女：李くんも？珍しいね。じゃ、先生に聞くしかないね。

男：うわ、絶対叱られるけど。

女：わかった、わかった。でも間違っていても文句言わないでよ。

7.

男：転校するって聞いたけど、それは本当なの？

女：うん、実はそうなんだ。

男：なんで、何があったの？

女：家族の原因もあるし、個人的な問題もある。

男：寂しくなるよ。どこに転校するの？

女：まだ決めていないけど、東京に行く可能性が高い。

男：そうなんだ。京都に行くと思った。

8. 9.

男：周さんってさ、日本料理食べたことあるの？

女：何回もあるよ。一回目は牛丼で、二回目はもつ鍋で、三回目はお寿司だった。

男：実は今日の夕ご飯、周さんを誘いたいけど、日本料理で。

女：いいよ、何にするの？

男：お寿司はどう？

女：お寿司は嫌いではないけど、生で食べるのがやはり苦手なの。もつ鍋のほうがおすすめよ。前食べた時美味しかった。

男：じゃ、そうしよう。

10. 11.

女：おはよう。今日は早いね。

男：今日の朝読、先生が私に文章を読ませるから、ちょっと練習したかった。

女：なるほど、今七時だからまだ30分

ある。余裕余裕。
男：前回うまくいかなかったので、皆にわらわれた。今回こそ完璧に読んでみせる。
女：そうなんだ。今回の文章が好きだからと思った。それじゃ、頑張って。
男：よーし、練習の続きだ。

12. 13.
男：劉さんは英語が得意でしたっけ？
女：ええ、何ですか。
男：来週のことですが、留学生のイベントがあるので、英語の発表お願いしたいですが。
女：それはちょっと難しいと思いますが。
男：頼みます。劉さんしかできないですよ。先生もそう言いました。
女：そうなんですか。仕方がないですね。じゃ、とりあえずやってみます。
男：助かります。発表はイベントの最初か最後かまだ分からないから、また連絡しますね。
女：わかりました。

14. 15.
男：私の夢は、卓球の選手になって、オリンピックに出ることです。ですから、中学校では、卓球部がある学校を選びました。毎朝、1時間ぐらいジョギングをします。放課後は2時間半ぐらい卓球の練習をします。学校の勉強と部活を同時にするのは大変ですが、夢を実現

するために、毎日練習に励んでいます。

模拟练习12

1.
女：来月のコンサートのチケット、予約してくれる？
男：うん、いいよ。何枚？
女：私たち二人と、友達四人。
男：じゃあ、6枚ね。
女：あ、そうだ、ごめん。二人都合が悪くなったから、四人だ。
男：あ、そう。わかった。
女：ありがとう。じゃあ、お願い。

2.
女：友達がけがをして、入院しているんです。お見舞いに行きたいんですが、日本では何を持って行きますか。
男：そうですね。よく花や果物を持っていきます。病院では時間がたくさんあるから、本もいいと思いますよ。
女：ああ、いいですね。本を読むのが好きだから、そうします。
男：あ、それから、若い人は音楽のCDもいいと思いますよ。
女：うーん、でも、音楽はあまり聴きませんから。

3.
女：もうすぐ佐藤さんの誕生日だ。プレゼントを決めた？

男：うん。かばん、買った。

女：そうか。私はまだ決められなくて、困っているんだ。

男：そう。じゃあ、カップはどう？佐藤さん、コーヒーが好きで、よく飲んでいるよ。

女：うーん、でも、カップはもうたくさん持っているかもしれないね。

男：じゃあ、タオルはどう？よくスポーツをしているから。

女：そうだね。じゃあ、そうしよう。ありがとう。

4.

女：すみません。ちょっと、コピーの仕方を教えてもらえませんか。青いボタンを押したんですが、字が小さくなってしまったんです。

男：字を大きくするなら、赤いボタンを押してください。

女：あ、はい。それから、もう少し濃くしたいんです。

男：じゃあ、白いボタンを押してください。薄くするときは、黄色いボタンです。

女：そうですか。どうもありがとうございます。

5.

女：明日のバス旅行について連絡します。明日学生たちは、朝8時半の前に来てください。いつもは9時からですが、30分早くなったので、間違えないでくださいね。学校の図書館の前に集まってください。いいですか。教室じゃなくて、図書館の前ですよ。

6.

男：国の両親に写真を送りたいんだけど、どれがいいと思う？

女：この海の写真は顔が小さくてよく見えないね。

男：うん。じゃ、だめだね。この山の写真はどう？

女：うん、これ、いいね。

男：じゃ、これ1枚。もう1枚は？この、私の部屋の写真は？

女：ああ、これもいいね。

男：じゃ、2枚両親に送ろう。

7.

女：美術館に行きたいんですけど、何で行くのが便利ですか。

男：車では20分ですよ。

女：そうですか。電車かバスでも行けますか。

男：うーん、行けますけど、時間がかかりますよ。自転車は持っていますか。

女：はい。でも、修理中です。

男：じゃあ、電車のほうが便利ですよ。

女：そうですか。わかりました。じゃ、そうします。

8.9.

女：森君、住む所はもう決まったの？

男：はい。この前、陳さんに不動産屋さんを紹介してもらいました。

模拟练习参考答案及听力原文

引っ越し先が決まりました。
女：それはよかった。どの辺ですか。
男：国際貿易センターの近くです。
女：「こくぼう」ですか。あの辺はよく知っています。
男：そうなんですか。
女：ええ、今度近所を案内してあげますよ。
男：ありがとうございます。
女：どういたしまして。引っ越しは明日ですね。
男：ええ、李さんが手伝いに来てくれます。

10. 11.

女：公園に入る時、入園料を払いましたが、どの公園も有料ですか。
男：ええ、有料の公園が多いですね。
女：じゃ、朝の運動をしているお年寄りたちも払うのですか。
男：そうですよ。でも、毎日利用する人は割引があるんです。
女：九歳からよく祖母といっしょに公園へ行きました。
男：へえ、一緒に運動をしたんですか。
女：いいえ、わたしは遊びながら祖母が太極拳をするのを見ていました。
男：休みの時、わたしも公園でジョギングをしています。
女：朝や夕方の涼しい時にスポーツをするのは気持ちがいいですよね。

12. 13.

女：中国の文化は日本より面白いと思います。今度の授業では、中国のことを勉強します。昨日はグループで何を調べるか決めました。グループ1は歴史、グループ2は地理でした。じゃ、今日は図書館に行って、資料を集めましょう。そして、来週の授業で調べたことを紹介してください。

14. 15.

男：仕事が忙しいから、運動の時間はほとんどないです。でも、先週はじめて相撲を見に行きました。とても面白かったです。以前から相撲が好きですが、テレビでしか見たことがありません。今回の経験はとても良いです。今度も見に行きたいです。それ以外、相撲の文化にも興味を持っています。友達の田中も相撲が好きです。来週彼と一緒に試合を見に行きます。

模拟练习13

1.

先生：午後の予定を言います。よく聞いてください。
学生：はい。
先生：まず水泳を2時間、そしてビデオを見て、自分の泳ぎ方を研究します。終わったらご飯を食べます。
学生：はい。

先生：あ、ご飯を食べる前に掃除をします。

2.
女：王さん、昨日はどうして休みましたか。風邪を引きましたか。
男：いいえ。おととい友達が来たので、一緒にお酒を飲みました。次の日、とても頭が痛くて起きられませんでした。

3.
男：今日は家でテレビでも見ようかな。
女：せっかくいい天気だから、外に出かけたほうがいいんじゃない？買い物とか。
男：うーん、それより、公園へ散歩に行くのはどう？
女：それもいいね。そうしよう。

4.
男：ちょっとデパートに行くけど、何か買ってこようか。
女：じゃ、ビールをお願いね。
男：わかった。
女：あ、その前に、ごみを出してくれない？
男：いいよ。

5.
男：明日授業が終わったら、一緒に映画を見に行きませんか。
女：すみません、明日の授業、休みを取りました。
男：えっ、何かあったんですか。
女：実は体の具合が悪くて、明日病院に行く予定です。

6.
男：来週の温泉旅行なんだけど、9時の新幹線の切符を予約するのはどう？
女：もっと早いほうがいいと思う。
男：じゃ、7時半前にするね。

7.
女：田中さん、まだ来ないね。
男：どうしたんだろう。パーティー、もうすぐ始まるんだけど。先に会場に入ろうか。
女：電話してみたら？
男：うん、そうする。

8. 9.
女：連休、何か予定ある？
男：うん、家族で日本へ旅行に行くんだ。今から楽しみにしているよ。
女：そう、日本のどこに行くの？
男：東京と大阪に行こうと考えているんだ。京都にも行きたいけど、時間が足りなくて…鈴木さんは？
女：最近、引っ越しで疲れたから、家でゆっくりしたいと思ってるの。

10. 11.
女：ねえ、この帽子、どう？
男：いいけど、白のものはいくつもあるんじゃない。
女：でも、白が一番好きだから。
男：たまにはほかの色のものも試してみたら？
女：そうだね。

男：その青のは、いいと思うよ。あと、茶色のも可愛いね。
女：青はちょっと。うーん、今度は茶色にする。

12. 13.

男：飲み物は何にする？コーヒーそれともお茶？
女：うーん、何がいいかな。
男：私はいつも通りコーヒーにするよ。
女：そう？私は冷たいお茶を飲みたいけど、最近胃の調子が悪くて…
男：じゃ、熱い紅茶のほうがいいんじゃない？
女：うーん、やっぱり飲み物はいいわ。

14. 15.

男：佐藤さん、朝ご飯何食べた？
女：あ、最近あまり食べないの。みかん1個だけ。前はよくパンを食べたけど。
男：えっ、どうして？
女：実は痩せたいと思って。
男：そうか。でも、朝ごはんをしっかり食べたほうが健康にいいと思うよ。私はいつもご飯と味噌汁なんだ。
女：そう。
男：それに、朝ご飯を食べないと、ダイエットに逆効果だそうだよ。

模拟练习14

1.

女：あのう、今、何時ですか。
男：間もなく9時なんですけど。
女：あっ、遅いですね。もう帰らなくちゃ…

2.

女：高橋さんは普段ゲームをしますか。
男：いいえ、全然しません。おもしろい小説を読むのが一番好きです。
女：そうですか。そう見えませんね。

3.

女：何をしていますか。
男：図書館から借りた本を読んでいます。
女：ちょっと暗くないですか。目に悪いですよ。電気をつけましょう。
男：すみません。

4.

女：田中さん、どうしたんですか。元気がなさそうですね。
男：仕事でつかれたんじゃないかと思ったけど、実は風邪です。
女：そうですか。お大事に。

5.

男：お財布はここに置いておくと、危ないですよ。
女：え、私はいつも、その机の上に置いていますが…
男：泥棒に盗まれてしまいますよ。引き出しの中においたほうがいいじゃないですか。
女：わかりました。そうします。

6.

女：すみません。このばらはいくらですか。

男：一本1000円です。

女：その白い花は？

男：それは一束で3000円です。

女：今2000円しかもっていないから…それを二本お願いします。

7.

女：鈴木さんって、水泳がすごく上手だと聞いたんだ。

男：まあまあだよ。夏が暑すぎて、涼しいところにいたいから、例えば海とかね。

女：夏があまり好きではないってこと？わたしなら、スキーがすきだから、寒い冬がすきになっちゃったわ。

8. 9.

男：佐藤さん、今晩は予定が入っていますか。映画のチケットが二枚あるんですけど、よかったら…

女：すみません、風邪を引いたみたいで、仕事が終わったら家に帰って休みたいです。

男：え、大丈夫ですか。病院でも行った方がいいと思いますが。

女：平気です。薬を飲めば治るから。でも、ごめんね、ほかの友達を誘ってみたら？

男：気にしないでください。それより、家まで送ろうか。ちょっと心配で。

女：それはありがとうございます。

10. 11.

女：木村さんは中国に行ったことがある？

男：行ったことがあるよ。1回目は2010年、2回目は2013年。

女：へえ、それぞれどんなところに行った？

男：2回とも湖南省へ行ったんだ。

女：湖南省？そこは何か特別なの？

男：実は、湖南出身の友達がいるから。それに辛いものがとても好きなので、そこの料理は辛いんだ。考えてみても食べたいなあ。

女：そういうことか。

男：ええ、またチャンスがあったら、一緒に行こう。

12. 13.

女：やっと終わったよ、隣のパーティー。毎週土曜日はうるさいね。

男：でも、いつもより短かったんじゃない？今日のパーティー。

女：うん。そうね。いつもはもっと長いよね。どうしてだろう。

男：実はね、先週、ちょっと静かにしてくださいませんかって言ってきた。休みの日ぐらいちゃんと休みたいもん。

女：そうね。

14. 15.

男：森さんは私の大学時代のクラスメートです。初めは両親の言うことを聞いて、医学を選びました。しかし、彼は医者になるつもりはありませんでした。子供のときから、何かを描くのが好きだったので、1

年後に絵画部の学生になりました。今、彼が描いたものは多くの人に愛されています。ときどき大学に招かれて、絵画が好きな若い人たちに教えます。わたしは10年ほど医者をしていますが、ずっと音楽が好きで、でもなかなか時間が取れなくて、ギターも二、三回ぐらいでやめてしまった。これからも好きなことに力を入れましょう。

模擬練習15

1.
男：今日は暑いですね。何を食べましょうか。
女：春なのに、夏のような暑さになるとは思わなかったね。じゃ、アイス食べに行こう。
男：そうですね。いいよ。行こう。

2.
男：この映画は素晴らしいですね。李さんはどう思いますか。
女：うん、作者は考えが新しいです。王さんは本当に映画が好きですね。
男：はい。李さんの趣味は何ですか。漫画ですか。
女：私は漫画、あんまり好きではありません。絵が好きです。子供の時からずっと勉強してきました。

3.
男：宿題のノートを家に忘れてしまいました。どうしよう。

女：今は何時ですか。取りに行きましょう。
男：七時ですが、間に合いますか。
女：まだ間に合うと思います。すぐに帰りましょう。

4.
男：昨日のテストはどうして不合格でしたか。
女：すみません。復習しなかったからです。
男：しかも、最近はあんまり元気がなさそうですね。
女：風邪を引いたからです。
男：そうですか。これから注意してください。

5.
男：ねえねえ、知ってる？学校の近くに新しい店ができたの。
女：ほんとうに？どんな店なの？
男：美容室だよ。新店なので割引あるらしいよ。
女：マジか。放課後に行こう。試してみたい。

6.
女：迷うなあ。ピンクのも可愛いし、ブルーのも可愛いし。
男：どうしたの？困ってる顔して。
女：洋服のことだよ。どっちも可愛くて決められないよ。
男：ピンクのほうがおすすめだ。王ちゃんに似合うよ。

女:うん、じゃ、それにしよう。

7.
男:夏休みになったら、海外旅行に行きたいなあ。
女:コロナのせいで、いけないと思う。
男:そうだね。国内だったら、飛行機で北京に行きたい。
女:それじゃ、汽車のほうがいいんじゃない？安いし。
男:そうだね。節約したいから、安いのにしよう。

8. 9.
男:社長、おはようございます。
女:王さん、おはよう。どうしたの？元気なさそうですよ。
男:三十分後会議がありますから、今急いで準備しています。
女:あ、申し訳ないけど、前の会議が遅くなって、その会議は明日の午後にしました。それを皆さんに知らせてください。
男:かしこまりました。その後、私は何をしたらいいですか。
女:じゃ、そこの資料をコピーしてください。

10. 11.
男:田中さん、週末はいつも何をしますか。
女:予定がなければ、家でテレビを見たり、ゲームをしたりします。
男:じゃ、この週末は一緒に花見しませんか。
女:いいですね。どこへ行きますか。
男:上野公園はどうですか。そこの桜が一番きれいだと言われています。田中さんは行ったことがありますか。
女:子供の時、家族と二回行きました。本当にきれいだと思います。もう一度行きたいです。じゃ、土曜日はいいですか。
男:土曜日は妹の誕生日ですから、日曜日はいいですか。
女:じゃ、朝の八時に、駅の前で会いましょう。

12. 13.
男:先生、時間がありますか。お願いしたいことがありますが…
女:ええ、何か。
男:今月運動会があります。先生は参加しますか。
女:え、運動が苦手だから、参加しないよ。皆頑張ってね。
男:残念です。じゃ、先生、開会式を見ますか。先生が行けば、皆きっと喜びます。
女:それはいいね。開会式は何時ですか。
男:具体的な時間が出たら、先生にお知らせします。

14. 15.
女:近年、地球温暖化の影響によって、様々な自然災害が起きています。環境のために、私はエアコンの温度を28度に設定したり、なるべくレジ袋をもらわないようにしてい

ます。これらは小さなことですが、みんなですれば、きっと二酸化炭素の増加を抑えることができると信じています。

模拟练习16

1.
女：明日なんだけど、雨が降りそうなんだって。
男：えっ、困るよ。子どもたちハイキングを楽しみにしているんだから。
女：じゃ、動物園にでも行く？
男：動物園か。いいね！そうしよう。

2.
女：ねえ、おいしいでしょう？
男：うん、おいしいけど、これは何？
女：新しく出来たデザートよ。
男：デザート？麺じゃないの？
女：ラーメンの形のデザートなのよ。
男：うーん、なるほど。

3.
男：図書館に本を返しに行くけど、何か用事がある？
女：じゃ、わたしのもお願い。それから、ついでにスーパーでパンも買ってきてくれない？
男：牛乳も飲んじゃったけど、買わなくてもいい？
女：それはいいの。もう注文してあるから。

4.
女：いよいよ帰国ね。もうお土産買った？

男：大体はね。妹には浴衣セット、母には化粧品。
女：お父さんには？
男：父にはデジカメをプレゼントしたかったんだけど、ネクタイにした。
女：それもいいね。きっと喜んでくれると思う。

5.
女：来週日本に花見に行く予定なんです。
男：そうですか。
女：桜なら、どこがいいですか。
男：そうですね。山の桜もいいし、神社や公園もいいですが、桜には水が似合うと思うんです。やっぱり川や池のそばの桜が最高だと思います。
女：うーん、では、一番いい場所で桜を見ることにします。

6.
男：スーパーへビールを買いに行くけど、何か要るものある？
女：醤油と油も買ってきてくれない？
男：うん。分かったよ。
女：あのう、ビールなら冷蔵庫に入れてあるけど。
男：ああ、そうなんだ。じゃ、今日は買わなくていいか。

7.
女：木村さん、このカレンダーの青い印は何ですか。
男：ああ、それは結婚記念日だよ。

女：あら、いいですね。
男：そうじゃないよ。忘れてしまって怒られたこともあってね。
女：それは当然ですよ。あれ、ここの丸いのは？
男：それは子どもの誕生日。ほかにこの赤い印は妻の誕生日。
女：こっちの三角の印もだれかの誕生日ですか。
男：違うよ。これは息子の卒業式だ。

8. 9.
男：田中さん、自分の箸持ってきているんだ。
女：ええ、マイ箸っていうのよ。
男：へえ、偉いね。環境にやさしいということだね。
女：ええ、少しでも自分ができることをしようと思って。
男：割り箸の材料は木だからなぁ。
女：わたしだけじゃなくて山上さんも佐々木さんも持ってきているわよ。
男：へえ、そうなの？彼達に聞いてみる。私の会社もそうしようかな。
女：木を大切にしないと地球の温暖化も進んじゃうからね。

10. 11.
女：山下さんはいつも何時に起きますか。
男：今は七時半ですが、これからは引っ越しますので、前より一時間半早く起きると思います。
女：仕事で忙しいのにそんなに遠くなって大丈夫ですか。
男：ええ、自然がいっぱいあるところに住みたくて。
女：家を買ったんですか。
男：いいえ、緑がいっぱいあるところに家を安く借りることにしました。
女：でも、1時間半は長いですよ。
男：ええ、でも座って本を読むこともできるし、楽ですよ。

12. 13.
女：王さん、どうしたんですか。
男：体が痛くて、動きづらいんだ。
女：昨日の山登りのせいですね。雨が降って大変だったでしょう。
男：雨のため体育館で久しぶりにバスケットボールをしたんだ。
女：そんなに痛いのなら、病院に行ったほうがいいんじゃないですか。
男：大丈夫だよ。
女：薬を買ってきましょうか。
男：いいよ。薬なら持っているから。
女：そうですか。それなら早く飲んだら？
男：うん、すぐ飲むよ。

14. 15.
女：高山さん、今日は火曜日だから燃えるごみを捨てる日よ。
男：すみません。また間違ってしまいました。
女：燃えないごみはあさってよ。
男：ああ、そうでした。なかなか覚えられなくて。
女：ここに貼ってある表をよく見てく

ださいよ。違うごみは回収車はもっていかないからね。それに燃えるごみと燃えないごみを分けないと…人に迷惑だよ。
男：わかりました。

模拟练习17

1.
男：このスイカ、おいしそうだね。
女：そうだね。
男：1つ6千円だって。
女：え、6千円もするの？
男：高いね。
女：そうですねえ。

2.
女：ちょっとスーパーに、リンゴを買いに行ってくるわ。
男：牛乳も買ってきてくれないか。
女：いいよ。コーヒーもいる？
男：今日はいらない。ありがとう。

3.
男：明日の出張の準備、頼むよ。
女：はい、何が必要ですか。
男：ホテル、新幹線の切符、それにお土産も必要だね。あ、ホテルのほうは山田さんに頼むから、大丈夫。新幹線の切符は本社が用意してくれるから、買わなくてもいい。それより、お土産を買わないと困るから、そっちを先に頼むよ。
女：はい、分かりました。すぐ買いに

行ってきます。

4.
男：遅れて、すみません。
女：今日はどうしたんですか。寝坊しましたか。
男：いいえ。
女：体調が悪いですか。
男：いいえ。
女：道が込んでいましたか。
男：ううん、実はバスを間違えて反対側に行っちゃったんです。
女：なに、それ。今後気をつけてください。

5.
男：すみませんが、山田さんはどこですか。
女：寮にはいないよ。
男：教室にもいません。
女：さっき、一緒に図書館から戻ってきたよ。ほら、食堂でご飯を食べている。

6.
女：山田さんはいつもラーメンですか。
男：そう、ラーメンが大好きです。
女：そうですか。朝もラーメンですか。
男：いいえ、朝はパンと牛乳です。李さんは？
女：わたしは毎朝コーヒーを飲みます。それからリンゴを食べます。

7.
女：来週、博物館へ行きたいです。一緒に行きませんか。

男：いいよ。どうやっていきますか。
女：私は歩いて行きましたけど、最近とても暑いから、歩いたらちょっと…
男：そうですね。じゃ、バスではいかがですか。
女：直行のバスがありませんが…
男：タクシーで行くならどうですか。
女：いいですよ。

8. 9.
女：明日どこで会いましょうか。
男：喫茶店はどう？
女：デパートの3階の？
男：ううん、あそこはちょっと高いですよ。デパートの2階も喫茶店がありますから、分かりますか。
女：あそこは人が多いでしょう。それより、本屋のほうが…
男：駅の近くの？
女：そう、あそこは人が少ないですから。座るところもありますし。
男：分かった。じゃ、午前8時に会うのはどうですか。
女：午前ですか。仕事があるから、ちょっと…午後5時に会うのはどうですか。
男：いいですよ。

10. 11.
男：毎日晴れで、暑いですね。
女：明日は雨って、天気予報で言ってたよ。
男：本当ですか。

女：うん、午前中に雨が降るけど、午後は暑くなるって。
男：明日は山を登るつもりだったけど、雨か。
女：海も山も、どっちも暑いから。プールはどう？あの新しくできたところ？
男：面白そう！じゃ、プールに行こう！

12. 13.
男：この写真を見て、私の彼女だよ。
女：ええ、誰ですか。この髪が長い人ですか。
男：違うよ。
女：じゃ、この背が低い人ですか。
男：はい。可愛いでしょう。それに、とても優しいんだ。
女：知り合ったきっかけはなんですか。留学のとき知り合ったの？
男：実は彼女は私の小学校のクラスメイトなんだ。でも、小学校を卒業した後でずっと連絡しなかったんだ。社会人になった後で、ある日、私はボランティア活動をしていたとき、彼女に再会した。
女：へえー、面白いですね！

14. 15.
女：みなさん、明日は工場の見学があります。申し込み用紙は受付にありますから、それに名前と連絡先を書いて出してください。その後で、参加費の600円をインターネットで払います。その時、学生

証を一緒に出してくださいね。見学時間が短いから、お弁当とお水は要りません。

模拟练习18

1.
男：明日はお母さんの誕生日だね。
女：そうね。プレゼント何にする？
男：花はどう？お母さんは花が好きだから。
女：いいね。そうしよう。

2.
女：きれいなカバンですね。いくらですか。
男：最初は六百円でしたけど、割引で五百円になりました。
女：わー、安いですね。

3.
女：テストはいつですか。
男：あさってですね。
女：そうですか。水曜日ですね。

4.
男：もしもし、すずきさん、明日どこで会いますか。
女：駅の近くはどうですか。6時退勤ですから、6時半に会いましょう。
男：はい、6時20分ぐらい、駅の近くの本屋で待っています。
女：わかりました。

5.
男：明日からやっと休みだね。
女：ええ。なにか予定がある？
男：北海道へ旅行に行こうと思って。
女：いいね。一緒に行こうか。

6.
男：この黒いパソコンはどう？
女：軽くて速いね。でも、ちょっと値段が高い。
男：私のパソコンは遅くなって、新しいパソコンが欲しいんだ。
女：安いほうがいいわよ。
男：そうか。

7.
男：佐藤さん、明日の会議の準備、どうなっていますか。
女：会場と時間は全部確認しました。
男：何時からですか。
女：2時から4時までです。
男：田中さんに会議に参加するように連絡してください。
女：はい、わかりました。

8. 9.
女：田中君、昨日何をしましたか。
男：昨日は図書館に行きましたよ。
女：さすが田中君、週末もちゃんと勉強していますね。
男：いいえ、違います。実は昨日家が暑くて、図書館に行ったんです。高橋さんは昨日、どこに行きましたか。カラオケですか。
女：いえいえ、昨日はどこにもいかないで、ずっと家にいましたよ。
男：そうですか。

10. 11.

女：素敵なラジオですね。いつ買いましたか。
男：午前買ったばかりです。
女：見た目もいいですし、音もきれいですし、私も買いたいです。
男：買うなら、後で買ったほうがいいですよ。
女：ええ、どうしてですか。
男：さっき聞いたんですけど、このあとはもっと安くなるらしいですよ。
女：そうですか。

12、13．

男：ごめんごめん、待たせたね。
女：遅いよ。私たちの約束を忘れたの？
男：そんなわけないでしょう。
女：今回は前回みたいに、寝坊したから、遅刻したんじゃないよね。
男：もちろんそうじゃないよ。今朝は事故で、電車が遅れたんです。仕方ないでしょう。
女：これは何回目だよ。
男：ごめんごめん、映画がもうすぐ始まるから、中に入ろう。

14、15

男：来週から連休ですね。吉田さんは何か予定がありますか。
女：そうですね。私は旅行に行きたいです。
男：そうですか。どこへ行きたいですか。
女：賑やかなところは人が多くて、嫌です。そして、静かなところも面白くないでしょう。やっぱり古い街に行ったほうがいいですね。
男：古い街ですか。
女：はい。古い街で、いろいろな伝統的なものが体験できるから、楽しいと思いますよ。そして、旅行は私にとって、勉強ですから。
男：さすが吉田さん、いろいろ考えましたね。私だったら、やはりおいしい食べ物が楽しみですよ。
女：そうですか。それもいいですね。

模拟练习19

1．

男：夏休み、楽しかった？
女：ええ、島に行ったのよ。
男：車で行ったの？
女：いいえ。
男：じゃあ、バスで行ったの？
女：いいえ。海を見たかったので、船に乗って行った。
男：いいね。

2．

男：いらっしゃいませ。
女：ハンバーガーを3つください。
男：かしこまりました。お飲み物はいかがでしょうか。
女：いいです。
男：はい。全部で1200円です。
女：あ、すみません。それにアイスクリームを1つください。
男：はい、100円です。

3．

女：みんな、ご飯だよ。
男：はい。わー、おいしそう。お母さんは食べないの？
女：忘れないように、今花に水をやるわ。
男：ぼくが後でやるから、先にお父さんとご飯を食べようよ。
女：じゃ、そうしようかな。

■ 4. ■
男：この絵は、佐藤さんが描きましたか。
女：はい、わたしが描きました。
男：すごいですね。絵の勉強をしていたんですか。
女：はい。子どものころ勉強し始め、中学3年まで続けたんです。大体10年ぐらいですね。
男：すごいですね。
女：いえいえ、とんでもないです。ただ好きなだけですから。

■ 5. ■
男：暑いね。こんな暑い日にハイキングだなんて。
女：本当に暑いね。そういえば、田中君は来なかったね。どうした？
男：今朝、病院に行ったらしいよ。風邪かもね。
女：大変だね。佐藤さんも体の具合が悪かったの？
男：いいえ。佐藤さんは今日、部活があるんだって。

■ 6. ■
男：英語の試験は来週の月曜日だったっけ？

女：違うよ。先生が出張したんで、試験が行われなくなったのよ。
男：そうか。そうしたら、サッカーの練習に集中できるね。試合も近づいているし。
女：試合はいつ？
男：来週の金曜日だよ。
女：みんなで応援に行くから、頑張ってね。
男：本当？ありがとう。

■ 7. ■
男：日本のみなさん、北京へようこそいらっしゃいました。明日は万里の長城に行きます。歩きやすい靴を履いてきてください。そして、水も忘れないでください。
女：すみません。
男：はい。
女：明日は何時にホテルに戻りますか。
男：明日は大学に着くのが午後4時なので、そこで解散します。その後、ホテルに戻ってください。
女：はい、分かりました。

■ 8. 9. ■
女：もう、12時半ですよ。今日のお昼、何にしますか。
男：いつものタイ料理はどうですか。
女：今週もう2回行きましたよ。
男：駅の近くに新しい日本料理店ができました。一緒に食べてみませんか。
女：いいですけど、ちょっと高そうですよ。

男：じゃ、隣のイタリアレストランは？
女：あそこは雰囲気が良くて美味しいです。でも、木曜日は休みですね。
男：今日は金曜日ですよ。
女：じゃ、そっちに行きましょう。

■ 10. 11.
男：明日は動物園に行きますね。何か質問はありますか。
女：先生、本やノートは持ってこなくていいですか。
男：本は持ってこなくていいですが、ノートはいりますね。
女：お菓子は持ってきてもいいですか。
男：いいえ、お菓子は持ってきてはいけません。
女：じゃ、飲みものは？
男：水とジュースならいいですよ。お弁当も忘れないようにしてください。
女：はい、分かりました。

■ 12. 13.
男：来週の父の誕生日プレゼントをどうしたらいいか迷っています。
女：お父さんなら、お花とかばんはダメでしょうね。
男：そうですよ。だから、困っています。
女：それじゃ、ネクタイはどうですか。
男：ネクタイはいいですね。色は？
女：スーツは黒色が多いから、明るいほうがいいと思います。
男：いい考えですね。そうしましょう。

■ 14. 15.
男：明日の予定、どうなってる？

女：朝から図書館に行って発表の資料を探すわ。そして、午後は友達と映画を見に行きたい。
男：夜は？
女：夜は家で試験の準備をするよ。
男：まじめだね。土曜日なのに。
女：仕方がないの。そろそろ試験だし。
男：そうか。じゃあ、試験はいつですか。
女：八月五日ね。

模拟練習20

■ 1.
男：この1600円のをください。じゃ、2000円で。
女：はい、ありがとうございます。500円のおつりです。
男：あれ、100円多いけど。
女：はい、今日は100円の割引があります。

■ 2.
男：君は毎日大学へ通うの？
女：はい、毎日です。
男：大学は毎日何時から始まる？
女：9時から5時までです。
男：それは大変だね。じゃ、休みは？
女：土曜日と日曜日です。
男：休みの日はどんなことをするの？
女：日曜日はアルバイトをします。土曜日は家でテレビを見たり、掃除をしたりします。時々、買い物に行きます。

3.
- 女：明日どこで会いましょうか。
- 男：駅前のレストラン、分かりますか。
- 女：駅の前？
- 男：はい、駅の前にホテルがありますよね。その隣にレストランがあります。そこで、5時半に会いましょう。ホテルの中のレストランもいいですが、ちょっと高いですから。
- 女：はい、分かりました。じゃ、また明日。

4.
- 女：昼ごはんは何にする？
- 男：近くの中華料理店へ食べに行こうか。ギョーザが食べたいな。
- 女：毎日、中華料理で飽きない？今日はハンバーグにしようよ。
- 男：でも、僕は今日ハンバーグっていう気持ちじゃないな。
- 女：だったら、家で自分で何か作らない？
- 男：うん、お金かからないしね。僕も手伝うよ。

5.
- 女：お帰りなさい。田村さん。
- 男：あ、純子さん、おはよう。
- 女：この間、遠くまで旅行をしたでしょう。
- 男：そう、沖縄に行ったんだ。でも、ちょうど台風が来てね。
- 女：そう？それでやめたの？
- 男：ううん、船で、海を渡る予定だったんだ。けど、できなくなって、次の日、風が弱くなって…
- 女：大変だったわね。
- 男：沖縄に着いてから、また長い時間電車とバスに乗って観光地に行ったんだよ。
- 女：島だから、新幹線なんか走ってないし、仕方ないわね。

6.
- 女：綺麗なコップだね。どこで買ったの？
- 男：ああ、それ、隣の人にもらったんだ。
- 女：へえ。
- 男：実家からのみかんを少し隣の人に送ったから、代わりに、それをもらった。

7.
- 女：すみません、そのパンを5つと、この牛乳を3本ください。
- 男：はい、パン5つ、牛乳3本ですね。
- 女：あっ、すみません、コーヒーを1杯。
- 男：じゃ、飲み物は牛乳が3本、コーヒーが1つですか。
- 女：いいえ、牛乳2本とコーヒー1つお願いします。
- 男：はい、分かりました。

8.9.
- 女：この映画、面白そうね。
- 男：うん、入ろうか。
- 女：ちょっと待って、次は8時からだよ。
- 男：まだ6時半だね。
- 女：ええ、だから、その前に何か食べましょうか。

男：うん、そうしよう。何を食べようか。
女：何でもいいわ。
男：あの店はどう？
女：あそこは高いよ。
男：そうだね。じゃ、こっちは？
女：こっちは安そうだけど、でも、混んでるわ。
男：どうしよう。
女：もう少し探しましょう。
男：もう時間がないよ。仕方ないから、あの高い店にしようよ。
女：そうね。そうしよう。

10. 11.

女：どうしましたか。
男：一昨日からちょっと頭が痛くて。
女：わかりました。じゃあ、そこに座って、これで熱を測ってください。
男：はい、自分で測るんですね。
女：はい、その後名前を呼びますから、座ってお待ちください。
男：分かりました。あのう、お手洗いはどちらですか。
女：ここをまっすぐ行って、右に曲がってください。
男：ありがとうございました。ちょっと行ってきます。

12. 13.

女：この本、いくらぐらいするんですか。
男：これ、先輩から3千円で買ったんだ。田中さんに貸してあげようか。僕、もう読んじゃったから。
女：え、でも、それじゃ、悪いですから…

男：いや、構わないよ。遠慮しないで。
女：そうですか。じゃ、すみません。
男：どうぞ。

14. 15.

男：ああ、疲れた。
女：どうしましたか。
男：家から走ってきました。
女：まあ、走って？
男：え、運動しようと思ってね。
女：すごいですね。家から学校までは遠いですか。
男：歩いて25分ぐらいです。でも、今日は走ってきたから、15分で着きました。
女：そうですか。今日は何時に家を出たんですか。
男：8時です。

模拟练习21

1.

女：できたよ。
男：何が？
女：パンを焼いたの。はい、どうぞ。
男：ごめん。さっき昼ご飯を食べたから、今おなかがいっぱいなんだ。
女：ええ、そうなの？

2.

母：一郎、ちょっと留守番をしてくれない？
子：ええ！ひろしと遊びに行こうとしてるのに…
母：お母さん、今スーパーに行かな

きゃならないの。

子：はいはい、分かった。

3.

女：今日は人が多いね。

男：そうだね。普段はあまり人がいないけど。

女：期末試験が近づいてるからじゃない？

男：そっか。私たちも早く席を探さないと。

女：うん。さきに本を返しにいってくるね。

男：いいよ。

4.

女：どうしたの？遅かったね。

男：すまん。電車が事故で遅れてしまって。

女：でも、電話ぐらいすればよかったのに。

男：携帯を家に忘れたから。

女：そうなの？仕方がないわね。

5.

男：もしもし、買い物はりんご３つと牛乳１本だよね。

女：うん。それから、豚肉も買ってね。

男：あっ、忘れてた。あのさ、１個100円のりんご、今日は２個で160円だけど。どうする？

女：じゃ、４つお願い。

男：分かった。

6.

母：太郎、明日朝９時に起こしていいよね。

子：あ、お母さん、実は予定が変わって、明日の朝８時半に学校で友達と待ち合わせすることになったんだよ。

母：え？本当？それなら、遅くても８時には起きなきゃ。

子：顔洗って、朝ご飯食べるのに30分ぐらいは掛かるから。

母：まあ、ちょっと早く起きて出発したほうがいいでしょう。

子：はい。お母さん、じゃ、明日お願いするよ。

7.

男：雨はまだ降っていますか。

女：ええ、寒いから、夜は雪になるでしょう。

男：どうしましょう。今朝は、晴れていましたから、傘を持ってきませんでした。

女：ああ、私もです。今朝は本当にいい天気でしたから。

8. 9.

女：暇なときは何をしますか。

男：そうですね。ほとんどピアノの練習をしますね。それから、本を読むのも好きです。

女：いいですね。私も読書が好きです。時間があれば、旅行にも行きます。スポーツなどはしませんか。

男：はい、ほとんどしませんね。

女：私もスポーツがあまり好きじゃありません。

10. 11.

女：あっ、しまった。もうこんな時間だ。
男：電車は10時までだから、まだ大丈夫だよ。
女：何言ってるの？もう9時50分なのよ。駅まで歩いて少なくとも20分かかるでしょ。
男：じゃあ、タクシーで帰ろうか。
女：そんなのもったいないわ。バスで帰りましょう。
男：えー、もう疲れてるからバスはちょっと…
女：誰のせいなのよ。それぐらいは我慢して。

12. 13.

女：来週は田中さんの誕生日だね。何をあげようか。花はどう？
男：花か。でも、田中さんは男だよ。
女：ケーキも食べないみたい。
男：あの人はお酒も飲まないし、たばこも嫌いなようだね。
女：じゃあ、何か読むものでもあげようか。
男：それがいいね。

14. 15.

男：私は大学1年生です。私の大学はにぎやかなところにあります。今大学の近くに1人で住んでいます。店もたくさんあって便利です。電車やバスも便利です。私の両親の家は便利ではありませんから、初めはとても楽しかったです。でも、今は時々両親の家へ帰りたくなります。その家の近くの海で泳ぎたいです。冬は雪が降ってとても寒いですが、海の魚が美味しいです。次の休みに家族や友達に会いに帰ります。

模拟练习22

1.

男：もう3時半だよ。早くしないと、遅刻するぞ。
女：映画は4時半から始まるんでしょう。大丈夫なんじゃない。
男：4時半の映画は満席だから、4時のにしたんだ。昨日君に言ったよね。
女：ごめん！忘れた！

2.

男：へえ、新しい自転車ですか。
女：はい。誕生日に、父が買ってくれました。
男：普通この自転車は黒が多いですが、赤も意外にきれいですね。山田さんにすごく似合うと思います。
女：本当？わたしは白が好きなんですけど。

3.

男：母さん、鈴木さんから電話が来てね。明日一緒に山登りに行かないかと誘われたんだ。
女：いいんじゃない。でも、昼ご飯はどうする？
男：みんなお弁当を持っていくって。

女：分かった。今から作るね。あら、野菜がないわ。スーパーに行って、買ってきてくれる？

男：はーい。

4.

男：最近はどう？疲れたような顔をしているけど。

女：この前引っ越したんだ。通勤時間が長くなって、毎日大変だった。

男：それで疲れたの？

女：いいえ、仕事をやめたので、今探しているんだ。

5.

男：明日は出張ですね。

女：ええ。夜の飛行機に乗って、東京に行きます。そして名古屋に行きます。

男：京都にも行きますね。

女：いいえ。時間がきついので、京都と大阪には行かないんです。

6.

男：皆さん、クイズをしましょう。日本人の名前で、どんな名前がいちばん多いですか。

女：「田中さん」がいちばん多いです。この学校に「田中さん」が6人いますよ。あ、でも、「田中さん」より「鈴木さん」のほうが多いですね。「鈴木さん」が一番多いでしょう。

男：違いますよ。

女：そうですか。あ、「佐藤さん」は「鈴木さん」より多いですね。じゃ、一番多い名前は…

7.

男：夏休みはどこかに行きましたか。

女：ええ、内モンゴルに行きました、家族と一緒に。

男：汽車で行きましたか。

女：いいえ。もともとは飛行機で行こうと思ったのですが、空港がないことが分かって、最後は自分で車を運転して行きました。

8. 9.

男：時間が経つのは早いものだよね。ぼくたちもう高校三年生だよ。李さんは日本に留学するつもりなの？

女：うん。東大を目指しているんだ。わたし2か月後日本に行くわ。まず、日本語学校に通って、来年4月に入学できるかも。

男：わあ、李さんは頑張っているんだね。ぼくはやはり国内の大学に行くつもりだよ。もう7月か、後2か月で李さんとお別れだなんて寂しいなあ。

10. 11.

女：木村さん、明日は暇ですか。

男：うん。どうしましたか？

女：あのう、明日の10時、空港までわたしがアメリカの訪問団を迎えに行く予定でしたが、授業の時間が変わったので、行けなくなりました。それで、わたしの代わりに

行ってもらえないでしょうか。
男：いいですよ。明日の10時ですね。訪問団は何人ですか。
女：学生は10人で、先生は3人です。先生の電話番号と学生の情報は後で送ります。
男：はい、分かりました。

12. 13.

男：よし、発表の準備ができた。
女：早いね。どんな内容？
男：日本の映画について簡単に紹介したいと思って。鈴木さんも今週の発表でしょう。
女：もともとは今週だったんだけど、高橋さんに頼まれたので、順番を変えて、来週になったの。
男：テーマは決めた？
女：中日両国の女性意識について紹介したいけど、なかなか進まないので、テーマを変えようかと考えているんだ。
男：面白そう。いいテーマじゃない？図書館には女性問題の資料がけっこうあるみたい。図書館で探してみて。
女：本当？じゃ、やはりこのテーマでいいかな。これから図書館に行ってみる。

14. 15.

男：先生から、見学についてのお知らせが配られたよ。
女：へえ？どこに行くの？
男：隣の町のロボット工場を見学するって。そして、海にも行くみたい。
女：かっこういい。ロボットを見るのは初めて！
男：そうか。ぼくは展覧会で何回も見たことがあるけど、海は初めてなんだ。
女：でも一昨年の見学は海に行ったんじゃなかった？楽しかったね。
男：その時、ぼくは病気で、行けなくてね。今も残念だと思ってるんだ。
女：なるほど。

模拟练习23

1.

女：今回、運動会のボランティアはクラスごとに参加するね。鈴木先生のクラスは何人参加するの？
男：私のクラスは全員28人だけど、今回のボランティアは男ばかりだから、18人しか参加できないんだ。

2.

男：林さん、暇な時間はどのように過ごされていますか。
女：そうですね。いつも自分の部屋で何かを読むのが好きです。
男：そうですか。読書がすきなんですね。
女：そうじゃなくて、一人でいれば、なんでもいいです。
男：毎日仕事に疲れているんですね。

3.

女：じゃ、これで先に失礼するわ。

男：もう少しゆっくりしてよ！
女：うちの子供がもうすぐ学校から帰ってくるから、食事を用意しなきゃ…あっ、食材もまだだ。まずスーパーへ行かなきゃ。
男：そうか。また時間があれば、ぜひうちに来てね。

4.
女：木村さん、元気なさそうだね。どうしてですか。また部長に叱られたの？
男：そうじゃないよ！昨日のレポートはよくできたので、逆に部長に褒められたんだ。
女：そうなの？じゃあ、元気のない理由は？
男：残業はなかったけど、飲み会に誘われて、結局夜二時まで飲んでいたの。
女：ああ、それで元気ないのか。

5.
女：高橋さん、来週の見学はどこへ見学に行きますか。
男：ええと、先生の話では、大豆工場へ行くそうですよ。醤油と豆腐とかの作り方が見られるんですって。
女：へえ、水族館へ行って、イルカたちに出会えると思っていたんですけど！

6.
女：お客様、いらっしゃいませ。
男：すみません、そこのペンを見せてください。
女：これですか。
男：いいえ、その細いのじゃなくて、その隣の太いペンを見せてください。
女：これですか。このペンは有名なデザイナーによってデザインされています。8500円でございます。
男：ちょっと…最初のあの細いペンはいくらですか。
女：5000円でございます。
男：これもちょっと高いですね。でも、誕生日のプレゼントを買わなきゃ。じゃあ、これをください。

7.
女：もしもし、小林さん？鈴木です。
男：あっ、鈴木さん、どうした？
女：先週私が貸した本を返してくれる？今回の実験に必要なんだ。
男：ごめん、忘れちゃった。郵便で送っていい？
女：授業は明日だから、郵便では今日中に届かないんじゃない。
男：そうですか。じゃあ、今から持っていく。家で待っててね。

8．9．
男：佐藤さん、お出かけですか。どこへ行くんですか。
女：夫は出張が終わって、今日帰ってくる予定です。
男：そうですか。じゃあ、今から迎えに行きますか。

女：ううん、今はスーパーで食材を買ってきて、料理を作った後で、空港へ迎えに行こうと思います。
男：そうですか。ご主人さんは本当に幸せですね。
女：いいえ、いつも子育ても手伝ってくれるし、優しいですから、私も幸せだと思っています。
男：羨ましいですね。

10. 11.

女：橋本さん、中国へ留学に行った経験があるそうだね。本当なの？
男：うん、実は中国のほかに、アメリカとオーストラリアへ行ったこともある。でも、滞在時間は短かったんだ。
女：そうか、じゃあ、それぞれ一番印象に残ったのはどんなこと？
男：中国ならやはり中華料理だなあ。おいしいものも多いし、日本の物価よりも安いし。
女：じゃあ、アメリカとオーストラリアは？
男：アメリカで一番印象に残っているのは綺麗な人がとても多かったことだね。オーストラリアは動物たちが可愛かったなあ。
女：そうか。私も外国へ行ってみたいなあ。

12. 13.

女：今回、講座の課題はなんだっけ。
男：ええと、リサイクルやゴミの分類とからしい。
女：木村さんはこれについてどう思っていますか。
男：僕はね、リサイクルより、ゴミを減らすことがもっと重要だと思っています。
女：私はリサイクルが一番大切だと思ってるんだ。生活が便利になっていくにつれ、ごみの再利用を重視しなければならない。
男：なるほど、確かに。
女：ところで、木村さんの論文のテーマはなんですか。
男：まだ決まってないんだけど、「地球温暖化」について書きたい。鈴木さんは？
女：私はテーマを「自然災害」にしたい。
男：そうですか。頑張ってね。
女：うん、木村さんも。

14. 15.

女：佐藤さん、コンサートのチケットは買いましたか。
男：あっ！ごめん、わすれていました。今すぐ買いに行きます。
女：もう、まったく！これは何回目？切符売り場は絶対すごく並んでいますよ。
男：本当にすみません。切符売り場はだめだったら、コンビニでは切符買えるでしょう。
女：このコンサートの切符はコンビニで買えないのよ。

男：え？じゃあ、どうしよう。
女：あっ、そうだ。ネットで買えば？
男：そうですね。すぐ買います。
女：コンサートを見るのは初めてですか。
男：音楽が好きだから、テレビではよくコンサートを見ますね。けれど、会場で見るのは経験したことはないんです。
女：そうですか。今夜のコンサート、楽しみだね。

模拟练习24

1.
男：鈴木さんへのプレゼント、何にしたらいい？
女：本はどう？
男：それもいいけど、ほかの人も同じようなものを送るでしょう。
女：そうね。よく本とか、ペンとかね。
男：何かよく使うものがいいかも。
女：あ、そうだ。財布はどう？毎日使うから。きっと喜んで使ってくれるでしょう。
男：そうだね。じゃ、そうしよう。

2.
男：土曜日、映画を見に行かない？新しい映画が面白いんだって。
女：でも土曜日に宿題がたくさんあるよ。
男：日曜日はどう？
女：日曜日、友達の引越しを手伝いに行く予定があるよ。

男：そうか。じゃ、いつにする？
女：来週はどう？きっと時間があるよ。
男：そうだよね。そうしよう。

3.
女：あしたまた出張なの？
男：そうなんです。ぼくも行きたくないんですが、社長に言われたから、行かなきゃ。
女：まあ、新入社員だからね。今度で何回目？
男：そうですね。最初はアメリカ、それから先月はドイツ、来月は韓国です。
女：たいへんね。体に気をつけてね。

4.
女：あした、何で新宿に行くの？タクシー？
男：タクシーは高いよ。
女：じゃ、地下鉄？
男：速いけど、込むのが嫌だなあ。
女：バスは空いているよ。
男：そうだけど、間に合わないかもね。
女：じゃ、どうする？
男：早く着きたいから、やはり高くてもタクシーで行くよ。
女：そうね。そうしよう。

5.
男：あ、佐藤さん。おはよう。
女：あら、田中君、おはよう。珍しいねえ、田中君はどうしてこんなに早いの？会社に用事があったの？
男：ううん。姉の車で来たから。姉、

今日は会議があって早かったんだ。

女：ああ、そうだったの。

6.

男：母さん、ちょっと銀行に行ってくるね。

女：銀行に？じゃ、スーパーで果物と野菜を買ってきてくれる？母さんは、今ちょっと時間がないよ。

男：いいよ。果物と野菜ね。じゃ、行ってきます。

女：待って。これもお願い。ごみ、捨ててくれない？

男：はい。じゃ、いってきます。

7.

女：えーと、そこのりんごのケーキを1個ください。それからバナナのを1個。あっ、花子はバナナが好きだから、もう2個ください。後、他の何にしたらいいかなあ。ああ、パンもないから、その長いパンを2本ください。全部でいくらですか。

8. 9.

男：もしもし、鈴木ですが、佐藤先生はいらっしゃいますか。

女：はい、佐藤ですが。

男：佐藤先生、おはようございます。明日の午前の交流会ですが、8時から行われる予定でしたが、飛行機が1時間遅れるということで、9時に変えてもよろしいですか。

女：すみませんが、9時からこちらは会議があります。10時30分後はどうでしょうか。

男：はい、分かりました。お忙しいところをすみません。では、よろしくお願いします。

10. 11.

男：すみません。あのシャツ、見せてください。

女：こちらですか。

男：いいえ。その黒いのです。

女：この大きいのですか。

男：ええ。

女：どうぞ。

男：これ、いくらですか。

女：15,500円です。

男：じゃ、その隣の小さくて青いのを見せてください。

女：どうぞ。

男：ちょっときつい。じゃ、あの白いのを見せてください。

女：これは12,000円です。

男：これをください。

12. 13.

女：みなさん、おはようございます。今度の成績評価は、発表という形ですることになりました。発表のテーマは、このプリントの中から、1つ好きなものを選んでください。発表の時、原稿を見てはいけません。メモが必要だから、ペンとノートを持っていてもいいです。時間は1人3分。そして点数をつけるのは私とみなさんです。では、

みなさん、きちんと準備して、5分後に始めましょう。

14. 15.

男：先生、作文のことでお願いがあります。作文を直していただけませんか。明日の午前中はよろしいですか。

女：明日はねえ。ちょっと忙しいです。

男：あさってはいかがですか。

女：あさっての昼は授業があります。夕方なら時間があるんですが。

男：分かりました。じゃ、午後5時に先生の事務室にお伺いしてもよろしいでしょうか。

女：いいですよ。あ、あさって、事務室で会議がありますから、教室にしましょう。

男：はい、わかりました。

模拟练习25

1.

男：ちょっと、飲み物を買いに行ってくるよ。

女：じゃ、チョコレートとケーキも買ってきてね。

男：甘いものばっかりじゃ、太っちゃうよ。

女：じゃ、チョコレートはいいわ。

2.

男：もしもし、予約をしたいんですが。

女：はい、ありがとうございます。いつですか。

男：8日火曜日、7時に5名です。

女：申し訳ございません。その日はもういっぱいで、その次の日ならご用意できますが。

男：そうですか。9日はちょっと。では、前の日はどうですか。

女：はい、その日も大丈夫です。

男：では、お願いします。

3.

男：王さん、日本に旅行に行ってきたそうですね。

女：ええ、そうです。沖縄に行ってきました。

男：東京や京都へは行かなかったんですか。

女：ええ、今回は海に行きたかったですから。

4.

女：木村さんは新商品発表会の準備で忙しいようですね。

男：そうですね。

女：よかったら、ちょっと手伝ってやってくれませんか。

男：はい、分かりました。

5.

女：先生、この薬一日3回飲みますか。

男：いいえ、毎日寝る前に、4日連続で飲んでください。

女：はい、分かりました。

6.

女：今日は晴れて暖かいね。

男：でも、明日雨が降るそうだよ。

女：そう、雨、いやだね。

男：そうだね。明日から3日間降り続くそうだけど。

7.
女：山田さん、早いね。今日も車ですか。
男：いいえ、最近歩くようにしています。
女：えっ、車が壊れたんですか。
男：いいえ、ちょっと運動不足だから、それを解消しようと思っています。
女：そうですか。私も今度歩いてみよう、家近いし。

8. 9.
女：ねえ、このコート、どう？
男：お似合いだよ。いくら？
女：一万円って書いてあるけど。
男：ちょっと高くない？
女：でも、3割引きで安いと思うよ。
男：そうか。赤はちょっと目立つんじゃない？黒のほうがいいでしょう。
女：グレーのもあるよ。黒いのは何枚もあるから。
男：そうだね。

10. 11.
女：お土産は何がいいかな。
男：甘いものが好きだから、お菓子はどう？
女：最近、歯が痛いから甘い物はあまり食べないようにしているっておばあちゃんが言っていたよ。
男：そうか。じゃ、手作りのお茶セットはどう？陶器とお茶はここの名産だそうだよ。
女：お父さんは陶器のコップが好きだ

けど、おばあちゃんはあまり興味ないね。それに、私たちが持ち帰るのも不便だし。
男：それはそうだね。じゃ、お茶しかないね。
女：うん、おばあちゃんお茶が大好きだから。

12. 13.
男：行ってきます。
女：どこに行くの？
男：駅の近くの本屋に行ってくるよ。本を買いに。
女：何で行くの？バイク、やめたほうがいいよ。この前友達の家に行くとき事故にあったでしょう。
男：分かったよ。バスで行くよ。
女：気をつけてね。

14. 15.
男：さくらさん、これから毎日単語を40個覚えてください。テキストは毎朝5回大声で、読んでください。毎週の金曜日にテストします。それから英語で作文を書いてください。
女：作文は毎日書かなければなりませんか。
男：いいえ、週に2回書いて提出してください。
女：はい。あのう、毎日単語40個はちょっと難しいかと思いますが。
男：そうですか。じゃ、半分でもいいですよ。

模拟练习 26

1.
男：すみません。理恵さん、お皿を出してください。
女：はい、いくつですか。
男：お客さん2人のと、私のと、理恵さんの。
女：はい。

2.
男：花子ちゃん、そこの薄い本を取ってくれない？
女：これ？
男：いや、その小さいのじゃなくて、大きくて薄い本だよ。
女：ああ、これか。

3.
男：昼ごはんは新しいレストランに行きましょう。
女：え？どこにありますか。
男：そこのコンビニを左に曲がって2軒目です。
女：ああ、焼肉屋の隣ですね。

4.
男：山田さん、これ、ちょっと見てもらえませんか。
女：ごめん、今から会議なのよ。
男：そうですか。じゃあ、会議の後でお願いします。
女：いいわよ。あっ、会議の後はお客さんが来るわね。うーん、お客さんに会った後はどう？
男：え？
女：一緒に晩ご飯を食べながらやりましょう。

5.
女：どうしたの？顔色が悪いわよ。風邪引いた？
男：僕はこの10年風邪を引いたことがないよ。
女：じゃ、仕事で疲れた？
男：いや、友達と深夜までカラオケで歌っていたんだ。
女：なんだ。心配しなければよかった。

6.
男：あのう、先生、どんなことに気をつけたらいいでしょうか。
女：そうですね。食べ物は普通に食べてもいいですよ。ただ、ランニングはしばらくの間、止めてくださいね。汗が出たら、この病気には良くないから。
男：あのう、お酒は？
女：あ、構いませんよ。

7.
男：この人参はいくら？
女：1本200円です。
男：ちょっと高いかなあ。じゃあ、大根は？
女：1本150円です。
男：じゃあ、大根を1本ください。
女：ありがとうございます。他には？
男：あと、キャベツも。

8. 9.

女：もしもし？お父さん、お母さんから今電話があってね。たくさん買っちゃって、荷物が重いって言ってるの。

男：え、迎えに来て欲しいって？

女：うん、でも、私はこれから友達の家へ行って。それから、友達と図書館に行くから。

男：わかったよ。お母さんはデパートにいるのか。

女：ううん、駅で待ってるって。

男：わかった。

10. 11.

女：ねえ、山下くん、サッカーが好き？

男：うん、ボールを使うスポーツって、いいよね。サッカーとかテニスとか。百合さんは？

女：私？私も小さい頃からサッカーが好きで、今でも時々見に行くのよ。

男：そう。何かスポーツしないの？

女：ううん。スポーツは見るだけ。山下君は何かスポーツしてるの？

男：僕は大学時代、部活で卓球をしてたんだけど、最近はテニスをしてるんだ。やってみたら結構面白くてね。

女：へえ、そうなんだ。私もやってみようかな。

12. 13.

男：ねえ、一緒に映画でも見に行かない？近くの映画館でいいアニメやってるよ。

女：アニメもいいけど、韓国映画なんかどう？面白そうよ。

男：そうだね。でも、今はもう八時だろ。それは七時からで、もう始まっちゃってるよ。

女：ほんとだ。じゃあ、この九時のフランス映画は？

男：なんか難しそう。僕、寝ちゃうよ。ねえ、やっぱり最初のにしようよ。

女：うん、そうしようか。

14. 15.

女：ごめん。待った？

男：遅いぞ。もう映画始まっちゃったよ。

女：ごめんね。で、今日はどうする？映画見て、食事して、買い物って話だったわね。

男：映画は２時からのにしようよ。

女：そうするしかないね。

男：お腹空いちゃったから、何か食べに行こう。

女：じゃあ、ついでに買い物も先にしよう。

男：やだよ。君と買い物に行ったら、次の映画にも間に合わなくなるよ。後にしよう。

女：そうね。

模拟练习27

1.

女：いろいろ考えて、来月の十日からイギリスへ留学に行こうと思って。

男：えっ、今日は七月二十日ですね。

準備はどう？
女：いろいろあるから、早くしなきゃ。

2.
女：午後の演説会、時間が変更になったから、11時半の予約取り消してください。
男：えっ、どうして？
女：社長は急に客があると言っていて、30分遅くなるかもしれません。とにかくお願いね。
男：はい、それじゃ、予約を取り消します。

3.
男：あのう、このパソコンを使いたいんですが。
女：はい、どうぞ。
男：映画とDVDは見られますか。
女：ええ、でもネットショッピングと印刷はご遠慮ください。
男：はい、分かりました。

4.
女：いまスーパーへ行くところですが、何か食べたいものがありますか。
男：最近暑くて、食欲がありません。でもきのうのお菓子は美味しかったよ。
女：ええ、そうですか。
男：それじゃ、私も一緒に行きます。でも、その前に車を取りに行く。

5.
女：あ、電車が行っちゃった。早く起きれば間に合ったのに。
男：じゃ、バスで行こうか。

女：バスなら遅刻かもしれないよ、なかなか来ないし、道路も渋滞するし。やっぱり自分の車で行く。
男：そうだね。

6.
女：部長、来週の出張は飛行機で行きますか。
男：いいえ、新幹線は飛行機より安いじゃない。時間は飛行機のほうが短いだけど。
女：ええ、でも始発の新幹線で行っても、会議に間に合いそうもないんです。それなら、前の日にホテルを予約しなければなりません。
男：ホテルなら、費用が高くなりますね。航空券お願いします。

7.
男：晩ご飯、何を食べる？
女：久しぶりに外で何か美味しい料理を食べましょうか。
男：外か。雪が積もっているんね。超寒い。
女：じゃ、家にしゃぶしゃぶを作りましょうか。すぐ暖かくなります。

8.9.
男：引越しを手伝いに来たよ。
女：ありがとう。
男：何をしようか。
女：そこの箱に本を入れてくれる？
男：アルバムは？
女：それと本棚の上のCDは友達にあげることになってるから、そのまま

にしておいて。
男：うん。
女：こっちの食べ物と鍋は使わないから、箱に入れちゃって。

10. 11.

女：ねえ、王さんはどんな先生が好きですか。優しい先生？
男：いや、その反対。
女：優しい方がいいじゃない？
男：優しいだけはダメだよ。厳しくしてくれなくちゃ。
女：私、日本語の先生が好きです。でも、今学期で先生が帰国すると言っているんだよ。
男：へえ、今はもう6月ですよ。
女：はい、来月帰国するみたい。
男：じゃ、先生と一緒に写真をとっておこう、記念に。
女：私も。

12. 13.

女：すみません、子供が好きそうな歌のCDを探しているんですけど。今年三月に小学校に入ったばかりの子です。
男：えーと、こちらは小学校の子供向けのCDです。「幸せなら手をたたこう」っていうCDは人気があるんですが。
女：そうですか。
男：それからこちらの「春が来た」は懐かしくて、小さいお子さん向けのうたですね。
女：面白いですね。
男：この「アニメの歌」はテレビの人気アニメの歌を集めたものです。
女：いろいろあるんですね。息子にはアニメより、小さい子供の頃に歌ったような歌を聴かせたいですね。やはりさっきのにします。

14. 15.

女：はい、桜レストランでございます。
男：すみません、予約した山本です。そちらの場所を教えてほしいんです。今地図を見てるんですけど。
女：はい、駅からでよろしいでしょうか。
男：ええ。
女：では、駅を出たら、まっすぐ行って、最初の角を右に進んで、三つ目の角を左に曲がってください。
男：三つ目の角ですね。
女：はい、山本さまはこちらにいらっしゃるのは初めてですか。少し距離があるので、タクシーにお乗りになった方がよろしいかと。
男：二年前に一度行ったことがあるんですけど、もう忘れてしまった。ありがとう。

模拟练习28

1.
女：今何時ですか。
男：今ですか。今は11時36分です。

2.
女：田中さんはスポーツが好きですか。

男：そうですね。スポーツも好きですが、一番好きなのは音楽ですよ。
女：へえ、そうですか。知らなかった。

3.
女：山本君、今回の期末試験はどうでしたか。
男：ちょっと難しかったけど、まあまあできましたよ。
女：いいね！私は全然できませんでした。
男：どうして？木村さんも毎日頑張っているでしょう。
女：でも、試験前はバイトが忙しくて、全然復習する時間がありませんでした。
男：そうですか。でも、木村さんなら、今度の試験は絶対大丈夫です。
女：そうですね。次の試験のために、頑張ります。

4.
女：ね、このバナナ、美味しそう。ちょっと買いましょう。
男：この前買った梨も冷蔵庫に残っているんでしょう。
女：ええ、そうですか。残念ですね。
男：じゃ、ちょっと野菜を買って帰りましょう。私が夕飯を作るから。
女：ええ、本当？やった！

5.
女：ええ、こんなの、知らなかった。
男：どうしたの？
女：多くの人が日本に来たのは日本料理のためだそうよ。

男：本当ですか。日本のいろいろなところに遊びに来たのじゃなかったの？
女：本当ですよ。日本料理は種類も多いし、味もいいし、世界で大人気ですよ。そして、これも日本文化の一つでしょう。
男：そうですか。

6.
女：お父さん、おかあさんはどのマフラーが好きだと思う？
男：ちょっと高いのを買ってあげましょう。
女：そうだね。じゃ、白と赤とどちらがいいかな。
男：お母さんは白が嫌いみたいだよ、汚れやすいって。
女：そっか。じゃ、これにしよう。

7.
男：新しく来た先生、どう？厳しいの？
女：全然逆です。
男：それはいいんじゃないですか。
女：優しいだけの先生じゃ、ダメでしょう。たまには厳しくしなくちゃ。
男：そうですね。若い先生でしょう。
女：はい、若い先生のほうが学生のことをよく理解してくれるし、いいと思うよ。
男：そうかもしれないね。

8. 9.
男：どうもお世話になりました。
女：短かったけど、楽しかったよ。マイクさんはこれからすぐフランス

に帰りますか。
男：いいえ、フランスに帰る前に、ちょっと中国と韓国にも行ってみたいです。
女：いいね！私もマイクさんみたいに世界旅行に行きたい。これ、つまらないですが、どうぞ。
男：本当にいいんですか。今日もおいしい料理も作ってくれたし、本当にありがとうございました。
女：こちらこそ、よくマイクさんに子供たちと遊んでもらって。
男：私は一人っ子だから、これは最高の思い出になりました。
女：寂しくなりますね。いつでも遊びに来てくださいよ。
男：ありがとうございます。ほかの国に行ったら、はがきを送ります。
女：ありがとうございます。楽しみにしています。

10．11．

女：ね、昨日から犬を飼い始めたよ。
男：えっ！猫が欲しいと言っていたでしょう。犬のほうがかわいいから？
女：違う、猫も同じでしょう。
男：そうか。犬を飼ったほうが楽だから？
女：そんなことないよ。餌も必要だし、散歩もいかなければならないよ。
男：そうだね。最近、私も一人暮らしを始めて、犬を飼えたらいいなと思ったけど、そう簡単じゃないよね。
女：ええ、友達にこの犬をもらわなかったら、私も飼わなかったはずだ。
男：えー！
女：でも、飼い始めたら、なんか生活が楽しくなってきた。
男：そうですか。いいですね。

12．13．

男：どうしたの？元気がないね。今朝は遅刻した？
女：いいえ、このパソコン、遅くて、全然仕事にならない。最近仕事も多いし、イライラしています。
男：駅前に修理してくれる店があるよ。
女：聞いてみたけど、2万円もかかりそう、高いよ。
男：それなら、新しいのを買ったほうがいいんじゃない？今パソコンも安いし。
女：安いけど、今はそれぐらいのお金も出せないんだよ。
男：それは仕方ないね。我慢するしかないでしょう。
女：そうですね。

14．15．

女：ね、山田君、先週から一人暮らしを始めたでしょう。どうですか。
男：最初は料理を作るのが面倒だと思ったけど、今は慣れてきました。
女：私も一人暮らしだけど、全然料理を作りません。一人分の料理を作るなら、コンビニで買ったほうが便利だし、それに、退勤したら、ほとんど時間がないし。

男：家の近くに夜遅くまで開いているコンビニがあるから、買い物は便利です。それに、料理を作るなら、一回たくさん作ったら、安くなるよ。でも、毎日何を作るのかを考えるのは面倒だね。

女：ちゃんと考えていますね。でも、食事の後、皿を洗うとか、台所の片付けとか、大変じゃないの？

男：私は片付けがけっこう得意だよ。それに、一人では、それほどじゃないし。

女：田中君、ちゃんとしているね。

模拟练习29

1.

男：昨日は久しぶりの休みでしたね。

女：ええ。

男：何かしましたか。

女：私は録画しておいたドラマを見ようと思っていたんだけど、母が買い物に付き合えってうるさくてでもそのおかげでかわいいワンピースを買ってもらえたんだけど。

男：そうだったんですか。

2.

女：田中さん、ちょっとアルバイトのスケジュールについて相談したいんだけど。

男：うん。

女：実は今度の土曜日と日曜日、両方とも来られなくなってしまって。代わってもらえない？

男：週末か。うーん、日曜ならなんとか。

女：ほんと？ありがとう。じゃあ、よろしく。今度ごはんおごるね！

3.

女：王さん、来週末のゼミの発表会の後の打ち上げ、参加する？

男：うーん、今迷ってるんだけど。何人ぐらい参加するの？

女：えーと、今のところ先生を入れて全部で7人かな。あ、さっき吉田さんから行けなくなったって連絡があったんだ。

男：そっか。よし、決めた！せっかくだし、僕も参加するよ。

女：よかった。じゃあ、決まりね。

4.

女：林さん、もうすぐ冬休みですね。どこかへ旅行する予定はありますか。

男：今回は北海道へ行くつもりです。

女：いいですね。何をするつもりですか。

男：やっぱりスキーは欠かせないですね。海鮮も有名ですけど、私は苦手で…

女：それは残念ですね。

男：あ、でもラーメンを食べに行くつもりです。楽しみだなあ。

5.

女：あと3分で始まっちゃうよ。

男：そうだね。ええと、5番スクリーンだね。

女：いそがなきゃ。
男：あ、その前にちょっといい？やっぱりポップコーンとコーラは必需品だよね。

6.
女：あー、お腹いっぱい。
男：そうですね。もう12時50分だ。あと10分で会議が始まりますね。
女：え？会議は2時からじゃなかったっけ？
男：いいえ。昨日予定変更のメールが届いたんじゃないですか。
女：あ！ほんとだ。危ない危ない。

7.
男：お待たせいたしました。次は大宮、大宮です。新幹線、宇都宮線、埼京線をご利用のお客様はお乗り換えください。宇都宮線、宇都宮方面ご利用のお客様は3番線。新宿、池袋方面は4番線でおまちください。川越方面ご利用のお客様は5番線でお待ちください。

8. 9.
男：もしもし、さやか。今日はどうしたの？
女：え？あ、今日何か約束してた？ごめんなさい。
男：えー、一緒にベトナム料理を食べるのを約束したのに、忘れてたのか。電話しても出ないから、心配してたんだよ。
女：ごめん、携帯を家に忘れたまま図書館に行ってたんだ。
男：大丈夫？ちょっと声が疲れてるみたいだけど。
女：テストの勉強が忙しくて最近あんまり寝てないんだ。本当にごめんね。
男：そんなに謝らなくていいよ。でも無理しないでね。

10. 11.
女：明日から3日間休みですね。何か予定がありますか。
男：明日は、せっかくなのでゲームしようと思います。
女：いいですねえ。午後は？
男：午後は、まず友達と映画を見て、それから山登りしようかな。
女：あさってはゆっくり休みますか。
男：いえ、泳ぎに行きたいんです。
女：海に行くんですか。
男：いや、近くの川です。

12. 13.
女：じゃあ、早く予約しないと。
男：そうだね。僕がやるよ。
女：本当に？ありがとう、お願いします。
男：何時ごろの電車にしようか。
女：朝7時半にしよう。帰りは11時にしよう。
男：わかった。旅館は？
女：そうだねえ。この間は9000円、いや、12000円だったけど、今回は7000円ぐらいにしたいな。
男：了解。

14. 15.

男：この間、パスポートを落としてしまったんですよ。
女：あら、そうなの。それは困ったでしょう。
男：でも、先輩が一緒に交番に行ってくれたんです。そこで、見つかりました。
女：よかったねえ。授業はどう？難しい？
男：はい。よくわからなくて困ることもあります。でも、クラスメートがいつも教えてくれるんです。
女：いい友達ができて、本当によかったね。

模拟练习30

1.
女：あのう、本をこの11冊借りたいんですが。
男：すみません。一度に10冊で、2週間借りられます。
女：そうですか。では、この一冊以外でお願いします。

2.
男：母さん、今晩何を食べる？
女：ハンバーグかオムライスでいい？
男：ハンバーグ、昨日食べたね。ラーメンはどう？
女：じゃ、そうしましょう。

3.
女：社長、昨日のレポートをご覧いただけましたか。
男：あ、もう見ました。よくできてましたよ。この後の会議のこと、ちゃんと準備して。
女：わかりました。会議の資料はもうコピーしておきました。これから皆さんに時間をお知らせします。
男：その前に、もう一度吉田部長に確認してね。
女：はい。

4.
女：8歳の娘が学校に持って行くものをよく忘れて困っているんです。
男：それで、お子さんがそれに気づいたときはどうしてるんですか。
女：学校から電話してくるんです。そして、車で届けます。
男：なるほど。そうすると、お子さんはそれが悪い癖だとは思っていないかもしれませんね。今度電話があっても、忙しくて行けないと言ってみてください。
女：そうですね。そうやってみます。

5.
男：雨が降りそうですね。傘を持っていたほうがいいです。
女：今日は天気がよくなるって言ってたから、大丈夫よ。
男：はい。
女：あれ、リビングのエアコンは消したよね。
男：ええ、消しました。
女：ああ、そう。あっ、いけない。台

所の電気をつけたままだった。ごめん、ちょっと消してきてくれる？台所の小さい窓は開いてるけど、閉めなくていいわよ。

男：わかりました。

6.

女：すみません。このワンピース、試着できますか。

男：もちろんです。こちらの試着室へどうぞ。（过了一会）お客様、きれいですね。これがよろしいでしょうか。

女：きれいだけど、ちょっときついと思う。やっぱりあのTシャツにするわ。

男：白いのですか。それとも赤いのですか。

女：ううん、あのピンク色のですよ。

男：かしこまりました。

7.

女：この大学の学生の満足度が高い一番大きな理由はその独特の教育方針です。また、大学の歴史が長いことを誇りに感じている面もあるでしょうし、施設が整っていることもその理由と考えられております。さらに、周囲の環境がいいという点も、幾分満足度を高める要因となっているでしょう。

8. 9.

男：すみません。サークルでキャンプに行くんで、テントを借りたいんですけど。

女：代表者の印鑑が要りますけど。

男：ええ、判子、あります。

女：あ、じゃ、この申し込み用紙に記入してください。あっ、それから学生証も。

男：はい、これです。お願いします。

女：ええと、計画書は？

男：えっ、それも要るんですか。本格的な登山じゃないんですけど。

女：規則ですから。いつどこへ行くか書いて持って来てください。

男：はい。

10. 11.

女：皆さん、こちらをご覧ください。珍しい野菜が並んでいますね。この黄色いのはなんだと思いますか。形はきゅうりですが、ちょっといただきます。うーん、きゅうりの味です。おいしいです。実は、技術が進んで、簡単に野菜の色が変えられるようになったそうです。おもしろいですね。ところが、このような野菜はあまり売れていません。値段は普通の野菜と変わらないですが、やはりおいしそうに見えないのでしょうか。それが原因かもしれません。

12. 13.

女：あれ、雨がやんじゃったの？

男：うん、もう降ってないよ。

女：ええ、残念。これから友達のとこ

ろに遊びに行くのに。

男：どうして？雨だと歩きにくいでしょう。服も濡れるし。それに、濡れたら風邪を引いちゃうよ。

女：でも、せっかく買ってもらったのに。

男：ああ、新しい傘のこと？

女：そう、とてもかわいいから、早く使いたいんだ。

男：そっか。ところで、宿題はもうできたの？それが終わってから行きなさい。

女：はーい。もう学校でしたよ。

14. 15.

男：ねえ、日本の駅って、電車が入りますとか、ドアが閉まりますとか、なんでこんなに注意するんですか。

女：親切で言っているつもりだと思うけど。

男：でも、言わなくても分かるのにね。

女：うん。私も言わなくても分かるから、やめてほしいって思うんだけど。

男：ずいぶんうるさいですよね。

女：それにほんとうに聞き取りにくいし。きっと万が一、事故があったら困るって気持ちがあるのかもねえ。